Development Report of Ethnic Minorities in China

中国少数民族事业
发展报告
（2016）

教育部人文社会科学重点研究基地中央民族大学中国少数民族研究中心
中央民族大学少数民族事业发展协同创新中心
组织编写

丁宏　主编

知识产权出版社
全球首份品号出版单位

图书在版编目（CIP）数据

中国少数民族事业发展报告.2016/丁宏主编. —北京：知识产权出版社，2019.5
ISBN 978-7-5130-6192-6

Ⅰ.①中… Ⅱ.①丁… Ⅲ.①少数民族—民族工作—研究报告—中国—2016
Ⅳ.①D633

中国版本图书馆CIP数据核字（2019）第065719号

内容提要

本书从民族理论与民族政策的研究与实践、民族地区经济、民族教育、民族语言、民族地区宗教、社会与文化、科技进步与民族发展七个方面对2016年中国少数民族事业发展现状进行描述和分析。从多元文化、和谐社会建设角度，各行各业人员均应该对于少数民族事业发展问题有所了解。

责任编辑：石红华　　　　　　　　责任校对：谷　洋
封面设计：索晓青　郑　重　　　　责任印制：刘译文

中国少数民族事业发展报告（2016）

教育部人文社会科学重点研究基地中央民族大学中国少数民族研究中心
中央民族大学少数民族事业发展协同创新中心　　　　　　　　　组织编写
丁　宏　主编

出版发行：知识产权出版社有限责任公司　　网　　址：http：//www.ipph.cn
社　　址：北京市海淀区气象路50号院　　　邮　　编：100081
责编电话：010-82000860转8130　　　　　　责编邮箱：shihonghua@sina.com
发行电话：010-82000860转8101/8102　　　发行传真：010-82000893/82005070/82000270
印　　刷：北京中献拓方科技发展有限公司　经　　销：各大网上书店、新华书店及相关专业书店
开　　本：787mm×1092mm　1/16　　　　　印　　张：16.25
版　　次：2019年5月第1版　　　　　　　　印　　次：2019年5月第1次印刷
字　　数：260千字　　　　　　　　　　　　定　　价：69.00元
ISBN 978-7-5130-6192-6

前　言

国务院《少数民族事业"十二五"规划》指出：少数民族事业，是党和国家坚持与完善民族区域自治制度，加快少数民族和民族地区发展，保障少数民族合法权益，巩固和发展平等、团结、互助、和谐的社会主义民族关系，促进各民族共同团结奋斗、共同繁荣发展的一项综合事业。大力发展少数民族事业，是适应我国多民族基本国情的客观需要，是增进民族团结和维护社会稳定的重要保障。少数民族事业的发展，事关各族群众的福祉和社会建设的全局，事关国家团结统一和长治久安，具有重大的现实意义和深远的历史意义。

新中国成立以后，中国共产党根据历史传统和各民族实际，以马克思主义为原则确定了中国特色的解决民族问题的理论与政策。其目标就是要实现各民族在政治、经济和文化上的平等，实现中国各民族共同发展繁荣，共同团结进步。可以说自新中国成立以来，我国各少数民族社会与经济文化都有了空前的发展。然而，由于历史、环境等各方面因素的影响，目前，少数民族经济、社会文化发展水平相对还比较低，民族之间、民族地区之间发展还很不平衡，这与少数民族的发展要求以及国家"十三五"规划的发展要求都不相适应。因而，加强少数民族事业发展问题的研究是当务之急。

中央民族大学是中国少数民族教育的最高学府，在少数民族事业发展中肩负着历史重任。中央民族大学从建校之初就服务于党和国家的民族团结进步事业，特别是在承担完成民族识别、少数民族社会历史和语言调查等国家重大任务中，在创建中华民族多元一体理论、加快西部地区发展和推动出台扶持人口较少民族发展的政策研究等方面都为中央相关政策的出台作出了不可替代的贡献。在新形势下，为贯彻教育部、财政部《关于实施高等学校创新能力提升计划的意见》（简称"2011计划"）重要精神，按照"国家急需、世界一流"的原则，中央民族大学再一次以其民族研究的优势、特色学科为基础，并协同我国在少数民族事业发展领域最具实力、特色的教学、研究与决策咨询机构，包括国家民委民族问题研究中心、国家宗教局、国务院发展研究中心、中国社会科学院世界宗教研究所、中国社会科学院民族学与人类学研究所、西北民族大学、西南民族大学、中南民族大学、北方民族大学及大连民族大学等，组建了"中国少数民族事业发展协同创新中心"。该中心聚焦于决定少数民族事业发展的最重要的前沿问题、核心问题，吸收借鉴相关学科的最新研究成果，对少数民族事业发展进行战略规划，在人才培养、学科建设、科学研究等方面为国家和地区稳定与经济社会文化发展开展协同创新战略研究。

"少数民族事业发展"是一项伟大的事业，几乎包罗万象，但总结其在中国发展的历史脉络，我们认为，少数民族事业发展的核心点就是"民族团结进步"。"民族团结"，就是处理好民族关系；"民族进步"，就是民族地区的经济发展和社会发展。民族团结进步了，少数民族事业就得到了最好的发展。这项事业就为中国的强盛，为实现中华民族伟大复兴的"中国梦"作出了巨大贡献。为此，少数民族事业发展协同创新中心紧紧围绕"民族团结进步"这条主线，以民族团结、进步，共同繁荣发展为目标，建立了"民族团结理论与政策""和谐民族关系建设""民族地区经济发展与科技创新""民族团结教育""少数民族事业发展信息"五大平台。希望能够通过各协同单位的"强强合作"，产出高水平研究成果，为国家解决少数民族事业发展问题提供战略咨询、舆论引导、理论贡献、政策建言、学术支持与人才保障。

编制年度（每年一本）"少数民族事业发展报告"，就是从少数民族事业发展的重要性出发，通过对少数民族各项事业发展的梳理，全面展示其成果、发展轨迹、政策导向、存在问题，并在此基础上提出意见和建议，以此发挥该中心在少数民族事业发展中的"思想库""智囊团"的作用，为国家正确处理和有效解决民族问题、不断提升民族事务治理能力和完善民族事务治理体系、促进民族地区社会协调发展和维护边疆地区长治久安等重大战略问题提供政策参考和咨询服务，同时为相关学术研究提供基础信息。

2016 年度《中国少数民族事业发展报告》各章内容及执笔者分别为，第一章，民族理论与民族政策的研究与实践，国内部分：严庆、彭谦；国际部分：王军。第二章，民族地区经济：王润球。第三章，民族教育：夏晓莉。第四章，民族语言：马衣努·沙那提别克。第五章，民族地区宗教：罗惠翾。第六章，社会与文化：马宏。第七章，科技进步与民族发展：文晖。全书统稿：文晖。终审：丁宏。

2017 年 4 月 24 日

目　录

第一章

民族理论与民族政策的研究与实践

第一节　2016年有关民族理论的阐述

2016年是继续贯彻落实2014年中央民族工作会议精神的重要一年。习近平总书记在这一年分别赴黑龙江、宁夏、青海调研民族工作，并提出了一些重要的观点和论断。全国政协主席俞正声分别赴吉林、河南、天津调研民族宗教工作，也提出了一些具体要求。习近平、俞正声的相关讲话中蕴含了一定的理论与主张。

2016年10月9日，新华社刊发题为《奏响新形势下民族工作新乐章——党的十八大以来以习近平同志为总书记的党中央推进民族工作创新发展纪实》的文章，将党的十八大以来以习近平同志为总书记的党中央推进民族工作创新发展情况进行了概括，具有一定的理论归纳性。

一、习近平到黑龙江、宁夏、青海调研民族工作

（1）2016年5月24日下午，习近平总书记到黑龙江同江市八岔村看望赫哲族群众，在调研中指出，在祖国大家庭里，56个民族是亲兄弟。全面建成小康社会，一个民族都不能少。各族人民齐心协力、勤劳奋斗，中华民族一定会更加兴旺发达，各族人民生活一定会更加富足美好。❶

（2）2016年7月18日，习近平总书记到宁夏回族自治区泾源县大湾乡杨岭

---

❶ 《习近平在黑龙江考察调研时强调深化改革开放优化发展环境闯出老工业基地振兴发展新路》，《人民日报》2016年5月26日。

村考察，在参观后指出，好日子是通过辛勤劳动得到的。发展产业是实现脱贫的根本之策。要因地制宜，把培育产业作为推动脱贫攻坚的根本出路。❶

2016 年 7 月 19 日上午，习近平总书记在银川市金凤区新城清真寺调研时强调，我国宗教无论是本土宗教还是外来宗教，都深深嵌入拥有 5000 多年历史的中华文明，深深融入我们的社会生活。要积极引导宗教与社会主义社会相适应，支持我国宗教坚持中国化方向。我国伊斯兰教要做好解经工作，注重宣讲最新的解经成果，大力培养宗教人才特别是中青年宗教人才。习近平希望他们坚持和完善好的做法，不断精进宗教造诣，更好深入信众、服务信众、引领信众。习总书记在银川市永宁县闽宁镇原隆移民村考察时指出，移民搬迁是脱贫攻坚的一种有效方式。要总结推广典型经验，把移民搬迁脱贫工作做好。要多关心移民搬迁到异地生活的群众，帮助他们解决生产生活困难，帮助他们更好融入当地社会。❷

2016 年 7 月 19 日下午，习近平总书记在银川考察宁浙创业园时指出，东西部扶贫协作是加快西部地区贫困地区脱贫进程、缩小东西部发展差距的重大举措，必须长期坚持并加大力度。要鼓励支持更多企业参与西部地区脱贫攻坚工程。在接下来考察宁东能源化工基地时习总书记指出，在我国西部建设这样一个能源化工基地，特别是建设一个目前世界上单体规模最大的煤制油项目，具有战略意义。❸

考察期间，习近平总书记听取了宁夏回族自治区党委和政府工作汇报，在谈到宁夏发展定位及民族宗教工作时指出，宁夏是西北地区重要的生态安全屏障，要大力加强绿色屏障建设。要强化源头保护，下功夫推进水污染防治，保护重点湖泊湿地生态环境。要加强黄河保护，坚决杜绝污染黄河行为，让母亲河永远健康。宁夏信仰伊斯兰教群众比较集中，做好民族工作和宗教工作非常重要。要加强民族团结进步教育，使各民族都牢固树立汉族离不开少数民族、少数民族离不开汉族、各少数民族之间也相互离

---

❶ 《习近平在宁夏考察时强调解放思想真抓实干奋力前进确保与全国同步建成全面小康社会》，《人民日报》2016 年 7 月 21 日。

❷ 同上。

❸ 同上。

不开的思想。要加快民族地区经济社会发展，以发展促团结，以团结聚人心。要坚决贯彻党的宗教工作基本方针，依法管理宗教事务，积极引导宗教与社会主义社会相适应，引导宗教界人士和信教群众遵法守法，坚决抵御非法宗教渗透活动，促进宗教和顺、社会和谐。❶

（3）2016 年 8 月 22 日上午，习近平总书记在察尔汗盐湖考察时指出，盐湖资源是青海的第一大资源，也是全国的战略性资源，务必处理好资源开发利用和生态环境保护的关系。发展循环经济是提高资源利用效率的必由之路，要牢固树立绿色发展理念，积极推动区内相关产业流程、技术、工艺创新，努力做到低消耗、低排放、高效益，让盐湖这一宝贵资源永续造福人民。❷

8 月 22 日下午，总书记在考察格尔木市唐古拉山镇藏族村落长江源村时指出，保护三江源是党中央确定的大政策，生态移民是落实这项政策的重要措施，一定要组织实施好。我们国家是多民族国家，各民族是一家人，大家要相亲相爱、共同团结进步。❸

8 月 23 日上午，总书记在海东市互助土族自治县五十镇班彦村考察时指出，移民搬迁是脱贫攻坚的一种有效方式。移民搬迁要充分征求农民群众意见，让他们参与新村规划。新村建设要同发展生产和促进就业结合起来，同完善基本公共服务结合起来，同保护民族、区域、文化特色及风貌结合起来。❹

习近平总书记在听取了青海省委和省政府工作汇报后指出，希望青海在生态文明先行区、循环经济发展先行区、民族团结进步先行区建设中不断创造新业绩。总书记在谈到生态保护与民族宗教工作时指出，青海生态地位重要而特殊，必须担负起保护三江源、保护"中华水塔"的重大责任。要坚持保护优先，坚持自然恢复和人工恢复相结合，从实际出发，全面落实主体功能区规划要求，使保障国家生态安全的主体功能全面得到加强。

---

❶ 《习近平在宁夏考察时强调解放思想真抓实干奋力前进确保与全国同步建成全面小康社会》，《人民日报》2016 年 7 月 21 日。

❷ 《习近平在青海考察时强调尊重自然顺应自然保护自然坚决筑牢国家生态安全屏障》，《人民日报》2016 年 8 月 25 日。

❸ 同上。

❹ 同上。

要统筹推进生态工程、节能减排、环境整治、美丽城乡建设，加强自然保护区建设，搞好三江源国家公园体制试点，加强环青海湖地区生态保护，加强沙漠化防治、高寒草原建设，加强退牧还草、退耕还林还草、三北防护林建设，加强节能减排和环境综合治理，确保"一江清水向东流"。民族团结是各族人民的生命线。要教育引导各族群众在不断增强对伟大祖国、中华民族、中华文化、中国共产党、中国特色社会主义的认同中做到和睦相处、团结共进，共同推动民族地区加快发展。要坚持党的宗教工作基本方针，加强宗教事务管理，积极引导宗教同社会主义社会相适应，坚持我国宗教的中国化方向，更加积极主动地做好新形势下宗教工作。❶

二、俞正声到吉林、河南、天津调研民族宗教工作

（1）2016年3月29日，俞正声在金达莱村调研时指出，民族团结是我国各族人民的生命线，做好民族工作最关键的是搞好民族团结。延边的民族工作一直做得很好，连续五次被评为"全国民族团结进步模范集体"。要全面深入持久开展民族团结进步创建活动，坚持重在平时、重在交心、重在行动、重在基层，促进各民族相亲相敬相爱。要持续改善民生，大力推进基本公共服务均等化，着力解决好教育、医疗、养老、扶贫等关系群众切身利益的问题，让各族群众有更多获得感和幸福感。❷

（2）2016年5月22日至24日，俞正声在河南调研，在考察南阳市镇平县石佛寺镇"天下玉源"市场涉疆服务管理工作、郑州市第七中少数民族内高班工作时指出，做好民族工作关系民族团结、社会稳定和国家统一。要坚持中国特色解决民族问题的正确道路，加强各民族交往交流交融，强化"三个离不开""五个认同"思想，让各民族在中华民族大家庭中手足相亲、守望相助。要扎实做好少数民族流动人口服务管理工作，依法保障其合法权益，让少数民族群众更好地融入内地。要认真总结内地少数民族学

---

❶ 《习近平在青海考察时强调尊重自然顺应自然保护自然坚决筑牢国家生态安全屏障》，《人民日报》2016年8月25日。

❷ 《俞正声在吉林调研时强调毫不动摇坚持基本经济制度坚定不移促进民族团结进步》，《人民日报》2016年3月31日。

生教育培养工作经验，不断提高办学质量和水平，加强对他们的就业指导服务，使他们把个人前途同中华民族整体利益紧密结合在一起，成长为促进各民族共同团结奋斗、共同繁荣发展的重要力量。❶

5月23日，俞正声到郑州北大清真寺、惠济区天主堂，与宗教教职人员和信教群众亲切交谈，仔细询问宗教活动开展、宗教团体建设等情况。俞正声强调，宗教工作在党和国家工作全局中具有特殊重要性，要全面贯彻党的宗教工作基本方针，坚持和发展中国特色社会主义宗教理论，坚持保护合法、制止非法、遏制极端，抵御渗透、打击犯罪的基本原则，结合实际深入研究和妥善处理宗教领域面临的突出问题，加强和改进党对新形势下宗教工作的领导。要提高宗教工作法治化水平，用法律规范政府管理宗教事务的行为，用法律调节涉及宗教的各种社会关系，教育引导广大信教群众正确认识和处理国法和教规的关系，增强他们依法依规开展宗教活动的自觉性和主动性。要支持宗教团体加强自身建设和人才培养，更好地发挥宗教团体的桥梁纽带作用，最大限度把广大宗教界人士和信教群众团结在党和政府周围。❷

（3）2016年9月5日至6日，俞正声在天津调研期间，到崇化中学看望内地新疆高中班学生，并到天津清真大寺了解宗教活动开展等情况。俞正声强调，要做好内地少数民族学生的教育培养工作，引导他们增强"五个认同"，更好地成长成才。要认真贯彻落实全国宗教工作会议精神，坚持党的宗教工作基本方针，充分发挥宗教界人士和信教群众在促进经济社会发展中的积极作用。❸

三、新华社刊文总结党的十八大以来以习近平同志为总书记的党中央推进民族工作创新发展

2016年10月10日《人民日报》第一版"治国理政新思想新实践"专

---

❶ 《俞正声在河南调研时强调提高民族宗教工作水平促进民族团结宗教和谐》，《人民日报》2016年5月25日。

❷ 同上。

❸ 《俞正声在天津调研时强调发挥社会各阶层各群体优势和作用为全面建成小康社会凝聚强大力量》，《人民日报》2016年9月6日。

栏刊发了记者崔清新撰写的文章《奏响新形势下民族工作新乐章——党的十八大以来以习近平同志为总书记的党中央推进民族工作创新发展纪实》。该文章认为，民族工作关乎大局。党的十八大以来，以习近平同志为总书记的党中央高度重视民族工作，多次深入民族地区调研，体察少数民族群众冷暖。先后召开第二次中央新疆工作座谈会、中央民族工作会议、中央第六次西藏工作座谈会等，对民族工作出全面部署，力度之大、频次之高、涉面之广、阐述之深，前所未有。

（1）文章首先以"保持定力：坚持走中国特色解决民族问题的正确道路"为标题，对习近平总书记在2014年9月中央民族工作会议上提出的一系列新思想新观点新举措进行了归纳，具体包括以下十个方面。

一是我国历史演进的这个特点，造就了我国各民族在分布上的交错杂居、文化上的兼收并蓄、经济上的相互依存、情感上的相互亲近，形成了你中有我、我中有你、谁也离不开谁的多元一体格局。

二是新中国成立65年来，党的民族理论和方针政策是正确的，中国特色解决民族问题的道路是正确的，我国民族关系总体是和谐的。

三是同世界上其他国家相比，我国民族工作做得都是最成功的。

四是中华民族和各民族的关系，形象地说，是一个大家庭和家庭成员的关系，各民族的关系是一个大家庭里不同成员的关系。

五是坚持中国特色解决民族问题的正确道路。

六是坚持和完善民族区域自治制度，要做到坚持统一和自治相结合，坚持民族因素和区域因素相结合。

七是做好民族工作，最关键的是搞好民族团结，最管用的是争取人心。

八是城市民族工作要把着力点放在社区，推动建立相互嵌入式的社会结构和社区环境。

九是加强中华民族大团结，长远和根本的是增强文化认同，建设各民族共有精神家园，积极培养中华民族共同体意识。

十是尊重差异、包容多样，通过扩大交往交流交融，创造各族群众共居、共学、共事、共乐的社会条件，让各民族在中华民族大家庭中手足相亲、守望相助。

围绕以上的研判，中央民族工作会议以来，以理论创新为先导，进行了一系列政策创新、制度创新：出台贯彻落实《中共中央、国务院关于加强和改进新形势下民族工作的意见》的重要举措分工方案，包括 16 项 47 条，条条都是硬举措；时隔 13 年召开全国民族教育工作会议；首次召开全国城市民族工作会议；全国 31 个省、自治区、直辖市和新疆生产建设兵团相继召开贯彻落实中央民族工作会议精神的会议，出台了相关配套文件；为支持民族地区加快发展，输送"真金白银"，研究制定差别化政策（第一次对川甘青交界地区，对南疆四地州，对怒江、凉山、临夏等三个特困自治州，专门制定政策举措）；明确少数民族学生高考加分政策，对国家通用语言文字已经普及、教育水平大体相同的地区，逐步缩小差距，逐步做到一律平等；对语言文化差异较大、教育质量还不高的一些地区少数民族学生，除大力普及双语教育、调整专业设置、提高教学质量外，仍是实行高考加分政策，支持少数民族学生取得较好教育水平。

（2）以"践行承诺：民族地区全面建成小康社会步伐显著加快"为标题，梳理了中央民族工作会议精神在各地生根发芽、开花结果的情况。

首先，民族地区的发展牵动着总书记的心。总书记上任 4 年来，12 次深入民族地区调研、看望少数民族群众。从塞北草原到西南边疆，从天山脚下到黄河金岸，从黑龙江畔到青藏高原，处处都留下了总书记的足迹。尤其每年春节，总书记总是到民族地区、西部地区、革命老区，同各族干部群众欢度节日。

其次，民族地区发展，党中央念兹在兹。近年来，特别是中央民族工作会议以来，在中央大力支持、发达地区无私支援、各族干部群众自力更生艰苦努力下，民族地区加快发展取得了新的重大成就，各族群众得到了实惠。

经济发展跃上新台阶。2015 年，民族八省区经济增长保持良好态势，增速均高于全国 6.9% 的平均水平。经济实力显著增强，民族八省区地区生产总值均高于上年同期水平。产业结构进一步优化。

基础设施建设稳步推进。基础设施建设要重点解决路和水的问题。一年多来，民族地区联系内外的大通道进一步打通。"静脉"和"毛细血管"

进一步畅通。水利建设得到加强。

脱贫攻坚实现新突破。民族地区集中发力，扶贫效能显著提高。"十二五"期间，民族八省区贫困人口从 5040 万人下降到 1813 万人，减少 3227 万人，贫困发生率从 34.1% 下降到 12.1%，降幅为 22 个百分点。扶贫措施务实给力。把少数民族贫困人口全部纳入建档立卡范围，向所有贫困村派驻村工作队，对生活在"一方水土养活不起一方人"的贫困地区群众实施易地扶贫搬迁。因地制宜，因人施策，推进光伏扶贫、旅游扶贫、电商扶贫，组织开展劳务输出，以产业和就业带动增收脱贫。

（3）以"信守承诺：党中央和少数民族同呼吸、共命运、心连心"为标题，归纳民族团结进步事业的新发展。

船的力量在帆上，人的力量在心上。党中央心系少数民族干部群众，总书记心系少数民族干部群众。2016 年全国两会上，黑龙江代表团赫哲族代表刘蕾在发言中邀请总书记去自己的家乡看看。5 月 24 日总书记到黑龙江同江市八岔村看望赫哲族老乡，承诺"一定去看看"的约定。

民族团结是我国各族人民的生命线。全面建成小康社会，离不开各族人民共同团结奋斗。

2016 年 8 月，总书记专程来到青海海西蒙古族藏族自治州格尔木市和海东市互助土族自治县，到少数民族村民家中了解住房和生活情况。总书记强调，各民族是一家人，大家要相亲相爱，共同团结进步。

民族团结重在交心，要将心比心、以心换心。2015 年 6 月，习近平总书记接受了班禅额尔德尼·确吉杰布的拜见。他希望班禅继承藏传佛教爱国爱教的光荣传统，胸怀祖国，心系人民，坚定不移维护祖国统一和民族团结。2015 年国庆节前夕，习近平总书记特别邀请来自内蒙古、广西、西藏、宁夏、新疆 5 个自治区的 13 名基层民族团结优秀代表来北京参加国庆活动。他强调，中华民族一家亲，同心共筑中国梦，这是全体中华儿女的共同心愿，也是全国各族人民的共同目标。各民族同胞要手足相亲，守望相助，共同维护民族团结、国家统一。

2015 年正值西藏自治区成立 50 周年、新疆维吾尔自治区成立 60 周年。习近平总书记分别在大庆贺匾上题词："加强民族团结　建设美丽西藏"

"建设美丽新疆　共圆祖国梦想"。这一年，雪域高原、天山南北，中央领导同志率领中央代表团把总书记的亲切关怀和全国各族人民的美好祝愿送到西藏、新疆各族人民的心坎上。

第二节　2016 年主要民族政策盘点

2016 年国家和各级政府出台的民族政策主要集中在七个方面，即各地制定颁布少数民族事业等相关"十三五"规划；各地贯彻落实《国务院关于加快发展民族教育的决定》；多地审议通过促进民族团结进步的省、市级地方性法规，继续推进民族团结进步事业；各地印发《公民民族成分登记管理实施细则》；各项扶持、促进民族地区发展的政策文件相继出台；积极推进民族地区脱贫攻坚工作；新形势下民族工作相关政策出台，注重加强少数民族流动人口服务管理。

2016 年的民族政策发力集中，重点下沉。

一、各地制定颁布少数民族事业等相关"十三五"规划

2016 年 3 月 17 日，《中华人民共和国国民经济和社会发展第十三个五年规划纲要》发布。根据中央民族工作会议精神和《中共中央国务院关于加强和改进新形势下民族工作的意见》等文件，各地印发了少数民族事业等相关"十三五"专项规划。

辽宁省（6 月 26 日）、陕西省（7 月 14 日）、甘肃省（8 月 22 日）、河南省（9 月）、北京市（10 月 10 日）、贵州省（10 月 22 日）、湖南省（11 月）、江西省（11 月）先后发布省级"少数民族事业发展'十三五'规划"。

此外，还有部分市、县出台了少数民族事业发展"十三五"规划。例如 7 月，浙江省温州市发改委和市民族宗教事务局联合印发《温州市少数民族事业发展"十三五"规划》；10 月，广州市出台《广州市少数民族事业发展"十三五"规划纲要》。

"十三五"时期是全面建成小康社会的最后一个规划期。全面建成小康社

会，离不开少数民族和民族地区的全面小康。各省市县制定出台的少数民族事业发展的"十三五"专项规划，对于加快少数民族和民族地区的全面小康意义重大。总的来看，这些规划结合当地特点，对民族工作提出了总的要求和原则，体现了民族特色，在科教文卫体各方面发展的基础上，侧重于民族团结、民族教育、脱贫攻坚、文化保护、流动人口服务等方面。

二、各地贯彻落实《国务院关于加快发展民族教育的决定》

2016 年，为贯彻落实 2015 年 8 月印发的《国务院关于加快发展民族教育的决定》（国发〔2015〕46 号）精神，全国多个省、市级行政单位相继制定出台了《关于加快发展民族教育的实施意见》。

福建省（1 月）、辽宁省（1 月）、贵州省（1 月）、内蒙古自治区（2 月）、山东省（3 月）、广东省（3 月）、甘肃省（5 月）、陕西省（5 月）、江西省（6 月）、吉林省（7 月）、河南省（7 月）、湖北省（10 月）先后出台了省级加快发展民族教育的文件。

河北省廊坊市、福建省龙岩市、内蒙古兴安盟、内蒙古呼伦贝尔市、辽宁省丹东市、辽宁省锦州市、辽宁省本溪市等市（州）级行政单位也出台了《关于加快发展民族教育的实施意见》。

自 2016 年以来，为贯彻落实 2015 年 8 月印发的《国务院关于加快发展民族教育的决定》，以上多个省级行政单位、市（州）级行政单位都相继出台了适合当地地情的《关于加快发展民族教育的决定》。总体上，各地出台的决定一方面涵盖了《国务院关于加快发展民族教育的决定》各部分的核心内容，明确了新时期民族教育的方向；另一方面，又针对各地的地情进一步明晰了接下来民族教育工作的具体实施内容，力求形成具有当地特色的现代民族教育体系，从而为在民族教育领域实现教育发展，进一步促进国家发展、社会发展打下良好基础。

围绕加快民族教育发展，各地还出台了一些相关政策。例如，云南省红河州实行政策倾斜全面提升边境民族地区教育发展水平；广西出台《普通高等学校少数民族预科和民族班教育发展规划（2016～2020 年）》；贵州深入实施民族教育精准扶贫；青海省果洛州实现 15 年免费教育目标。

国务院印发的《关于加快发展民族教育的决定》，要求按照国家考试招生制度改革的统一要求，保留并进一步完善边疆、山区、牧区、少数民族聚居地区少数民族考生高考加分优惠政策。从 2017 年开始，北京少数民族考生加分范围将调整为"从边疆、山区、牧区、少数民族聚居地区在高中教育阶段转学到本市的少数民族考生"，加分分值为 5 分，仅适用于北京市属高校招生录取。江苏高考改革方案提出，自 2016 年起，将少数民族考生照顾政策调整为"少数民族考生报考省属高校加 3 分投档"。黑龙江散居在汉族地区的其他少数民族（不含八少数民族）考生高考加分，作为地方性加分项目过渡三年，2018 年取消。长期以来，少数民族高考加分政策是备受社会关注的一项民族优惠政策，社会民众对该政策褒贬不一，有人认为它促进了民族平等，也有人认为它是一项不平等政策，而质疑的焦点主要集中在少数民族高考加分的"一刀切"问题上。

第四次中央民族工作会议的召开，及时回应了这一社会热点，习近平总书记对少数民族高考加分做出了重要指示，提出要兼顾公平和地区差距；按照习总书记的指示，一方面为了兼顾公平，各个地区对少数民族高考加分政策进行改革，其中一些地区逐步取消民族加分；另一方面考虑到地区差距，国家加大了中西部的教育投入；在少数民族高考加分的改革过程中，民族性加分向区域性加分转化的特征尤为明显，政策应该给予最需要政策支持的受众。

三、多地审议通过促进民族团结进步的省、市级地方性法规，继续推进民族团结进步事业

2016 年 4 月 11 日，由云南省民族宗教事务委员会牵头编制的《云南省民族团结进步示范区建设规划（2016～2020 年）》第三次书面征求省直有关部门和本单位修改意见。云南省红河哈尼族彝族自治州于 2016 年 1 月印发了《关于加强和改进新形势下民族工作加快建设民族团结进步示范州的实施意见》。

2015 年 12 月 29 日，新疆维吾尔自治区第十二届人民代表大会常务委员会第二十次会议通过的《新疆维吾尔自治区民族团结进步工作条例》自

2016 年 1 月 1 日起施行。2016 年 7 月，新疆生产建设兵团党委印发了《2016 年兵地融合发展促进民族团结"十大行动计划"实施方案》。

2016 年 1 月 19 日，重庆市民族宗教事务委员会出台了《关于进一步推进和深化民族团结进步创建活动的意见》。

2016 年 11 月 15 日，宁夏回族自治区党委办公厅、政府办公厅联合下发通知，将《宁夏回族自治区民族团结进步创建活动"十三五"规划》印发各市、县（区）、各部门贯彻执行。

2016 年 3 月 31 日，甘肃省白银市率先在全省制定出台了《白银市深入落实〈甘肃省民族团结进步创建活动规划纲要（2015～2020 年）〉的实施意见》。4 月 19 日，甘南州印发《甘南州贯彻落实甘肃省民族团结进步创建规划纲要实施方案》。4 月 21 日，武威市印发《武威市民族团结进步创建活动实施方案》。4 月 22 日，张掖市印发《张掖市关于深入开展民族团结进步创建活动实施方案》；平凉市民委联合市委宣传部、统战部制定印发了《平凉市民族团结进步创建活动规划纲要（2016～2020 年）》。

2016 年 4 月，安徽省委宣传部、省委统战部、省教育厅、省民委联合制定《2016 年全省民族团结进步宣传教育工作方案》。

2016 年 5 月 25 日，青海省海西蒙古族藏族自治州出台促进民族团结进步事业条例，《海西蒙古族藏族自治州促进民族团结进步事业条例》经青海省第十二届人民代表大会常务委员会第二十六次会议表决通过，并于当日起施行，标志着海西州民族团结进步工作进入法制化轨道。

2016 年 9 月，浙江省丽水市民宗局发布《2016 年度丽水市民族团结进步宣传月活动实施方案》。

2016 年 9 月 2 日，湖北省民族宗教事务委员会发布《湖北省民宗委关于命名武汉市洪山区教育局等 72 个单位为省级民族团结进步创建活动示范单位（社区、村）的决定》。

多民族统一国家的基本国情，是我们党制定民族政策的逻辑起点，是解决民族问题的理论和手段的基本依据。做好民族工作，最管用的是争取人心。各地区加快推进民族团结进步事业，是把思想和行动统一到中央精神上的要求。2016 年，云南、新疆、重庆等多个省、自治区、直辖市、地级市等为推动民族团结进步事业，出台相关决定、通知、实施方案，注重做好民族团结进步活动、建设民族团结进步示范单位（市、州），并取得了良好的效果。

四、各地印发《公民民族成分登记管理实施细则》

2015 年 12 月，甘肃省民委、甘肃省公安厅制定出台《甘肃省公民民族成分登记管理实施细则》，自 2016 年 1 月 1 日起实施。

2015 年 12 月 31 日，湖南省民族宗教事务委员会、湖南省公安厅制定出台《湖南省公民民族成分登记管理实施细则》，自 2016 年 1 月 1 日起施行。

2016 年 2 月 3 日，内蒙古自治区民族事务委员会、内蒙古自治区公安厅出台《内蒙古自治区公民民族成分登记管理实施办法》，并自 2016 年 2 月 4 日起正式施行。

2016 年 2 月，河南省民族事务委员会、河南省公安厅联合印发《河南省公民民族成分登记管理实施细则》，自 2016 年 2 月 14 日起正式施行。

2016 年 4 月 29 日，山东省民族事务委员会、山东省公安厅联合制定印发了《山东省公民民族成分登记管理实施细则》，并自 2016 年 5 月 31 日起施行。

2016 年 5 月，新疆维吾尔自治区民委（宗教局）、自治区公安厅联合制定下发《新疆维吾尔自治区公民民族成分登记管理实施细则》。

自 2016 年 1 月 1 日《中国公民民族成分登记管理办法》正式实行以来，我国多个省（区、市）结合当地实际情况印发了《公民民族成分管理实施细则》。总体上，各《实施细则》主要在适用范围，公民民族成分的确认、登记、变更的基本原则、基本条件、审批程序、备案制度、监督检查、救济途径、法律责任等方面进行了明确和细化。这些都明确标志着我国公民民族成分登记管理工作走上了规范化法律化的轨道，也是我国民族事务法治化进程取得的最新成果。

五、各项扶持、促进民族地区发展的政策文件相继出台

（一）政治法制方面

2016 年 2 月 7 日，国务院正式印发了《关于支持沿边重点地区开发开

13

放若干政策措施的意见》；

2016年2月17日，广东省乳源瑶族自治县发布《乳源瑶族自治县人民政府关于公布县直部门权责清单的决定》，其中第四条为"县民族宗教事务局权责清单"；

2016年3月，河北省民宗厅制定《关于加强民族宗教政策法规贯彻落实的实施意见》；

2016年3月28日，贵州省制定《贵州省民宗委关于宗教活动场所分类管理指导的办法》；

2016年4月27日，《黔南布依族苗族自治州立法条例》正式施行；

2016年4月27日，云南省委统战部、省委网络安全和信息化领导小组办公室、省民族宗教委、省公安厅联合下发《关于建立完善涉及民族宗教因素情报信息协作机制及时开展研判工作的办法》；

2016年5月18日，江西省新余市民宗局编写《民族宗教事务工作指南》；

2016年6月2日，国务院新闻办公室发表《新疆的宗教信仰自由状况》白皮书并举行新闻发布会，全面介绍新疆宗教信仰自由的真实情况；

2016年6月16日，湖南省民宗委牵头组织召开《湖南省散居少数民族工作条例》立法评审会；

2016年7月1日，浙江省开始施行经浙江省第十二届人民代表大会常务委员会第二十九次会议修订通过的《浙江省少数民族权益保障条例》；

2016年7月26日，广西壮族自治区民委印发《2016年自治区民委法治政府建设工作要点》；

2016年8月18日，云南省政府公布了《省委宣传部、省司法厅关于在全省公民中开展法治宣传教育的第七个五年规划（2016～2020年）》，《规划》突出了对重点对象的宣传教育工作，要求大力推进国家工作人员、青少年、非公有制经济组织和社会组织人员，以及边民、少数民族群众、宗教教职人员、信教群众的法治宣传教育；

2016年9月7日，国务院法制办发布关于《宗教事务条例修订草案（送审稿）》公开征求意见的通知；

2016 年 10 月 10 日下午，全国性宗教团体联席会议成立会议在国家宗教局召开；

2016 年 10 月 13 日，《黔西南布依族苗族自治州立法条例》施行，《条例》已于 2016 年 5 月 10 日黔西南布依族苗族自治州第七届人民代表大会第八次会议通过，2016 年 9 月 30 日经贵州省第十二届人民代表大会常务委员会第二十四次会议批准施行；

2016 年 11 月，宁夏回族自治区民委印发《自治区民委民族事务法治建设实施方案（2016～2020 年)》；

2016 年 11 月 3 日，湖南省民宗委印发《湖南省民族宗教工作系统开展法治宣传教育的第七个五年规划（2016～2020 年)》；

2016 年 11 月 17 日，湖北省民宗委印发《全省民族宗教工作系统法治宣传教育第七个五年规划》；

2016 年 11 月 30 日，海南省五届人民代表大会常务委员会第二十四次会议审议通过《海南省散居少数民族权益保障规定》，《规定》将于 2017 年 1 月 1 日起施行；

2016 年 12 月，宁夏回族自治区民委出台《全区民族宗教系统法治宣传教育第七个五年规划（2016～2020 年)》。

（二）经济发展方面

2015 年 11 月，海南省民族宗教事务委员会同省财政厅制定印发《海南省少数民族发展资金项目管理暂行办法》；

2016 年 1 月，浙江省景宁畲族自治县出台《景宁畲族自治县少数民族发展茶产业扶持政策》；

2016 年 2 月 15 日，广西壮族自治区民委发布《自治区民委关于做好 2016 年扶贫工作有关事项的通知》；

2016 年 3 月，湖南省人民政府办公厅印发《关于支持加快民族地区产业园区建设发展的若干政策》；

2016 年 3 月 24 日，宁夏回族自治区十一届人民代表大会常务委员会第二十三次会议通过了《宁夏回族自治区农村扶贫开发条例》；

2016 年 4 月，云南省委、省政府出台《云南省全面打赢"直过民族"

脱贫攻坚战行动计划（2016～2020年)》；

2016年4月12日，贵阳市委办公厅、市人民政府办公厅下发了《贵阳市少数民族特色村镇保护与发展五年行动计划（2016～2020年)》；

2016年7月18日，云南省人民政府批准实施由云南省民族宗教委牵头，省财政厅、省住房和城乡建设厅、省文化厅、省旅游发展委共同编制的《云南省少数民族特色村镇保护与发展规划（2016～2020)》；

2016年8月，贵州省民宗委出台《深入推进少数民族和民族地区易地扶贫搬迁工程的实施意见》和《关于开展易地扶贫搬迁少数民族社区民族工作试点的指导意见》；

2016年10月，贵州省黔南布依族苗族自治州出台《关于扎实做好易地扶贫搬迁后续扶持服务工作的实施意见》；

2016年8月29日，甘肃省卫生和计划生育委员会、甘肃省扶贫开发办公室制定印发《甘肃省健康扶贫工程实施方案》；

2016年9月，甘肃省甘南藏族自治州印发《脱贫攻坚工作问责暂行办法》；

2016年9月12日，中国证监会发布《关于发挥资本市场作用服务国家脱贫攻坚战略的意见》，支持包括少数民族地区在内的贫困地区企业利用多层次资本市场融资；

2016年9月19日，黑龙江省发布《关于建立贫困县、建档立卡贫困村和贫困人口退出机制的实施意见》。

（三）文化教育方面

2016年3月30日，湖南省第十二届人大常委会第二十一次会议审查批准《通道侗族自治县侗族文化村寨保护条例》；

2016年4月，贵州省民宗委、省教育厅、省文化厅联合印发《关于全面推进各级各类学校民族文化进校园工作的实施方案》；

2016年5月12日，甘肃省临夏回族自治州人民代表大会常务委员会公布施行《甘肃省临夏回族自治州花儿保护传承条例》；

2016年6月，《内蒙古民族教育条例（草案）》公布；

2016年7月，内蒙古兴安盟出台贯彻落实《内蒙古自治区人民政府关于加快发展民族教育的意见》的实施意见，即《兴安盟关于加快发展民族教育的实施意见》；

2016年8月，贵州省民宗委、省文联联合编制印发《民族工艺人才"十三五"培养规划》；

2016年9月2日，首批全国双语法官培训基地在中央民族大学、西南民族大学、西北民族大学设立；

2016年9月，云南省民宗委、省体育局联合出台《云南省少数民族传统体育裁判员注册登记制度》；

2016年9月，甘肃省民委制定《甘肃省民委涉及民族事务公开出版物审核经费管理办法》；

2016年9月29日，内蒙古自治区第十二届人大常委会第二十六次会议表决通过了《内蒙古自治区民族教育条例》；

2016年9月29日，新疆维吾尔自治区第十二届人民代表大会常务委员会第二十四次会议通过《新疆维吾尔自治区南疆地区普及高中阶段教育条例》；

2016年10月，湖北省政府办公厅下发《省人民政府关于加快发展民族教育的实施意见》；

2016年10月，湖南省民宗委决定在中南大学等高校设立民族特色村镇研究、民族旅游研究、民族经济研究等第二批7个民族研究基地；

2016年10月14日，内蒙古自治区卫生计生委、教育厅、财政厅联合发布《内蒙古自治区面向嘎查村卫生室3年制中职免费医学生教育培养规划（2016～2020）》；

2016年11月，国家民委、教育部、国家语委出台《关于在云南直过民族聚居区普及国家通用语言工作方案》。

（四）生态环保方面

2016年3月，湖北省人大常委会审议通过《恩施土家族苗族自治州山体保护条例》；

2016年4月，海南省第五届人大常委会第二十次会议审议通过《保亭黎族苗族自治县饮用水水源保护若干规定》和《昌江黎族自治县农村公路条例》；

2016 年 11 月 8 日，贵州省印发《贵州省生态环境损害赔偿制度改革试点工作实施方案》并率先启动生态环境损害赔偿试点工作；

2016 年 11 月 28 日，湖南省人民政府办公厅印发《湖南省生态环境损害赔偿制度改革试点工作实施方案》；

2016 年 11 月 21 日，云南省委办公厅、省政府办公厅印发《云南省生态环境损害赔偿制度改革试点工作实施方案》；

2016 年 12 月，湖南省第十二届人大常委会第二十六次会议审查批准《湘西土家族苗族自治州白云山国家级自然保护区条例》，湖南省湘西州首部地方性法规正式诞生。

（五）食品管理方面

2016 年 6 月，辽宁省民委、省食品药品监督管理局建立了《清真食品生产经营监管工作联席会议制度》；

2016 年 4 月，宁夏银川市出台《关于加强全市清真食品管理工作的指导意见》。

综上，整个 2016 年，从国家到地方都相继出台了一系列的法规、意见，涉及内容多样。可以明显看出我国在各项法律制定方面更加成熟，法治化程度也更高了。具体来说，2016 年在政治法治方面出台的法规、意见就多达 20 项，经济发展方面 14 项，文化教育方面 15 项。不过也应该看到，我国在生态环保方面、食品管理方面出台相关法规的力度并不强，尤其是今年在国家层面也出现了空缺情况。

六、积极推进民族地区脱贫攻坚工作

（一）相关政策

2016 年 9 月，国家发改委正式印发《全国"十三五"易地扶贫搬迁规划》，计划五年内帮助 981 万居住在"一方水土养不起一方人"地区的建档立卡贫困人口通过搬迁实现脱贫。《规划》明确，搬迁对象为建档立卡贫困人口，共约 981 万人；迁出区域范围涉及 22 个省区市的约 1400 个县，集中安置人口占搬迁人口总规模的 76.4%，民族地区是其中重要构成部分。

2016 年 9 月，国务院办公厅印发的《贫困地区水电矿产资源开发资产收益扶贫改革试点方案》提出，从 2016 年底至 2019 年底，在集中连片特困地区县和国家扶贫开发工作重点县选择一批水电、矿产资源开发项目，开展资产收益扶贫改革试点，探索建立农村集体经济组织成员特别是建档立卡贫困户精准受益的资产收益扶贫长效机制。少数民族贫困群体将共享资源开发"红利"。

2016 年 10 月，中央网信办、国家发展改革委、国务院扶贫办联合印发《网络扶贫行动计划》，要求贯彻落实习近平总书记关于实施网络扶贫行动的重要指示精神，充分发挥互联网在助推脱贫攻坚中的重要作用。《计划》提出要组织开发适合少数民族边远地区的移动 App；加快研发维语、藏语分词系统和维汉、藏汉翻译系统，消除少数民族群众使用移动终端和信息服务时的语言障碍等。

2016 年 11 月 15 日，国务院常务会议通过了根据国民经济和社会发展第十三个五年规划纲要制定的脱贫攻坚、教育脱贫、生态环境保护三个补"短板"的规划。2016 年 11 月 23 日，国务院印发《"十三五"脱贫攻坚规划》。通过《规划》，确保农村贫困人口同步进入全面小康；确定推进教育脱贫的政策措施，帮助群众依靠知识技能摆脱贫困；部署"十三五"生态环境保护工作，推动绿色发展，改善人民生活。

（二）全国民族自治州、自治县交流打赢脱贫攻坚战经验

2016 年 9 月 12 日至 13 日，第二届全国民族自治州全面建成小康社会经验交流现场会在湖北省恩施土家族苗族自治州召开。会议围绕深入学习贯彻习近平总书记系列重要讲话精神、中央民族工作会议精神，研究加快推进全国 30 个自治州全面建成小康社会进程。2016 年 11 月 10 日，全国民族自治县打赢脱贫攻坚战全面建成小康社会经验交流会在中央民族干部学院召开。

综上，在新形势下，为实现 2020 年农村贫困人口"两不愁""三保障""一高于""一接近""两确保"的目标，2016 年国务院从易地扶贫搬迁、贫困地区水电矿产资源开发资产收益扶贫改革、网络扶贫三个方面出台了相关法规，力求在扶贫攻坚方面实现方式方法的多元化，为打赢脱贫攻坚战打下良好的法律基础。另外，2016 年从国家到地方也都积极通过举办脱贫攻坚交流会的方式来为脱贫助力。

七、新形势下民族工作相关政策出台，注重加强少数民族流动人口服务管理

2016 年 6 月 29 日，国务院法制办在中国政府法制信息网全文公布《国务院关于修改〈城市民族工作条例〉的决定（征求意见稿）》。

为深入推进中央民族工作会议精神和《中共中央、国务院关于加强和改进新形势下民族工作的意见》等政策的贯彻落实，据不完全统计，已经有云南省红河州，河北省唐山市、邯郸市、保定市、承德市、张家口市、沧州市，安徽省六安市，山东省烟台市，内蒙古乌海市，陕西省铜川市，黑龙江省鸡西市，四川省绵阳市，江西省抚州市等各地、市、州出台了相关政策。

2016 年 4 月 15 日，国家民委办公厅发布《国家民委办公厅关于推荐少数民族流动人口服务管理示范城市的函》，拟在各地推荐的基础上，筛选5～6 个城市继续开展少数民族流动人口服务管理示范城市建设；2016 年 7 月，国家民委确定沈阳、青岛、西安、南昌、芜湖、昌都六城市，继武汉、宁波、广州、深圳、吴忠、喀什六城市，共两批 12 个城市为"少数民族流动人口服务管理示范城市"。8 月，山东省青岛市制定下发《少数民族流动人口服务管理示范城市建设深化行动方案》。9 月，河北省邯郸市出台《邯郸市人民政府办公厅关于加强和改进外来少数民族流动人口服务管理工作的实施意见》。9 月及 11 月，青海省民族宗教委员会分别同上海市民族宗教委员会及河北省民宗厅签订《青海、上海两省市少数民族流动人口服务管理协议书》及《少数民族流动人口服务管理跨区域协调合作机制协议书》。

2016 年，全国多个省、市、自治州等相继制定颁布了《关于加强和改进新形势下民族工作的意见》，包括 21 个省级行政单位和 27 个市级行政单位结合自身实际，提出了新形势下本地民族工作的基本要求、指导思想、主要任务、政策措施和安排部署。城市民族工作是民族工作的重要组成部分，也是城市工作的重要内容。当前，我国处于民族跨区域流动的活跃期，三分之一少数民族人口常住在城市。做好城市民族工作事关民族工作和城市工作两个大局，事关党和国家事业发展全局，对实现"中华民族一家亲，

同心共筑中国梦"具有重要意义。在城市民族工作中，少数民族流动人口的服务管理也是尤为重要的一个方面，今年多个市级行政单位的民族工作都体现了对城市少数民族流动人口的服务管理工作。

第三节 世界民族问题热点简评

2016 年度全球政治经济形势波诡云谲，各类"黑天鹅"事件层出不穷，民族问题作为影响国际社会演进的重要因素，亦显现出新老热点累积叠加、新趋势新情况凸显之态势。从安全与稳定角度说，其中以难民移民浪潮不断、民粹民族主义崛起、民族主义与恐怖主义交织等给全球和各国带来的压力与挑战为甚，而缅甸民族和解和塞浦路斯民族问题解决迎来曙光犹如冬日中的一缕阳光。

一、2016 年全球难民移民问题：基本情况与重大事件

全球难民移民问题是 2016 年世界民族政治中的热点，下文先就全球难民移民问题基线数据做一介绍，然后简述 2～3 月欧洲难民移民危机，以及 9 月联合国召开的全球难民移民峰会。

（一）联合国全球难民报告基本数据

2016 年 6 月 20 日是"世界难民日"，联合国难民署选择这天发布全球难民趋势报告❶，它能为我们审视全球难民移民问题提供基线数据。截至 2015 年底，有 6530 万人成为流离失所者，上一年同期数字为 5950 万人。从 2012 年以来，全球难民打破平稳期进入快速增长阶段（见图 1-1）。到 2016 年初，全球每 113 人当中就有 1 人要么是庇护寻求者、国内流离失所者，要么是难民。

---

❶ http：//www.unhcr.org/statistics/unhcrstats/576408cd7/unhcr-global-trends-2015.html，以下关于 2015 年全球难民状况的数据与图表来自联合国报告，参见 UNHCR，Trends at a Glance 2015 in Review。

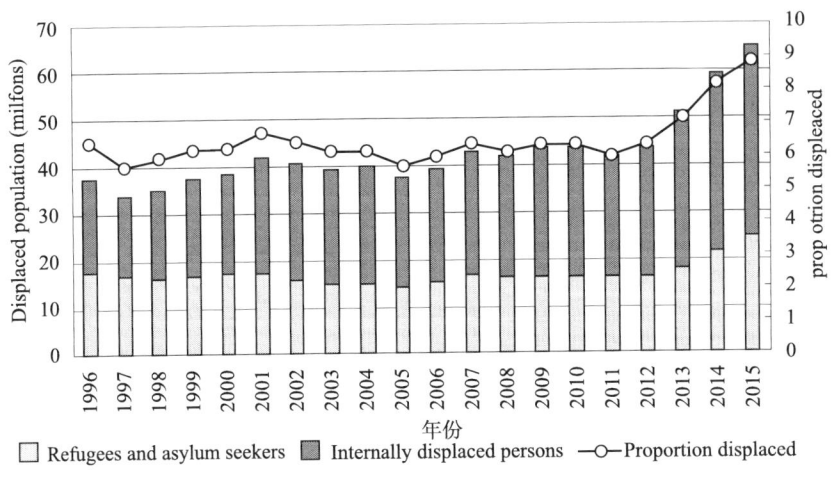

图1-1　全球难民年度变化图（1996～2015年）

其中叙利亚、阿富汗和索马里是产生难民最多的国家，其难民数超过全球难民总数的一半，分别为4900万、2700万和1100万人（难民来源国见图1-2）。也门产生的国内流离失所人数最多，为2500万人，约占总人口的9%。

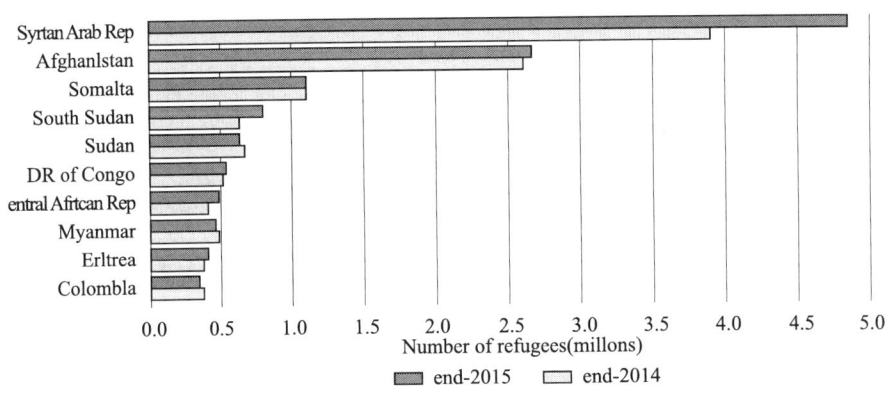

图1-2　全球难民来源国家排名图

欧洲2015年处置通过地中海抵达的100多万难民和移徙者吸引了世人的目光，但世界上绝大多数难民并非在欧洲。2015年受到难民署管辖的86%的难民滞留在中低收入国家，土耳其收留了250万难民（难民滞留国家排名见图1-3）。

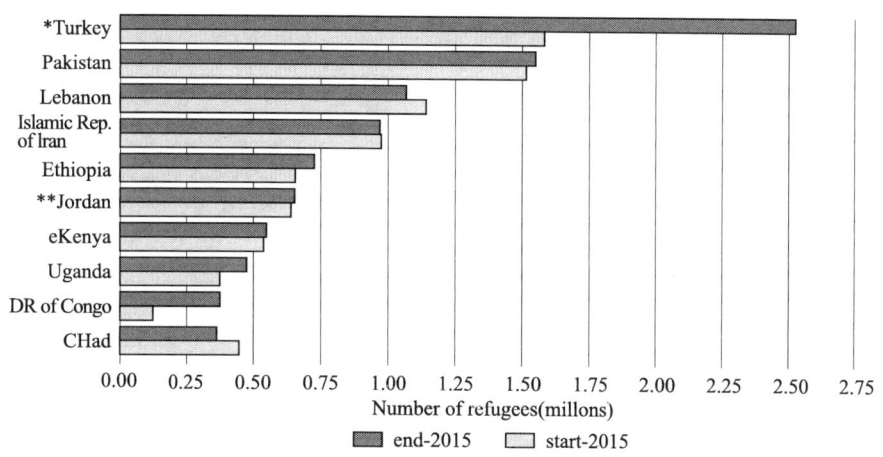

图 1-3 全球难民滞留国家排名图

2015 年工业化国家所收到的庇护申请创下了纪录，达到 200 万件。德国收到 44.19 万件申请，居首位；接下来是美国，为 17.27 万件。儿童在难民总数中所占比例超过一半，为 51％，其中许多为无人陪伴儿童。与此同时，全球难民返回数量持续低迷（难民返回变化见图 1-4）。

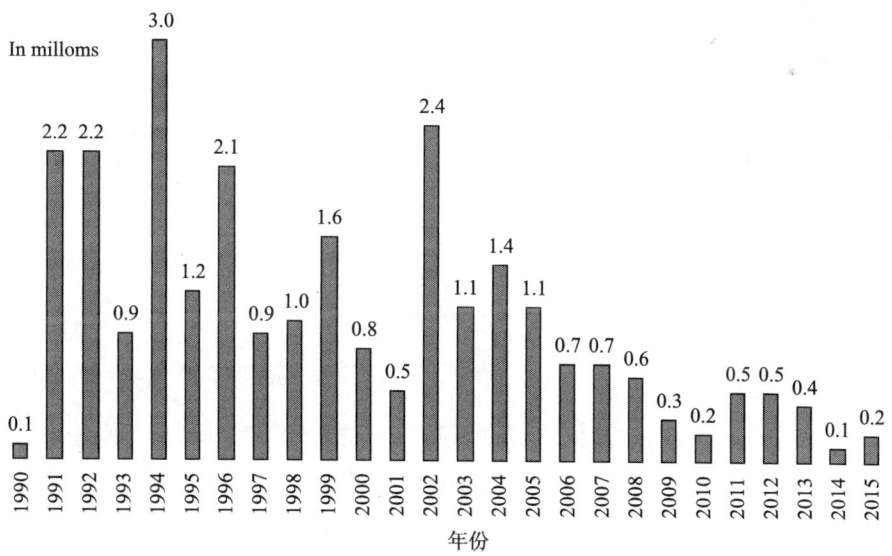

图 1-4 全球难民返回变化图（1990～2015 年）

（二）2016 年 2～3 月欧洲难民危机及联合国处置

2015 年以来，欧洲难民危机不断升级，大多数难民在登陆欧洲后经过巴尔干半岛上的希腊、马其顿、塞尔维亚、保加利亚和罗马尼亚等深入欧洲，进入德国、英国和北欧国家，而奥地利是难民进入德国前的最后一站。巴尔干地区已经成为来自叙利亚、阿富汗和非洲等地的难民进入欧盟地区的重要通道。为了限制源源不断入境的难民人数，奥地利、克罗地亚、马其顿、塞尔维亚和斯洛文尼亚于 2 月通过了有关加强边境限制措施的协议，一些国家开始酝酿关闭边境。难民移民通道受阻也直接导致土耳其压力大增，土耳其与欧盟不得不就难民问题进行协商。

联合国对欧洲难民危机甚为关注，它建立了紧急处置机制，并开展了一系列斡旋行动。首先，联合国难民署、难民高专、人权高专等表达并在不同场合重申其对欧洲成员国加强限制性措施的关注。难民署在 2016 年 2 月 12 日强调，必须立即施行更完善的支持机制，以确保每天超过两千名冒着生命危险抵达欧洲的平民的基本人权得到保护，它呼吁欧洲各国应付诸更多行动，根据 2015 年达成的共识，安置 16 万已经抵达希腊和意大利的难民和移徙者。

2016 年 2 月 24 日，联合国难民高专格兰迪（Filippo Grandi）访问希腊时发表声明，巴尔干半岛国家正在商议加紧边界管控，以遏制来自叙利亚、阿富汗、伊拉克等冲突国家数以万计的难民源源不断涌入其境内，对此他深表关切，称此举或将使欧洲陷入一场更为严峻的难民危机。他认为巴尔干半岛沿线国家不断关闭入境通道，将导致进一步的混乱和无秩序，同时会加重希腊的负担，该国在管理经海路偷渡入境的难民及庇护寻求者方面已经承担了巨大的压力，而且相关资源严重短缺。他对有关不同国家的难民在巴尔干国家入境时得到"区别对待"、叙利亚人和伊拉克人更容易被"拒之门外"的报道表示关注，称这种依据国籍对可否入境的难民进行划分的倾向有悖国际人道主义法的原则。格兰迪指出，欧洲国家和全世界必须承诺接纳更多的叙利亚难民，以减轻土耳其、黎巴嫩和约旦等主要收容国的负担。格兰迪强调，联合国方面希望欧洲国家能慷慨收容至少 10％的叙

利亚难民人口，相关人数目前约有 50 万。❶

2016 年 2 月 25 日，联合国人权高专扎伊德在一份声明中指出，奥地利、克罗地亚、前南斯拉夫共和国马其顿、塞尔维亚和斯洛文尼亚等欧洲五国警务首长会议通过了有关加强边境安全措施的协议，给南部和中部欧洲的难民和移徙者人权正在造成负面影响，协议所制定的政策"包含似乎与这些国家所应尽的人权义务不相符合的措施"。他呼吁签署协议的国家仔细重新核准其警察部队的做法，确保充分符合国际法原则。他对一些欧洲国家在处理大批移徙者抵达或过境其领土方面所面临的挑战表示理解。他指出，致力于改善对局势的管理是令人可喜的，但所达成的协议似乎授权对民众进行资料收集，基于国籍和所拥有的身份证明，而不是对庇护需求进行个案评估，对以人道理由入境加以限制。扎伊德特别对协议似乎启动对非国民进行集体驱逐的做法深表不安，称此举是国际法所禁止的。❷

潘基文秘书长 2 月 26 日通过发言人发表声明，一些欧洲国家关闭边境的做法将使大批难民滞留希腊，形势严峻，而土耳其已经接纳了超过 260 万难民以及庇护寻求者。潘基文表示充分理解难民潮涌入给欧洲各国带来的压力，但他呼吁各国开放边境，遵守国际义务，本着共同承担责任、团结一致的精神，通过扩展合法途径为难民和移徙者提供庇护。

2016 年 3 月 1 日，难民署发出警告称，欧洲目前正面临一场大体上自我招致的人道主义危机。通过海路抵达希腊的难民急剧增多，欧洲其他国家不但没有提供必要的配合和支持，反而不停地施加新的边界限制。欧洲各国做法上的不一致导致了庇护寻求者遭受不必要的磨难，以及对欧盟自身法律和国际法的违反。难民署敦促希腊当局在欧盟和其他欧洲国家的支持下加强登记和处理庇护申请的能力，加强应急方案，并增强接待能力。但他同时强调，希腊仅凭自身的力量难以应对。难民署强调，叙利亚周边

---

❶ http：//www.unmultimedia.org/radio/chinese/archives/252489/♯.WGIB5fl7KP0，联合国难民高专格兰迪对巴尔干国家"加紧边界限制、遏制难民涌入"之举深表关切。

❷ http：//www.un.org/chinese/News/story.asp？NewsID＝2570，人权高专：欧洲五国警察协议对难民和移徙者人权造成负面影响。

国家增加正常的难民准入渠道也有助于缓解局势。难民署警告，欧洲缺乏统一的庇护政策，希腊难民人道危机在眉睫。❶

2016年3月4日，联合国难民署提出六点建议，以解决欧洲的难民危机。包括：充分落实在难民和移徙者抵达"热点地区"设立接待中心以对难民予以注册的计划，对在希腊和意大利的庇护寻求者进行重新安置，同时对不符合难民保护资格的人予以遣返；加大向希腊解决人道危机努力的支持，包括难民地位的判定、重新安置以及遣返或重新接纳；确保成员国遵守所有欧洲有关庇护的法律和指南；在管理项目中提供更多进入欧洲的安全合法渠道，如开展人道准入和私营支助项目以及家庭团聚、学生奖学金和劳工流动制度，使难民不至于寻求走私和人口贩卖渠道以获得安全；确保面临危险的民众的安全，包括确保无人陪伴和与亲人离散儿童的安全，采取措施，预防和应对性暴力和基于性别的暴力行为，加强海上搜救作业，挽救生命，打击走私，与针对难民和移徙者的排外主义和种族主义做斗争；制定全欧洲范围内对庇护寻求者进行保护的责任体系，包括在主要抵达国建立注册中心，建立欧盟国家公平分配庇护申请的制度。❷

2016年3月7日，欧盟与土耳其在布鲁塞尔举行特别峰会，会后双方发表联合意向声明，称就解决难民危机的升级方案初步达成一致，以确保不符合欧洲国际保护规则的难民和移徙者将被迅速、高效地遣返至其来源国或中转国。预定在10天后举行下次峰会，双方将就难民潮的应对新举措继续进行磋商和评估。❸ 难民署3月8日随即发表声明，对协议中的相关条款深表关切，但同时也表达了自己的担忧，认为其某些条款可能违反国际

---

❶ http：//www.un.org/chinese/News/story.asp? NewsID＝25734，难民署警告：欧洲缺乏统一的庇护政策希腊难民人道危机在眉睫。

❷ http：//www.un.org/chinese/News/story.asp? newsID＝25760，资料来源：《难民署向欧盟国家提出六点建议以解决欧洲的难民危机》。

❸ http：//news.xinhuanet.com/world/2016-03/07/c_128780945.htm，欧盟一直希望土耳其"阻挡"难民"借道入欧"，有意帮助土耳其改善难民营条件，让更多难民选择留在土耳其，而非前往欧洲国家。在2015年11月举行的欧盟—土耳其峰会上，欧盟和土耳其正式同意了欧盟委员会提出的应对难民问题联合行动计划，对那些"不符合国际人道主义救助标准"的人，双方将在阻止他们从土耳其流向欧盟、快速将其遣返回来源国等方面加强合作。《土耳其承诺将和欧盟团结一致应对难民危机》，2016年3月7日。

法。"联合国欢迎旨在促进大批难民通过常规途径从该地区所有邻国进入第三国的任何倡议，不仅仅只是土耳其，也不仅仅只针对叙利亚难民。然而，欧盟国家目前的安置承诺，例如在未来两年内在自愿的基础上提供2万个安置名额的计划，与实际需求相比明显处于非常低的水平。此外，放宽家庭团聚限制也是另外一个重要问题。难民署呼吁欧盟为返回土耳其、但拥有家庭团聚等特定需求的个人考虑提供相关入境和安置许可。"❶

2016年3月8日，潘基文在柏林同德国总理默克尔举行了会晤。他在会晤后同默克尔举行的记者会上表示，德国和默克尔总理在应对难民涌入欧洲所带来的挑战方面所做的努力采取了一种有效、基于人权的方式，展现了政治家的风范和同情心。默克尔总理坚定地捍卫国际法、人权和我们共同的人性。在一些人倾向于选择容易一点的道路时，默克尔总理展现了一个真正领导者的风范，即困难并不构成做出正确决定的障碍。她是一个真正的道义声音，不仅对于欧洲，对于整个世界也如此。她展现了作为一个全球领导人所应具有的伟大领导力和巨大责任。❷

欧盟与土耳其3月18日在布鲁塞尔就如何合作解决难民危机达成协议，协议对一些事项做出澄清，譬如对该协议的执行需要尊重国际法和欧盟的法律（回应联合国与其他人士的质疑），欧洲难民危机暂告一段落。❸

难民署在会议后表示，已注意到欧盟与土耳其就前往欧洲的难民和移徙者的安置问题达成协议，并对此表示关注。难民署认为，如何执行该协议对于保护难民的权利至关重要，在面对当前的难民危机时欧洲各国有找到正确管理方案这一共同的需要。2016年3月24日，联合国人权高专扎伊德发表声明，对欧盟与土耳其协议表示严重关切，称协议的核心内容"充

---

❶ http：//www.unmultimedia.org/radio/chinese/archives/253478/＃.WFjcwvl7KP，资料来源：《联合国难民署对欧盟—土耳其峰会达成的难民遣返等协议深表关切》。

❷ http：//www.un.org/chinese/News/story.asp？NewsID＝25786，资料来源：《潘基文：德国和默克尔总理在处理欧洲难民危机中发出了道义声音》。

❸ 在土耳其于2016年7月发生未遂军事政变后，原定同月开始的免签遭无限期搁置。随着土耳其国内局势变化，原持续多年的加入欧盟谈判亦面临遭冻结甚至废止的风险。对此，土方多次威胁将撕毁难民协定。该协定执行效果堪忧。默克尔2016年12月10日承认，欧盟与土耳其2016年3月达成的难民协定截至目前的落实情况尚未达到她本人"预期的效果"。这也意味着2017年欧盟难民移民压力将反弹。

满矛盾"，并对由此可能导致的难民和移徙者遭任意拘禁的问题深表忧虑。他认为，协议中使用的一些语言显示出忽视国际人权法义务的真正风险，即便土耳其决定扩展对"难民"的定义，并通过法律为相关人员提供"临时保护"，仍然可能难以保证所有被遣返人员未来的安全和权利。❶

（三）2016年9月19日召开联合国难民与移民问题高峰会议并正式通过《难民和移民问题纽约宣言》

早在2016年5月18日，联合国召开高级别会议，为9月19日举行的"难民和移民问题高级别峰会"做准备；高级别会议指出处理移民融入问题关键所在❷，强调正视难民带来的积极影响面。

2016年9月15日，联合国难民与移民问题峰会的特别顾问❸阿卜扎伊德表示，联合国全体会员国已就峰会成果文件达成了一致，并展现了解决移民和难民问题的强有力的政治意愿。

2016年9月19日，第71届联合国大会在纽约总部召开应对难民和移徙者大规模流动问题高级别全体会议，商讨如何解决难民和移徙者大规模流动问题。全球有超过6500万人由于种种原因而被迫流离失所。要有效解决这一史无前例的人道主义挑战需要全球性的战略方案，国际社会需要通过政治、安全、人道主义以及发展等多管齐下的方式共同应对强迫流离失所挑战。一些国家的成功经验表明，发展伙伴、国际金融机构以及私营部门更强有力和更早地介入危机局势能够从根本上改变"游戏规则"。联合国呼吁与会各国代表展现出更大的政治意愿，加强资金和技术支持，为承担主要压力的难民和移徙者接纳社区提供全力援助，将书面承诺转化为切实行动，以有效管理大规模人口流动，并通过高瞻远瞩的行动化解强迫流离失所问题。此次会议正式通过了《难民和移民问题纽约宣言》。《宣言》列举了世界各国对难民和移民的一系列承诺，设立难民问题全球响应框架，

---

❶ http：//www.un.org/chinese/News/story.asp? newsID＝25893，资料来源：《联合国人权高专扎伊德对欧盟与土耳其达成的难民危机协议表示严重关切》。
❷ 大量难民从农村地区移居城市，对城市化形成挑战与机遇；关注城市在处理融入方面的挑战；指出城市难民生存状况堪忧；指出难民同时为城市带来益处；反对外国人恐惧症、不包容、两极化和歧视。
❸ 2016年初，潘基文为峰会召开特设立了峰会特别顾问。

规定接收和接纳难民等措施，并争取在 2018 年通过一项难民问题全球契约。同时，《宣言》还称将在今年启动政府间谈判进程，争取在 2018 年举行国际移民问题政府间会议，通过一项安全、有序和正常移民的全球契约。❶ 此次会议被认为是加强国际移徙治理的一个转折性时刻，也为建立一个更加负责、更可预测的系统以应对难民和移徙者大规模流动提供了一次独特的机会，❷《难民和移民问题纽约宣言》被评价为是一份旨在拯救生命，保护移民和难民的权利并且分担责任的宣言。❸

中国国务院总理李克强出席了该会议，他在会议上指出，难民和移民的大规模流动引发了一系列的政治、经济、社会和安全问题，面对这一国际社会的共同挑战，中国愿承担与自身相应的责任，在现有援助规模基础上，再提供一亿美元援助。❹

二、2016 年全球各地热点民族问题与事件：恶化、平稳与曙光并存

（一）南苏丹民族冲突恶化，存在种族灭绝风险

2016 年，南苏丹局势有所恶化。南苏丹首都朱巴的武装冲突始于 2016 年 7 月 7 日，10 日冲突明显升级，冲突导致至少 272 人死亡，其中包括 33 名平民。此后，将强奸作为战争武器、雇佣儿童兵、酷刑、法外处决和大规模流离失所似乎成了南苏丹的一种常态。南苏丹总统基尔指挥的政府军队被指袭击了第一副总统马沙尔的住所，全面内战一触即发。

---

❶ 2016 年 9 月 20 日，美国总统奥巴马召集了"全球难民危机领导人峰会"，作为难民和移民问题高级别峰会的组成部分。潘基文秘书长出席，并在峰会上呼吁国际社会增加重新安置难民和提供援助资金的力度。

❷ https：//refugeesmigrants. un. org/zh/summit-refugees-and-migrants，资料来源：《联合国关于难民与迁徙者大规模流动的首脑会议》。

❸ http：//www. un. org/zh/documents/view_doc. asp? symbol＝A/71/L. 1，资料来源：联合国：《关于难民和移民的纽约》（大会第七十届会议提交解决难民和移民大规模流动问题高级别全体会议的决议草案）；http：//www. un. org/chinese/News/story. asp? NewsID＝27026＆Kw1＝难民和移民问题纽约宣言＆Kw2＝＆Kw3＝，资料来源：《宣言秘书长特别顾问阿卜扎伊德强调接受难民负担最重国家应该得到更多支持》。

❹ http：//www. mohrss. gov. cn/SYrlzyhshbzb/rdzt/gjzzrcfw/dtxx/201609/t20160920＿247556. html，资料来源：《李克强在联合国提"中国主张"》。

2016 年岁末之际，当叙利亚战事趋稳并迎来和平曙光时，南苏丹局势趋紧，联合国预警南苏丹面临种族大屠杀。经过实地调查，联合国防止灭绝种族问题特别顾问迪昂（Adama Dieng）11 月 17 日表示，在南苏丹地区存在着以种族划线为标志的暴力演变为大屠杀的风险。他强调，大屠杀是一个过程，不会在一夜之间发生，正因为它是一个过程，需要准备的时间，因此人们有可能对此加以阻止。他建议对南苏丹实施武器禁运和对高级官员实施更加广泛的制裁。❶ 2016 年 12 月 14 日，联合国一些人权专家在人权理事会就南苏丹人权形势举行的会议上纷纷表示，南苏丹所面临的大屠杀风险就像当年卢旺达发生大屠杀前一样，国际社会应采取行动，防止这种情况的发生。2016 年 12 月 19 日，潘基文秘书长在安理会有关南苏丹问题的会议上做了类似的表示，❷ 安理会 12 月 23 日上午召开会议讨论南苏丹局势，并就对该国实施制裁的决议草案进行了表决，但草案没有获得足够的票数而未能获得通过。❸

针对外界的担心，南苏丹总统基尔 2016 年 12 月 14 日否认南苏丹存在种族屠杀，他号召展开全国对话以结束南苏丹内战。❹ 南苏丹总统发言人阿特尼·韦克·阿特尼 12 月 16 日也表示，南苏丹局势不会滑向"种族清洗"；有关南苏丹将发生"种族清洗"的言论是一些人编造的谎言，不符合南苏丹实际情况，南苏丹部族冲突就像非洲其他国家一样，不会到达"种族清洗"的程度。

---

❶ http：//www. un. org/en/preventgenocide/adviser/pdf/2016-11-17. AD. Statement％ 20to％ 20SC. South％20Sudan％20-％20final. pdf，2016 年 11 月 11 日曼迪昂发布了新闻简报，11 月 17 日发布声明。Media Briefing by Adama Dieng，United Nations Special Adviser on the Prevention of Genocide on his visit to South Sudan；Statement to the Security Council by Adama Dieng，United Nations Special Adviser on the Prevention of Genocide，on his visit to South Sudan，http：//www. un. org/en/preventgenocide/adviser/pdf/2016-11-17. AD. Statement％20to％20SC. South％20Sudan％20-％20final. pdf.

❷ http：//www. un. org/chinese/News/story. asp？NewsID＝27287，资料来源：《潘基文秘书长再次呼吁安理会就南苏丹问题采取行动》。

❸ http：//www. un. org/chinese/News/story. asp？NewsID＝27306，草案获得 7 票赞成，8 票弃权，一项决议草案要在安理会获得通过需要得到至少 9 票赞成，并且在安理会五个常任理事国中没有一个国家投反对票。《对南苏丹实施武器禁运的决议未在安理会获得通过》。

❹ http：//news. cctv. com/2016/12/18/ARTInrPnQeyusjMB609U7fOl161218. shtml，资料来源：《外界担心南苏丹或发生种族大屠杀》。

（二）2016 年度库尔德人政治活动活跃

库尔德人生活在伊拉克、叙利亚、土耳其三国交界的地区，是中东第四大民族，长期以来分属于三个国家的库尔德人在这些国家的夹缝中生存，成为地缘政治下的"牺牲品"，一直深陷"无国家民族"的认同困境中。自2011 年"阿拉伯之春"、"叙利亚内战"和"伊斯兰国"的崛起，中东陷入了前所未有的大动荡，为库尔德人的政治力量增长提供了新的机遇。伊拉克库尔德自治政府、叙利亚人民保护部队和土耳其库尔德工人党，是目前三股比较有实力的库尔德力量，随着中东局势的发展，其政治活动日益活跃。

伊拉克库尔德人的政治活动。2003 年伊拉克战争以来，伊拉克的库尔德人得到了美国的支持，在打击萨达姆政权过程中势力范围有所扩大。伊拉克战争结束后，中央政府积弱，逐渐失去了对库尔德地区的控制权，伊拉克库尔德自治区基本上处于准"独立王国"，获得高度自治权，获得了以色列和土耳其的支持，并与中央政府分享石油收入。2016 年 11 月，库尔德自治政府加紧以抗击"伊斯兰国"为筹码，在独立问题上与伊拉克政府积极磋商，并取得了一定的进展：伊拉克总理表示库尔德自治政府的独立愿望是可接受的，或者接受库尔德人在一个联邦架构内拥有完全主权。

土耳其库尔德人的政治活动。土耳其库尔德人从凯末尔的同化政策到埃尔多安的承认政治，经历了从政治斗争争取权利到武装反抗的漫长过程，作为其重要力量的库尔德工人党一直以来被土耳其政府列为恐怖组织严加打击。虽然 2013～2015 年经历了一段谈判停火的"蜜月期"，但最终因库尔德人国内政治空间被挤压，在 2015 年土耳其政府与库尔德人工人党停火协议破裂，土耳其政府和库尔德工人党的暴力冲突升级。2016 年，库尔德工人党展开了一系列针对军警的暴力恐怖活动，造成大量人员伤亡。库尔德工人党的暴力恐怖袭击和库尔德人民民主党等合法政党的政治活动进一步加剧了土耳其社会的撕裂，深深影响了土耳其的政局走向和地缘政治。

叙利亚库尔德人的政治活动。2016 年，叙利亚库尔德人武装在美国、俄罗斯的支持下，在打击"伊斯兰国"方面表现突出，在东北部，库尔德人民保卫军已拥有 6 万人的军队，建立起了事实上的政治军事实体，并且高呼建立"联邦制国家"。

虽然 2016 年库尔德人的政治活动日益活跃，民族认同进一步增强，尤其是伊拉克的库尔德人自治区处于准独立状态，叙利亚库尔德人也取得了一定的自主权，但库尔德人的联合建国还是困难重重。近来，土耳其政府军进入伊拉克北部阻断库尔德连片区域，主动与俄罗斯改善关系遏制叙利亚库尔德人，均充分体现了土耳其政府在库尔德人问题上的国家利益底线。无论是美国还是俄罗斯，都无非是利用库尔德人来打击"伊斯兰国"或者充当所在国反对派角色，是不愿意看到一方独大的。特朗普上台后，美国的中东政策存在变数，但无论如何，库尔德人军事实力的增长和民族认同的高涨，势必成为影响地缘政治格局的重要力量，也将影响中东的民族关系和政局发展。

（三）2016 年度塞浦路斯问题解决迎来突破

塞浦路斯总统、希腊族领导人阿纳斯塔夏季斯和塞土耳其族领导人阿肯哲从 2015 年 5 月开始谈判，起初达成一致的问题大多是些次要问题，多数关键问题悬而未决，领土问题是亟待解决的关键问题之一。2016 年 1 月 15 日，联合国秘书长塞浦路斯问题特别顾问艾德（Espen Barth Eide）表示，塞浦路斯问题的解决现在比以往具有更大的可能性，这主要是由于塞浦路斯岛希腊族和土耳其族领导人所开展的谈判取得了切实进展。但他同时指出，谈判尚未解决的部分是最具挑战性的问题。潘基文在 1 月 21 日出席于达沃斯举行的世界经济论坛期间，会见塞浦路斯土耳其族和希腊族领导人，了解谈判的最新动态。潘基文认为，在过去 8 个月当中，由希、土两族领导人主导的塞浦路斯谈判取得了重大进展，这表明，如果具有政治意愿，即使是最困难的问题也是有可能达成妥协方案的。

谈判一度受挫。2016 年 5 月 23 日，首次世界人道主义峰会在土耳其伊斯坦布尔开幕，受东道主土耳其总统埃尔多安的邀请，阿肯哲参加了当天的正式晚宴。阿纳斯塔夏季斯因此拒绝出席晚宴，提前离开土耳其，并取消了原定 5 月 26 日与联合国秘书长塞浦路斯问题特别顾问埃斯彭·艾德的会谈，以及原定 5 月 27 日与阿肯哲举行的塞浦路斯问题谈判。在联合国就

"人道主义峰会晚宴风波"向塞方作出解释后，塞政府表示，塞浦路斯问题谈判将继续进行。

塞浦路斯总统、希腊族领导人阿纳斯塔夏季斯和塞土耳其族领导人阿肯哲于 2016 年 11 月 7 日至 11 日在瑞士西南部佩勒兰山就领土等问题进行了为期 5 天的谈判，双方未能达成协议。其后谈判于 20 日在日内瓦继续，联合国方面 22 日发布声明显示双方没能达成协议。土耳其外长恰武什奥卢 11 月 25 日说，土耳其希望塞浦路斯两族能在 2016 年年底前就统一谈判达成协议。

法新社 2016 年 12 月 28 日报道称，塞浦路斯土耳其族领导人穆斯塔法·阿肯哲称，如果谈判按计划继续下去，塞岛问题全民公决或将于 2017 年夏举行。经过磋商，新一轮塞浦路斯问题谈判将于 2017 年 1 月 9 日至 11 日在瑞士举行，1 月 12 日塞浦路斯谈判结束后将举行塞浦路斯问题会议，保证国和其他必要时会邀请的感兴趣国家代表将出席会议。❶ 2017 年 1 月 5 日，联合国新任秘书长古特雷斯与土耳其外交部长恰武什奥卢（Mevlut Cavuso-glu）会面，针对即将举行的塞浦路斯会谈准备工作进行讨论，其后古特雷斯 1 月 6 日下午与希腊外长科齐亚斯（Nikos Kotzias）会面。古特雷斯对会谈审慎乐观，认为 1 月 9～11 日的会谈将是塞浦路斯在统一问题上获得突破的一次历史性机会。❷

（四）缅甸举行 21 世纪彬龙会议，民族和解迎来曙光

缅甸是一个多民族的国家，民族结构复杂，自 1948 年建国以来，民族问题一直成为困扰国家建构和政治发展的老大难问题。2015 年初，缅甸政府军与克钦独立军、果敢民族民主同盟军、德昂民族解放军数支民族地方武装再次爆发冲突，缅甸民族问题又一次成为国际社会关注的焦点。

2016 年初，昂山素季领导的民主政府上台执政，一直致力于促成缅甸停火、民族和解。经过不懈努力，2016 年 8 月 31 日至 9 月 3 日，21 世纪彬

---

❶ http://sputniknews.cn/politics/201612281021508292，资料来源：《塞浦路斯土族领导人称明夏或就塞岛统一举行全民公决》。

❷ http://www.un.org/chinese/News/story.asp? NewsID＝27373，资料来源：《联合国秘书长：塞浦路斯会谈可以成为历史性突破口》。

龙会议即和平大会在缅甸首都内比都举行，来自缅甸政府、军方、少数民族武装、议会、各政党代表 1600 人参会。与会者包括政府、军方、少数民族武装、议会、各政党、社会组织、观察员等各方代表，联合国秘书长潘基文、中国外交部亚洲事务特使孙国祥同时出席。这是昂山素季领导的缅甸全国民主联盟执政后召开的首次和平大会，延续了 1947 年国父昂山将军与少数民族首领签订《彬龙协定》的和平精神，迈开了实现民族和解梦想的重要一步。

然而，缅甸 60 多年来民族冲突的现实却很严峻。21 世纪彬龙会议并未能让交战各方实现停火，未能与会的克钦、德昂、果敢、若开等几支民族武装在 11 月 20 日又同时对多处政府军驻点发起武装攻击，缅北再起战争风云。

昂山素季被称为缅甸的女性曼德拉，在缅甸具有一定的号召力，但是民选政府的执政时间短，经验不足，而缅甸深层次的结构性矛盾根深蒂固，势必深刻影响缅甸和平进程。一是互相信任感缺失。军方主观上希望以打促谈，要求果敢等多支民族武装在放下武器的前提下才能获准参与和平进程，而一些民族武装则对军方无任何信任感，表示无法接受这一"底线"。二是在国家政治结构性目标上有较大分歧。缅甸军方希望强化中央控制力，实现缅甸的统一。而各民族地方武装希望保障其自治权利，实行实质上的联邦制。三是中央与地方的经济零和性。缅甸中央政府希望将各民族地方纳入统一市场管理，而各民族地方武装又着眼于实际利益，希望继续把控地方资源开发等经济命脉。若缅甸政府、军方与民族地方武装的根本矛盾无法有效解决，和平进程将会一波三折。

与此同时，虽然缅北民族问题有所推进，但缅甸罗兴亚人问题却进展不大，甚至可以说问题重重。2017 年 2 月 3 日，联合国人权高专办发布了一份新的关于缅甸罗兴亚人人权状况的报告（主要涉及 2016 年 10 月以来若开邦的罗兴亚人问题）。该报告指出，缅甸若开邦北部、孟都以北地区的大量罗兴亚人遭到缅甸保安部队的屠杀、暴力强奸等严重恶行的侵害，这些罪行很有可能达到了危害人类罪的程度。

（五）民族宗教因素与选举政治杂糅，非洲 2016 年选举动荡平稳参半

2016 年非洲多国大选，中非共和国、乌干达、尼日尔、贝宁、刚果共和国（刚果布）、赞比亚、加纳、冈比亚、刚果民主共和国（刚果金）等十多个国家在年内大选。非洲国家的选举政治历来动荡不已，其中的民族宗教因素与选举政治关联紧密，今年的选举动荡平稳喜忧参半。

中非共和国大选于 2015 年 12 月 30 日开始，经过两轮竞争于 2016 年 3 月 1 日产生结果，独立候选人福斯坦—阿尔尚热·图瓦德拉当选总统。该国 2012 年年底爆发了穆斯林武装"塞雷卡"与基督教民兵组织"反巴拉卡"之间的武装冲突，并导致了严重的人道主义后果，暴力一直持续到 2014 年。2015 年 9 月底，首都班吉再次暴发暴力事件，并持续了近一个月。选举结束并未带来民族宗教和解，2016 年 9 月该国中部城市卡加班多罗附近地区冲突再起，导致 30 多人死亡；11 月 21 日再发族群宗教冲突，在 Bria 镇大约有 85 名公民被杀，76 人受伤，11000 人无家可归，联合国反种族灭绝办公室其后对此进行调查和警示。❶

2016 年 2 月 21 日，尼日尔大选举行第一轮投票。在主要反对派候选人、前总理阿马杜被捕入狱的情况下，现任总统优素福以 48.4% 的得票率位居第一，但未能直接当选。第二轮投票前，包括阿马杜在内的 20 个反对派组成联盟，认为选举不公，呼吁选民抵制。但第二轮投票仍于 3 月 20 日如期完成，优素福得票率高达 92.49%，在争议中获得连任。

刚果（布）总统萨苏与乌干达总统穆塞韦尼都已连续执政 20 年左右。两人分别于 2016 年 3 月 20 日、2 月 21 日再次胜选总统，萨苏开启第三任期，穆塞韦尼开启第五任期。两国都未出现全国范围的大规模骚乱动荡，政局趋于平稳，政府政策得以延续。而贝宁总统亚伊在执政 10 年后，没有选择修宪延长任期，独立候选人塔隆获胜当选总统，权力平稳交接。

---

❶ Statement by Adama Dieng, United Nations Special Adviser on the Prevention of Genocide on the situation in the Central African Republic，http：//www. un. org/en/preventgenocide/adviser/pdf/2016-11-25. SAPG%20statement%20on%20CAR. pdf.

2016 年 9 月，加蓬落选总统候选人让·平（华裔候选人）❶ 的支持者在首都制造骚乱，致使国内局势一度混乱。

冈比亚独立选举委员会 2016 年 12 月 2 日公布结果称，在 1 日举行的总统选举中，反对派候选人阿达马·巴罗得票率为 45.5％，现任总统贾梅的得票率为 36.7％。贾梅承认败选，并承诺尽快将权力移交给新总统。但输掉选举的冈比亚总统贾梅随后拒绝卸任，抵制选举结果，要求重新选举。

刚果（金）总统卡比拉于 2001 年上台，他的任期将于 2016 年 12 月 20 日结束。根据宪法，刚果（金）应于 9 月 20 日举行总统选举，❷ 但选举委员会认为应先完成选民名册更新，因此选举必须推迟举行。此举遭到反对派抗议，❸ 反对派担心卡比拉是在试图延长自己的任期，因此发动了游行示威，并引发大规模骚乱。据统计，至 9 月 20 日至少有 50 人，包括至少 4 名警察，在冲突与暴力中被打死，至少 77 人被打伤。其后局势一直动荡，一些人对该国形势表示不乐观。❹

（六）发达国家民粹民族主义与排外思潮崛起，影响深远

2016 年美国总统大选，共和党候选人特朗普战胜民主党候选人希拉里，被许多人认为是年度全球政治中最大的"黑天鹅事件"。特朗普的竞选成功及其执政有着甚为复杂的种族民族意涵。

在竞选过程中，特朗普与希拉里互掐，相互指责对方为种族主义者。

---

❶ 在这次总统大选中，让·平的混血背景并没有得到加蓬本地人过多的关注和质疑，原因是他的对手阿里·邦戈·翁丁巴，同时也是前总统奥马尔（老邦戈）的儿子，被反对派质疑出生在尼日利亚东部，实为老邦戈的养子而非加蓬人，不应该成为加蓬总统。让·平的成功当选将终结邦戈家族在加蓬近半个世纪的统治。让·平一直是老邦戈的政治密友，还娶了他的长女帕斯卡利娜（后来离婚），也就是说，让·平是对手阿里·邦戈的前姐夫。邦戈攻击其政治对手，暗示让·平和其子都在暗地里为中国利益服务。

❷ 在该国选举政治激流中，中国议题也被裹挟其中。

❸ 刚果（金）实施多党制，在 2011 年议会选举中，没有多数党。刚果（金）议会有 500 个席位，得票最多的是小卡比拉所在的党派 PPRD，其席位数为 69 张，仅仅是总席位的 13.8％，从第 12 大党开始，席位数都降个位数。刚果（金）的种族大多有地区聚集的特性，政党也往往是基于地区的、种族的政党。

❹ http://qoofan.com/read/L8LqoByknK.html，美国 Political Instability Task Force（PITF）曾提出一个四因子的预测模型，评估对象国两年后发生较大政治冲突的可能性。这四个因子包括政体、婴儿死亡率、族群歧视和周边冲突。有人用这一模型对 2016 年刚果（金）安全形势进行了评估。参见《刚果（金）：2016 年是道坎》。

希拉里曾指责，作为地产大亨，特朗普早年曾因拒绝把房子租给非洲裔和拉丁裔租户而遭起诉，并曾被自己所开赌场的非洲裔员工告上法庭。希拉里还对特朗普竞选团队的首席执行官史蒂夫·班农大加攻击，称特朗普选择班农显示了他的白人民族主义倾向。❶ 特朗普的移民政策主张也引发了诸多争议。参选过程中，特朗普将移民议题作为其争取选票的重大议题，他提出要在美墨边境建造一堵墙、禁止穆斯林入境、全面递解非法移民。

2017 年 1 月 10 日晚，奥巴马在芝加哥发表告别演说，猛烈批评了在美国逐步抬头的种族主义，坚决反对歧视穆斯林的行为。奥巴马称，与 30 年前相比，美国种族间的矛盾和隔阂确实减少了很多，但短期内消除种族主义不大现实；要谨防经济社会矛盾被披上种族问题的外衣。与奥巴马针锋相对，特朗普多次声称在美国和墨西哥边界修筑围墙，以防堵墨西哥非法移民入境；特朗普还未上任，美国已迫不及待地在美墨边境的华雷斯城对面的美方桑德兰公园内筑墙。2017 年 1 月 20 日，特朗普发表就职演讲。政治方面，他指出，"并不是政府由哪个政党来掌控，而是政府能不能被人民掌控""美国人民重新成为国家的主宰者"。经济方面，他指出"只有保护，才能有真正的富强"、"美国第一"、"买美国的商品，雇美国的工人"。外交方面，"在所有国家都有权以自己的利益为先的基础上，同世界其他国家和睦修好"。意识形态方面，"不管我们是黑皮肤、棕色皮肤、还是白皮肤，我们都流着爱国者的红色血液"。这一就职演讲透露出其民粹民族主义倾向。政治方面，他反对建制派，发动民众，体现出民粹主义倾向；经济方面，显露出贸易保护主义与经济民族主义倾向；外交方面，透露出实用主义与民族主义的倾向；意识形态方面，显露出爱国主义与权威主义的倾向。

2017 年 1 月 27 日，美国总统特朗普签署"关于难民和移民政策的行政命令"，该禁令称，将会在 90 天内禁止七个穆斯林信仰国家的穆斯林进入美国境内，包括持有美国绿卡的该七个国家的穆斯林人群，这七个国家是苏丹、伊朗、伊拉克、叙利亚、利比亚、索马里、也门。该行政命令还暂停了美国的难民制度，禁令引发美国国内和国际社会的强烈反应。特朗普禁

---

❶ http://news.xinhuanet.com/world/2016-08/28/c_129258317.htm，资料来源：《谁是种族主义者？希拉里、特朗普互掐》，新华社，2016 年 8 月 28 日。

令以国家安全为理由，选择针对穆斯林的"关门"举措，一方面与其就职演讲中的"美国优先"一脉相传，是国家民族主义逻辑的体现；另一方面，则是美国右翼根深蒂固的"文明冲突"的逻辑。这两者在美国国内政治与国际行为中一直存在，但此次特朗普的政策过于极端，其极端性将使得美国政治社会日趋极化。

2016 年度，西欧民粹主义崛起也引起全球各界关注。首先是英国和意大利公投彰显并推动了欧洲民粹主义。2016 年 6 月 23 日，英国举行"脱欧公投"，结果是"脱欧派"以微弱优势意外获胜，这也意味着民族主义派获胜，对欧洲一体化进程是一个巨大打击，其后果甚为深远。英国脱欧公投后的事态发展提高了苏格兰举行第二次独立公投的可能性。10 月 16 日，苏格兰首席部长斯特金说，苏格兰"极有可能"在 2020 年之前，再次就是否脱离英国独立举行全民公投。

意大利修宪公投于当地时间 2016 年 12 月 4 日开始，此次公投源于意大利总理伦齐提出的宪法改革方案，次日结果出炉：意大利修宪公投反对票超过赞成票，修宪被否决已成定局。同日，意大利总理伦齐宣布辞职。这一公投结果被认为可能诱发意大利脱欧公投，意大利政局与欧洲一体化进程进一步受挫。

特朗普当选也对欧洲民粹主义政治领袖产生了极大的激励。特朗普当选美国总统后，欧洲民粹主义政党欢呼雀跃，认为精英们的世界正在坍塌，而他们的世界正在建立。法国国民阵线领导人玛丽娜·勒庞表示，在英国脱欧和特朗普赢得大选后，她赢得法国大选将是席卷全球政治风暴的下一步。极右翼的荷兰自由党主席海尔特·维尔德斯说："美国发生的事情在欧洲和荷兰也可以发生。"

三、基本结论

后冷战世界全球政治秩序中三大破碎地带日趋成型，破碎地带民族主义与恐怖主义高度融合，也给全球难民移民的"扩大再生产"提供了政治结构支撑。第一个是"赤道非洲破碎带"，第二个是"中东北非破碎带"，第三个是"俄罗斯西部南部接壤国＋中国西部南部边界接壤国破碎带"。第一个碎片带是内源主导型（核心特点是"人口资源压力＋现代治理溃败＋民族问题"），第二个碎片带是内外源结合型（核心特点是"伊斯兰现代转型危机＋外部干预＋民族问题"），第三个碎片带是也是内外源结合型（核心特点是"转型国家危机＋颜色革命＋伊斯兰现代转型危机＋民族问题"）。三个破碎地带是全球失败国家、脆弱性国家指数得分最高的地带。❶

全球难民主要产生于这三个地带，三个地带民族问题各有自己的特色；这三个地带也是恐怖主义事件高发带，且恐怖主义与民族主义融合的趋势在新世纪颇为明显。三个破碎地带秩序修复困难，且同时进入警戒状态，这是全球难民移民扩大再生产的深层政治原因，也是全球民族问题治理的难点。

全球经济困局与全球难民移民震荡叠加，为全球民粹主义与民族主义（种族主义）的勃兴提供深层结构支撑。2008 年金融危机以来，全球经济低迷，虽然近年全球经济逐渐走上了复苏的道路，再次爆发系统性金融危机和经济危机的可能性大为降低，但经济危机的深层次原因与影响还远未消除，调整复苏之路艰难曲折。2016 年全球经济低速增长，国际贸易与国际投资低位徘徊，国际贸易和投资环境恶化，保护主义抬头。特朗普当选、英国退欧、多个政治破碎带修复困难以及 2017 年全球进入大选年等因素增加了全球经济复苏变数，新的不确定性因素正在集中显现。

全球经济困局存在诸多政治社会意涵，如全球稳定的经济基础弱化（亨廷顿的公式）、全球治理的物质基础弱化、中产阶层队伍缩小（民粹团队扩大）等。经济低迷与难民移民增加叠加在一起，会给难民移民流入地带来复杂的影响，这为发达国家民粹民族主义崛起提供了结构性支撑。

此外，由于网络等媒体技术发展以及消费主义思潮在全球泛滥，全球民族问题还有新的表现形式特征，如民族运动与民族主义动员发生巨大变化，民族问题全球围观等。

---

❶ 关于失败国家或脆弱性国家年度报告，参见 http://fsi.fundforpeace.org/rankings-2016。

参考文献

［1］本报电．解放思想真抓实干奋力前进确保与全国同步建成全面小康社会［N］．人民日报，2016-07-21（1）.

［2］本报电．尊重自然顺应自然保护自然坚决筑牢国家生态安全屏障［N］．人民日报，2016-08-25（1）.

［3］本报电．毫不动摇坚持基本经济制度坚定不移促进民族团结进步［N］．人民日报，2016-03-31（1）.

［4］本报电．提高民族宗教工作水平促进民族团结宗教和谐［N］．人民日报，2016-03-31（1）.

［5］崔清新．奏响新形势下民族工作新乐章——党的十八大以来以习近平同志为总书记的党中央推进民族工作创新发展纪实［N］．人民日报，2016-10-10（1）.

［6］国家民委网站/民委动态/地方动态［EB/OL］．http：//www.seac.gov.cn/.

第二章

民族地区经济

　　民族经济发展报告主要是分析少数民族群众和少数民族聚居区的经济社会发展状况，探索其运行的内在规律。由于目前我国没有针对少数民族群众经济社会生活的专门统计，所以采用了民族地区的区域统计数据作为研究的基础。2015～2016 年是"十二五"和"十三五"之间承上启下的两年，西部民族地区❶经济持续稳步增长，经济实力进一步提升，与全国的相对差距有所缩小，但增速减缓，受国内外不确定因素的影响，经济下行压力较大，保增长任重道远；产业结构进一步优化，但没有根本改变，固定资产投资增长放缓，供给侧结构改革推动经济结构调整，但新的经济增长点还未形成；"一带一路"倡议还未对西部民族地区产生推动效力，承接能力还未形成，对外贸易额增长下降较快，大都出现负增长，进出口压力巨大，急需调整；城乡居民收入稳定增长且趋于协调，生活水平稳步提升；地方财政收入增长放缓，财政收支鸿沟日益拉大；少数民族事业稳步发展，生态文明建设和精准扶贫发展显著，但可持续发展问题依然重要。2017 年西部民族地区经社会发展挑战与机遇并存，需要以创新开拓态度应对。

---

❶　我国目前宏观经济数据都是以区域为统计对象，所以本报告以西部地区的内蒙古、新疆、广西、西藏、宁夏、云南、贵州、青海、四川、重庆、甘肃、陕西等十二省（区、市）为研究对象（以下简称"民族地区"）。

第一节　2015～2016 年民族经济运行情况分析[①]

一、西部民族地区经济总量持续增长，高于全国水平，但增速呈下降趋势

2015～2016 年是"十二五"时期最后一年和"十三五"时期开局之年，全国经济总量（GDP）持续增长，由 2014 年的 636463 亿元上升至 2016 年的 742353 亿元，增加 105890 亿元，增速 6.9％。同期，西部民族地区由 2014 年的 138099.1 亿元上升至 2016 年的 156528.5 亿元，增速 7.56％（见图 2-1），高于全国增速水平 0.66％，占全国的比重从 21.6％下降至 21.0％。新常态下，西部民族地区经济总量持续增加，但增长速度呈现下降趋势，由 2011 年平均增长速度 13.6％，下降到 2016 年的 7.56％。分析经济总量增速下降的主要原因如下：一是国家进行供给侧改革，经济结构调整，减少过剩产能，严格控制通货膨胀和粗放式投资；二是功能区规划，约束了限制开发区的开发投资；三是由于国际市场疲软，外贸下降较大，对经济增长产生负效应；四是总量基数日益增加。但民族经济增长的趋势不会改变，会在质上有所突破。

2016 年是"十三五"的开局之年，发挥着基础性作用。总体来看，西部十二省（区、市）经济增长速度均高于全国平均水平，发展稳定（见表 2-1）。分地区来看，2016 年除西藏、青海、新疆、宁夏、甘肃等地区外，其他地区的 GDP 总量都超过万亿，十二省区市 GDP 的增长水平都高于全国的增长水平，最低的增速也在 7.2％以上，西藏、贵州和重庆的增长快速，增长率都在 10％以上，从增速的角度看，西部民族地区十二省（区、市）的发展相对平衡，发展趋势向好，潜力巨大。

[①] 本报告的数据来源：《中国统计年鉴》（2010～2014 年）、国家统计公报（2010～2016 年）、青海统计局（西部数据 2015～2016 年）、内蒙古、广西、西藏、新疆、宁夏、云南、贵州、青海、重庆、四川、陕西、甘肃十二省区市统计公报（2010～2016 年）。

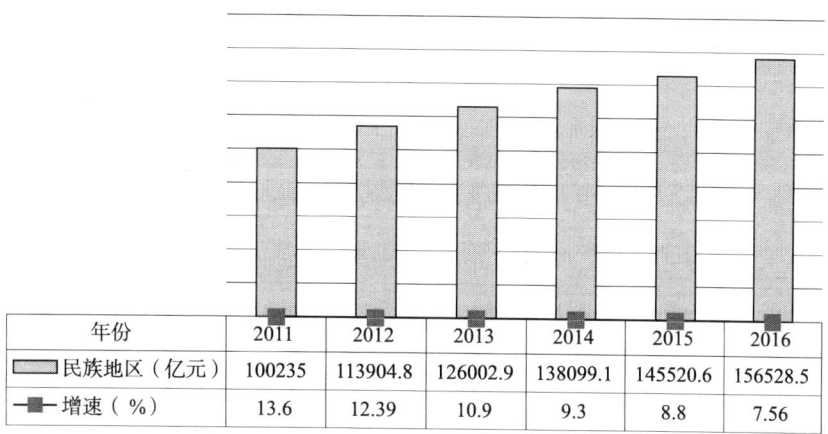

年份	2011	2012	2013	2014	2015	2016
民族地区（亿元）	100235	113904.8	126002.9	138099.1	145520.6	156528.5
增速（%）	13.6	12.39	10.9	9.3	8.8	7.56

图 2-1　2011～2016 年西部民族地区 GDP 及增速

表 2-1　2011～2016 年西部民族地区（十二省区市）GDP 及增速

	2011 年		2012 年		2013 年		2014 年		2015 年		2016 年	
	GDP（亿元）	增速（%）	GDP（亿元）	增速（%）	GDP（亿元）	增速（%）	GDP（亿元）	增速（%）	GDP（亿元）	增速（%）	GDP（亿元）	增速（%）
内蒙古	14359.9	14.3	15880.6	11.5	16832.4	9.0	17769.5	7.8	18032	7.7	18632.6	7.2
广西	11720.9	12.3	13035.1	11.3	14378.0	10.2	15672.9	8.5	16803.12	8	18245.1	7.3
西藏	605.8	12.7	701	11.8	807.7	12.1	920.8	10.8	1026.39	11	1150	10
新疆	6610.1	12	7505.3	12	8360.2	11	9273.5	10	9324.8	8.8	9617.2	7.6
宁夏	2102.2	12.1	2341.3	11.5	2565.1	9.8	2752.1	8	2911.77	8	3150	8.1
云南	8893.1	13.7	10309.5	13	11720.9	12.1	12814.6	8.1	13717.88	8.7	14870	8.7
贵州	5701.8	15	6852.2	13.6	8006.8	12.5	9266.4	10.8	10502.56	10.7	11734.4	10.5
青海	1670.4	13.5	1893.5	12.3	2101.1	10.8	2303.3	9.2	2417.05	8.2	2572.5	8
重庆	10011.4	16.4	11409.6	13.6	12656.7	12.3	14262.6	10.9	15719.72	11	17558.8	10.7
四川	21026.7	15	23872.8	12.6	26260.8	10	28536.7	8.5	30103.1	7.9	32680.5	7.7
陕西	12512.3	13.9	14453.7	12.9	16045.2	11	17689.9	9.7	18171.86	8	19165.4	7.6
甘肃	5020.4	12.5	5650.2	12.6	6268.0	10.8	6836.8	8.9	6790.32	8.1	7152.04	7.6
民族地区	100235	13.6	113904.8	12.39	126002.9	10.9	138099.1	9.3	145520.6	8.8	156528.5	7.56
全国	484124	9.5	534123	7.7	588019	7.7	636463	7.3	676708	6.9	742353	6.9

2011～2016 年，全国人均 GDP 从 34999 上升至 53980 元，平均增速8.53％。同期，西部民族地区的人均 GDP 从 27672.4 元上升至 43143 元，平均增速 9.75％，略低于全国水平（见表 2-2、图 2-2）。西部民族地区人均GDP 占全国人均 GDP 的比重由 79％上升至 79.9％，差距的相对比改变不大，仅有 0.9％，与 2015 年的 4.6％相比，2016 年西部民族地区占全国GDP 的比重的提升速度较小。分地区来看，2011 年西部民族地区十二省（区、市）的人均 GDP 的增长都在 10％以上，新疆最低为 10.7％，贵州最高为 16.1％，2016 年西部民族地区十二省（区、市）人均 GDP 的增长速度减缓，但增速大都在 6.1％以上，高于全国水平，仅新疆为 5.3％低于国家水平，最高为贵州 11％，亮点突出，发挥了极强的后发优势。2016 年除内蒙古和新疆外其他地区人均 GDP 的增长相对协调平衡，但增速都有所下降。内蒙古受国家供给侧改革、能源结构调整和产业政策优化等原因的影响，煤炭能源产业出现萎缩，固定投资下降。

表 2-2　2011～2016 年西部民族地区（十二省区市）人均 GDP 及增速

年份 省份	2011		2012		2013		2014		2015		2016	
	人均GDP（元）	增速（％）	人均GDP（元）	增速（％）	人均GDP（元）	增速（％）	人均GDP（元）	增速（％）	人均GDP（元）	增速（％）	人均GDP（元）	增速（％）
内蒙古	57974	13.8	63886	11.1	67836	8.7	71046	7.5	71903	7.4	74069	6.9
广西	25326	12	27952	10.4	30741	9.4	33090	7.7	35190	6.3	37876	7.6
西藏	20077	11.3	22936	10.4	26326	10.5	29252	9.1	31681	8.3	35143	7.8
新疆	30087	10.7	33796	10.8	37553	9.6	40648	8.4	40034	6.6	40427	5.3
宁夏	33043	10.8	36394	10.3	39613	8.6	41834	6.8	43805	6.9	46919	7.0
云南	19265	12.9	22195	12.3	25322	11.5	27264	7.5	29015	6.1	31174	7.4
贵州	16413	16.1	19710	13.5	23151	11.9	26437	10.4	29847	10.3	33127	11
青海	29522	12.3	33181	11.3	36875	9.9	39671	8.2	41252	7.2	43531	7.1
重庆	34500	15.1	38914	12.4	43223	11.3	47850	10	52330	10.1	57902	9.6
四川	26133	15.9	29608	12.3	32617	9.6	35128	8.1	36836	7.2	39695	7.0
陕西	33464	13.7	38564	12.6	43117	10.7	46929	9.4	48023	7.6	50395	7.0

续表

年份 省份	2011		2012		2013		2014		2015		2016	
	人均GDP（元）	增速（%）	人均GDP（元）	增速（%）	人均GDP（元）	增速（%）	人均GDP（元）	增速（%）	人均GDP（元）	增速（%）	人均GDP（元）	增速（%）
甘肃	19595	12.3	21978	12.2	24539	10.4	26433	8.6	26165	7.7	27458	7.2
民族地区	27672.4	13.1	31268.4	11.6	34392.2	10.2	37487.2	8.4	40507	7.6	43143	7.6
全国	34999	17.9	38353	9.6	41804	9	46531	11.3	49351	6.3	53980	6.1

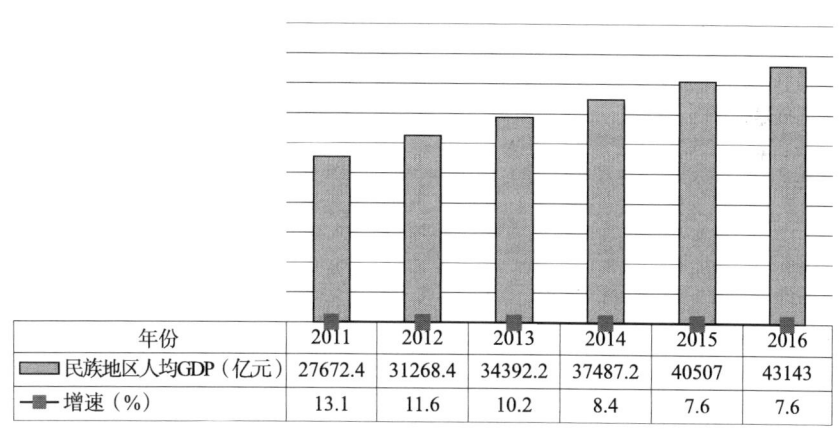

年份	2011	2012	2013	2014	2015	2016
民族地区人均GDP（亿元）	27672.4	31268.4	34392.2	37487.2	40507	43143
增速（%）	13.1	11.6	10.2	8.4	7.6	7.6

图 2-2　2011～2016 年西部民族地区人均 GDP 及增速

二、三次产业结构进一步优化、第三产业贡献率巨大、旅游业增长突出

2015～2016 年西部民族地区第一、二、三次产业增加值稳步增加，三次产业增加值分别由 2011 年的 12766.23 亿元、51538.13 亿元、35440.43 亿元增加至 2016 年的 18578.64 亿元、68037.74 亿元、69912.31 亿元。三次产业结构进一步优化，第一、二、三次产业增加值比例由 2011 年的 12.6：51.5：35.9 调整为 11.7：43.5：44.8，第三产业的比例结构性增加巨大，但与 2016 年国家三次产业比例 8.6：39.8：51.6 相比，第三产业占比略低，第一产业比重略大，还有进一步调整的空间和潜力（见表 2-3、2-4）。

表2-3　2011年、2014年西部民族地区（十二省区市）三次产业增加值及比例

（单位：亿元）

省份	2011年				2014年			
	第一产业增加值	第二产业增加值	第三产业增加值	比例	第一产业增加值	第二产业增加值	第三产业增加值	比例
内蒙古	1304.91	8092.07	4849.13	9.2：56.8：34	1627.2	9219.8	6922.6	9.1：51.9：39
广西	2047.23	5675.32	3998.33	17.5：47.1：35.4	2413.44	7324.96	5934.49	15.4：46.7：37.9
西藏	74.35	209.54	321.94	12.3：34.6：53.1	91.57	336.84	492.42	9.9：36.6：53.5
新疆	1139.02	3289.84	2145.68	17.3：50：32.7	1538.6	3927.82	3797.68	16.6：42.4：41
宁夏	184.13	1076	800.66	8.9：52.2：38.9	216.84	1343.13	1192.13	7.9：48.8：43.3
云南	1407.81	3990.97	3352.17	16.1：45.6：38.3	1991.17	5281.82	5541.6	15.5：41.2：43.3
贵州	726.22	2334.02	2641.6	12.7：40.9：46.4	1275.45	3847.06	4128.5	13.8：41.6：44.6
青海	155.44	939.10	540.18	9.5：57.5：33	215.93	1232.11	853.08	9.4：53.5：37.1
重庆	844.52	5542.80	3623.81	8.4：55.4：36.2	1061.03	6531.86	6672.51	7.4：45.8：46.8
四川	2983.5	11027.9	7015.3	14.2：52.4：33.4	3531.1	14519.4	10486.2	12.4：50.9：36.7
陕西	1220.9	6836.27	4334.13	9.8：55.2：35	1564.94	9689.78	6435.22	8.8：54.8：36.4
甘肃	678.2	2524.3	1817.5	13.5：50.3：36.2	900.80	2924.86	3009.61	13.2：42.8：44
民族地区	12766.23	51538.13	35440.43	12.6：51.5：35.9	16428.07	66179.44	55466.04	12.5：50.4：37.1
全国	47712	220592	203260	10.1：46.8：43.1	58332	271392	306739	9.2：42.6：48.2

表2-4 2015～2016年西部民族地区（十二省区市）三次产业增加值及比例

（单位：亿元）

省份	2015年				2016年			
	第一产业增加值	第二产业增加值	第三产业增加值	比例	第一产业增加值	第二产业增加值	第三产业增加值	比例
内蒙古	1618.7	9200.6	7213.5	9：51：40	1628.7	9078.9	7925.1	8.8：48.7：42.5
广西	2565.97	7694.74	6542.41	15.3：45.8：38.9	2798.61	8219.86	7226.6	15.3：45.1：39.6
西藏	96.89	376.19	553.31	9.4：36.7：53.9	104.98	429.92	615.17	9.1：37.4：53.5
新疆	1559.09	3564.99	4200.72	16.7：38.2：45.1	1648.97	3585.22	4383.04	17.1：37.3：45.6
宁夏	238.47	1379.04	1294.26	8.2：47.4：44.4	239.96	1475.51	1434.59	7.6：46.8：45.6
云南	2055.71	5492.76	6169.41	15：40：45	2195.04	5799.34	6875.57	14.8：39：46.2
贵州	1640.62	4146.94	4715.00	15.6：39.5：44.9	1846.54	4636.74	5251.15	15.8：39.5：44.7
青海	208.93	1207.31	1000.81	8.6：50：41.4	221.19	1249.98	1101.32	8.6：48.6：42.8
重庆	1150.15	7071.82	7497.75	7.3：45：47.7	1303.24	7755.16	8500.36	7.4：44.2：48.4
四川	3677.3	14293.2	12132.6	12.2：47.5：40.3	3924.1	13924.7	14831.7	12：42.6：45.4
陕西	1597.63	9360.3	7213.93	8.8：51.5：39.7	1693.84	9390.88	8080.67	8.8：49：42.2
甘肃	954.54	2494.77	3341.01	14：36.7：49.3	973.47	2491.53	3687.04	13.6：34.8：51.6
民族地区	17364	66282.66	61874.71	11.9：45.5：42.6	18578.64	68037.74	69912.31	11.7：43.5：44.8
全国	60863	274278	341557	9：40.5：50.5	63671	296236	384221	8.6：39.8：51.6

分地区来看，对比 2011 年与 2016 年的数据，除广西、西藏和贵州三省区外，其他省区市三次产业比例调整幅度较大，第三次产业在三次产业增加值的比重调整幅度较大，如云南三次产业结构由 2011 年 16.1：45.6：38.3 调整为 14.8：39：46.2，其中重庆三次产业结构的调整幅度最大，由 2011 年的 8.4：55.4：36.2 调整至 2016 年的 7.4：44.2：48.2。虽然西部民族地区经过城市化和工业化快速发展，三次产业结构逐渐优化，即使第三次产业的比例增长缓慢省区的现代服务业也有质的提升，其中如新疆、云南、贵州等省区第三次产业比例也在增加，但第一次产业的比例却没有下降，甚至有所增加，这应该可以看出这些省区的农业基础性优势，后续应该加强农业供给侧改革，延长产业链，提升加工能力。2015 年至 2016 年西部民族地区十二省区市三次产业结构持续优化，但调整幅度略缓（见表 2-4），各省区市 2016 年典型产业项目如表 2-5 所示。

表 2-5　2016 年部分西部民族地区代表性三次产业项目发展情况

省区市	项目情况
广西	推进现代特色农业提升行动，建设 959 个现代特色农业示范区，新建 100 万亩"双高"糖料蔗基地，稳定粮食总产量在 300 亿斤以上
宁夏	新建高标准农田 51.7 万亩、高效节水灌溉 35 万亩，新建标准化规模养殖场 112 家、永久性蔬菜基地 10 万亩，特色优势农业产值占比达 86.5%
内蒙古	大力发展云计算、现代装备制造、新能源、新材料等产业，启动国家大数据综合试验区建设，稀土新材料产值增长 27.9%，光伏发电量增长 46.5%，轿车产量增长 12.6%，煤电一体化比重达到 90%，煤电铝一体化比重达到 70%
新疆	推动钢铁、水泥、能源等重点行业深度调整，非石油工业、非公有制经济、中小微企业比重稳步提高
贵州	率先开展旅游资源大普查，接待游客人次、旅游总收入分别增长 41.2% 和 43.1%，入境游客突破 100 万人次，第三产业增长达到 11.5%
青海	服务业向专业化、新型化发展，新业态不断涌现，对经济增长贡献率首次超过工业，消费呈较快增长态势，旅游总收入突破 300 亿元大关

资料来源：国家民委经济发展司。

从产业对区域经济发展贡献率看，以 2011 年、2016 年数据统计分析发现，第一、二、三次产业对西部民族地区 GDP 贡献率出现了较大的变化，第一、二次产业的贡献率下降较快，第三次产业的贡献率增加最快（见表2-6），2011 年西部民族地区的三次产业贡献率为 11％、55％、34％，2016 年调整为 11％、15.9％、73.1％。

表2-6 2011 年、2016 年西部民族地区（十二省区市）三次产业的贡献率

产业贡献 省份	第一产业		第二产业		第三产业	
	对 GDP 的贡献 （2011 年）	对 GDP 的贡献 （2016 年）	对 GDP 的贡献 （2011 年）	对 GDP 的贡献 （2016 年）	对 GDP 的贡献 （2011 年）	对 GDP 的贡献 （2016 年）
内蒙古	7.8	1.7	62.1	−20.1	30.1	118.4
广西	17.3	16.2	54.1	36.4	28.6	47.4
西藏	5.8	6.5	45.6	43.5	48.6	50.0
新疆	5.1	30.7	54	6.9	40.9	62.4
宁夏	6.0	0.6	55.3	40.5	38.7	58.9
云南	18.1	12.1	33.4	26.6	48.5	61.3
贵州	9.2	16.7	35.9	39.8	54.9	43.5
青海	6.3	7.9	72	27.4	21.7	64.7
重庆	7.6	8.3	56.8	37.2	35.6	54.5
四川	13	9.6	61.4	−14.3	25.6	104.7
陕西	9.7	9.7	62.4	3.1	27.9	87.2
甘肃	8.8	5.2	43.7	−0.9	47.5	95.7
民族地区	11	11	55	15.9	34	73.1
全国	4.2	4.2	51.5	32.5	44.3	63.3

分地区来看，内蒙古由于第二次产业增加值增速下降较快，贡献率由 2011 年的 62.1％下降到 2016 年的−20.1％，降幅巨大，而第三产业的贡献率增幅最大，由 2011 年的 30.1％上升至 118.4％。除贵州和广西外，其他省区市的第三次产业贡献率都超过了 50％，第一、二产业的贡献率都下降较快，表明该地区三次产业结构的进一步优化趋势明显。

2015～2016 年，西部民族地区旅游业增长依然快速，已经成为西部民族地区产业发展的重要推动力，许多省区市已把旅游业作为支柱产业。自我国实行"西部大开发战略"（1999 年）以来，西部地区的基础设施改善和资金投入，使得许多西部地区的旅游资源得到开发利用，成为我国新的旅

游热点地区，2016 年实现旅游收入 34290.01 亿元，是 2001 年的 24.55 倍，2016 年旅游收入比 2015 年增长 29.6，超高速的发展有效地促进了西部地区的经济增长和居民收入，提供了更多的就业机会和创业机会（见图 2-3）。

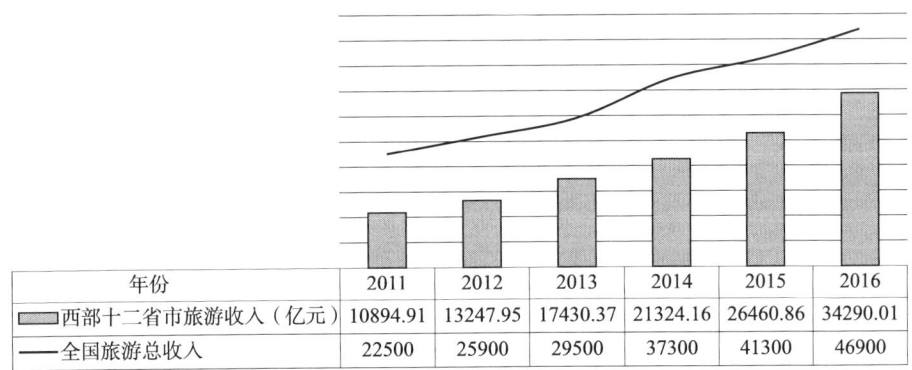

年份	2011	2012	2013	2014	2015	2016
▇ 西部十二省市旅游收入（亿元）	10894.91	13247.95	17430.37	21324.16	26460.86	34290.01
—— 全国旅游总收入	22500	25900	29500	37300	41300	46900

图 2-3　西部民族地区（十二省区市）2011～2016 年旅游总收入

从表 2-7 可以看出我国西部地区旅游收入增长快于全国增长水平，即使在 2003 年"非典"疫情和 2008 年国际金融危机的严重影响下，西部地区旅游市场也好于全国水平。2001～2016 年西部地区旅游收入占全国旅游收入的比例逐年递增，已由 2001 年的 27.97％上升至 2016 年的 73.1％，成为我国旅游市场的主体区域（见图 2-4）。

表 2-7　2001～2016 年西部民族地区旅游收入与国家旅游总收入对比表

单位：亿元

年份	西部民族地区旅游总收入	同比增长（％）	国家旅游总收入	同比增长（％）	西部旅游收入占国家旅游收入的比例（％）
2001	1396.9	——	4995	10.53	27.97
2002	1649.07	18.05	5566	11.43	29.63
2003	1657.01	0.48	4882	−12.29	33.94
2004	2196.38	32.55	6840	40.11	32.11
2005	2833.32	29	7686	12.37	36.86
2006	3606.73	27.3	8935	16.25	40.37
2007	4524.97	25.46	10957	22.63	41.30

续表

年份	西部民族地区旅游总收入	同比增长（%）	国家旅游总收入	同比增长（%）	西部旅游收入占国家旅游收入的比例（%）
2008	5040.28	11.39	11600	5.87	43.45
2009	6420.56	27.38	12900	11.21	49.77
2010	8295.43	29.2	15700	21.71	52.84
2011	10894.91	31.34	22500	43.31	48.42
2012	13247.95	21.6	25900	15.11	51.15
2013	17430.37	31.57	29500	13.90	59.09
2014	21324.16	22.34	37300	26.44	57.17
2015	26460.86	24.09	41300	10.7	64.07
2016	34290.01	29.6	46900	13.6	73.1

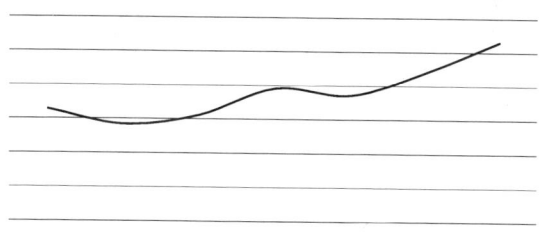

年份	2010	2011	2012	2013	2014	2015	2016
——西部民族地区旅游收入与国家旅游总收入占比（%）	52.84	48.42	51.15	59.09	57.17	64.07	73.1

图 2-4　中国 2010～2016 年西部民族地区旅游收入与国家旅游总收入对比态势

三、固定资产投资增长速度较快、基础设施稳步建设、成为西部民族地区经济发展的重要动力

西部民族地区经济差于发达地区的重要原因之一是固定资本投资缺口较大，基础设施底子薄，建设需求旺盛。2015 年和 2016 年西部民族地区固定资产投资分别为 142928.3 亿元和 146515.4 亿元，分别增长 13.4％和 2.5％，2016 年下降较快，2016 年西部民族地区各省区市固定资产投资增

51

长率看，除新疆和宁夏外，增长速度都在10%以上，表明西部民族地区投资集中度还较为明显。但新疆出现负增长，与投资环境有关。整体来看，西部民族地区固定资产投资增速下降，究其原因，主要是我国经济结构调整所带来的结果，是调整期的正常现象，西部民族地区的投资潜力依然强劲（见表2-8）。

表2-8 2014～2016年西部民族地区（十二省区市）固定资产投资及增速

	2014年		2015年		2016年	
	投资额 （亿元）	增速 （%）	投资额 （亿元）	增速 （%）	投资额 （亿元）	增速 （%）
内蒙古	12074.2	15.6	13824.8	14.5	15469.5	11.9
广西	13843.21	16.3	16227.78	17.2	18236.78	12.4
西藏	1119.73	21.9	1342.16	19.9	1655.5	23.3
新疆	9744.68	25.2	10729.3	10.1	9983.86	—6.9
宁夏	3200.98	19.4	3532.93	10.4	3835.46	8.6
云南	11073.86	15.1	13069.39	18	15662.49	19.8
贵州	8778.4	23.6	10676.7	21.6	1292.17	21.1
青海	2908.71	21	3266.64	12.3	3533.19	10.9
重庆	13223.75	18	15480.33	17.1	17361.12	12.1
四川	23577.5	12	25973.7	10.2	29126	12.1
陕西	18709.49	17.4	20177.98	7.8	20825.25	12.1
甘肃	7759.62	21.11	8626.6	11.17	9534.1	10.52
民族地区	126014.1	11.6	142928.3	13.4	146515.4	2.5
全国	512761	15.3	562000	9.8	606466	7.9

2016年，西部民族地区各省区市以加强薄弱环节，加快补齐基础设施短板。具体代表项目如下（见表2-9）。

表2-9 2016年部分西部民族地区代表性基础设施情况

省区市	代表性基础设施建设情况
内蒙古	呼张客专内蒙古段全线铺轨，通辽、赤峰至京沈客专连接线开工建设，京新高速公路内蒙古段主线贯通，经棚至锡林浩特高速公路建成，2200多个行政嘎查村通了硬化路，乌兰察布机场正式通航，实现了盟市支线机场全覆盖

续表

省区市	代表性基础设施建设情况
云南	多渠道筹措建设资金，基础设施建设完成投资 5564 亿元，沪昆客专、云桂铁路云南段建成运营，16 个重大项目纳入国家中长期铁路网规划，成功迈入高铁时代
广西	建成内河千吨级泊位 10 个，新增吞吐能力 657 万吨，建成北部湾港万吨级泊位 3 个，新增吞吐能力 1364 万吨，14 个设区城市实现光纤网络全覆盖，所有行政村开通网络信号
西藏	藏木、多布、果多水电站和旁多水利枢纽投入运营，拉洛水利枢纽提前截流，电力总装机容量达 265 万千瓦，四年增长 1.3 倍，建成川藏电网联网工程，外送电力 8.24 亿千瓦时、增长 1.5 倍，首次实现净外送电力 2 亿千瓦时
青海	引大济湟调水总干渠开闸通水，西干渠和北干二期开工建设，蓄集峡水利枢纽、黄河干流防洪、拉瓦西灌溉等重点水利工程全面推进，果洛三县联网工程圆满完成，"电力孤岛"并网，实现了全省大电网县域全覆盖
贵州	加强国家大数据综合试验区建设，获批建设首个国家大数据工程实验室、贵州·中国南方数据中心示范基地、贵阳·贵安国家级互联网骨干直联点，大数据电子信息制造业规模以上工业增加值增长 71.3%，软件和信息服务业收入增长 35%，电子商务交易额增长 30%

资料来源：国家民委经济发展司。

四、财政收支稳步增长、财政增收压力较大、收支鸿沟拉大

2015～2016 年是"十三五"时期深化经济改革的成效显现时期，经济下行压力带来了财政收入的下降，财政收支增长都出现减速，2015 年预算收入开始低于 GDP 增速，预算支出增长高于 GDP 增速，2016 年收支增长分别为 4.5% 和 6.4%，都低于 GDP 增速。在此环境下，对于财政自给能力较弱的西部民族地区十二省区市来讲，增速下降更加明显，2016 年西部民族地区的财政收入仅增长 0.5%，和全国水平相差甚远，支出仅增长 6.4%，和全国水平持平。（见表 2-10）西部民族地区财政收支与全国财政收支差距相比，差距又拉大的趋势，2011 年全国财政预算收入 52547.11 亿元，是西部民族地区财政预算收入的 4.9 倍，2016 年变为 9.2 倍；2011 年全国财政预算支出 92733.68 亿元，是西部民族地区财政预算支出的 3.4 倍，2016 年变为 4 倍。同时，西部民族地区财政预算收支差距与 2014 年相比又开始有扩大趋势，2011 年西部民族地区预算支出是预算收入的 2.53 倍，2014 年变

为 2.3 倍，收支缺口缩小 23％，而到 2016 年变为 2.7 倍。西部民族地区财政预算收支的鸿沟亟待解决。

表 2-10　2015～2016 年西部民族地区（十二省区市）一般公共财政预算收支及增速

	2015 年				2016 年			
	一般公共预算收入（亿元）	增速（％）	一般公共预算支出（亿元）	增速（％）	一般公共预算收入（亿元）	增速（％）	一般公共预算支出（亿元）	增速（％）
内蒙古	1964.4	6.5	4290.1	10.6	2016.5	7	4526.3	6.4
广西	1515.08	6.5	4076.42	17.1	1556.24	2.7	4472.48	10
西藏	137.13	10.4	1383.93	16.7	155.61	13.5	1585.54	14.7
新疆	1331	3.8	3805	14.7	1298.95	－2.4	4138.25	8.8
宁夏	373.74	10	1138.18	13.8	387.65	8	1257.69	10.2
云南	1808.14	6.5	4712.9	6.2	1812.26	5.1	5019.62	6.5
贵州	1503.35	10	3930.21	10.9	1561.33	8.1	4261.68	7.9
青海	381.13	－1.1	1505.54	11.7	359.96	7.7	1522.55	0.5
重庆	2155.1	12.1	3793.82	14.8	2227.9	7.1	4001.9	4.9
四川	3329.1	7.9	7511.7	10.5	3389.4	8.3	8011.9	9.8
陕西	2059.9	9.0	4637.7	17	1833.9	－11	4602.2	－0.08
甘肃	743.9	10.5	2964.63	16.65	786.81	8.9	3152.72	6.52
民族地区	17301.97	2.6	43750.13	12.7	17386.51	0.5	46552.8	6.4
全国	152217	5.8	175768	13.17	159552	4.5	187841	6.4

从表 2-10 不难看出，2016 年新疆受内部环境影响，经济下行压力较其他省区市压力更大，预算财政收入出现负增长；陕西也出现较大幅度的下降，负增长 11％，同时预算支出也出现了下降。2016 年各省区市与 2014～2015 年相比，都出现了普遍性的下降，只有西藏还保持着较为稳定的预算财政收支增速。我国西部民族地区的预算财政收支的不平衡，在较长一段时间内必然存在，这是由目前的高速发展期和税源增长速度不匹配导致的，财政支出对中央财政转移支付的依赖程度有加大的可能。从国家的角度看，基于西部大开发战略，中央加大对西部民族地区财政的转移支付是必须的做法。主要原因在于：一是民族地区属于欠发达地区，贫困面广、贫困集中度高，程度深，返贫率高，中央政府对于脱贫致富有着义不容辞的责任；

二是西部民族地区是国家重要的生态屏障，有着规模最大的禁止开发区和限制开发区，为此，民族地区承担着保护下游水源和环境不被破坏的职责，限制了经济开发的范围和规模，中央政府应为民族地区进行生态补偿；三是西部民族地区是我国战略资源储备区和产出地，长期作为资源产地以初级产品的形式为中东部地区提供生产原材料，对民族地区经济增长和人民收入提高的拉动作用十分有限，但对全国尤其是中东部地区经济发展起了基础性作用，同时又是重要的市场，国家从战略角度考虑必须加大西部民族地区的投入，不能靠西部民族地区的自生能力的单一发展；四是国家"一带一路"建设，为西部民族地区发展外向经济提供了巨大的战略机遇，这也需要国家财政资金的大力投入。

五、城乡居民可支配收入持续增长、城乡收入差距逐渐缩小、消费福利高于全国水平

2015 年西部民族地区城乡居民可支配收入稳步增长，如内蒙古 2016 年城镇居民收入由 2015 年的 30594 元增长为 32975 元，农牧民居民收入由 2015 年 10776 元增长至 11609 元。其他各省区市也都呈现持续增长的态势。但由于经济调整等原因，呈现收入增速下滑现象，如西藏和新疆城镇收入增速下降较快，西藏 2016 年城镇收入增速由 2015 年的 15.6％下降到 9.2％，新疆 2016 年城镇居民收入增速由 2015 年的 13.2％下降到 8.3％。西部民族地区各省区市城乡居民收入增速普遍高于全国水平。西部民族地区居民可支配收入都低于全国水平，有些省份差距较大，如甘肃省（见表 2-11）。同时可以看出，从各省区市来看，农（牧）民收入增长速度普遍快于城镇居民可支配收入增长速度，城乡居民收入趋于协调发展。

表 2-11　2015～2016 年西部民族地区（十二省区市）居民人均可支配收入及增速

	2015 年				2016 年			
	城镇居民（元）	增速（％）	农（牧）民（元）	增速（％）	城镇居民（元）	增速（％）	农（牧）民（元）	增速（％）
内蒙古	30594	7.9	10776	8.0	32975	7.8	11609	7.7
广西	26416	7.1	9467	9.0	28324	7.2	10359	9.4

续表

	2015 年				2016 年			
	城镇居民（元）	增速（%）	农（牧）民（元）	增速（%）	城镇居民（元）	增速（%）	农（牧）民（元）	增速（%）
西藏	25457	15.6	8244	12.0	27802	9.2	9094	10.3
新疆	26274.66	13.2	9425.1	8.0	28463.4	8.3	10183.2	8.0
宁夏	25186	8.2	9119	8.4	27153	7.8	9851.6	8.0
云南	26373	8.5	8242	10.5	28611	8.5	9020	9.4
贵州	24579.6	9.0	7386.9	10.7	26743	8.8	8090	9.5
青海	24542.4	10	7933.4	8.9	26757	9.0	8664	9.2
重庆	27239	8.3	10505	10.7	29610	8.7	11549	9.9
四川	26205	8.1	10247	9.6	28335	8.1	11203	9.3
陕西	26420	8.4	8689	9.5	28440	7.6	9396	8.1
甘肃	23767	9.0	6936	10.5	25693.5	8.1	7456.9	7.5
全国	31195	8.2	11422	8.9	33616	7.8	12363	8.2

　　"十三五"伊始，国家调整货币政策，严控货币供给，极力抑制通货膨胀，在城乡居民收入增加的同时，居民消费指数的下降，大大提升了居民的收入福利。从消费指数看，2011 年居民消费指数最低的云南为 4.9%，最高的宁夏为 6.3%，高于全国平均水平 5.4% 的省区市有 7 个。2016 年居民消费指数增速下降较快，最低的宁夏为 0.7%，最高的西藏为 2.5%，仅有西藏高于全国平均水平 2.0%，其他省区市都低于全国水平（见表 2-12）。分地区看，居民消费指数的差距在逐渐缩小，但经济欠发达地区的居民消费指数却比较高，如西藏、青海等地，主要原因在于上述地区消费构成中由外地运输来的商品居多，运输成本较高。

表 2-12　2014～2016 年西部民族地区（十二省区市）居民消费指数

	2014 年	2015 年	2016 年
	居民消费指数（%）	居民消费指数（%）	居民消费指数（%）
内蒙古	1.6	1.1	1.2
广西	2.1	1.5	1.6
西藏	2.9	2.0	2.5

	2014 年	2015 年	2016 年
	居民消费指数（%）	居民消费指数（%）	居民消费指数（%）
新疆	2.1	0.6	1.4
宁夏	1.9	1.1	0.7
云南	2.4	1.9	1.6
贵州	2.4	1.8	1.4
青海	2.8	2.6	1.8
重庆	1.8	1.3	1.8
四川	1.6	1.5	1.9
陕西	1.6	1.0	1.3
甘肃	2.1	1.6	1.3
全国	2.0	1.4	2.0

六、全社会消费品市场稳步增长，增速略高于全国水平，但总量占比较低

"十三五"以来，我国西部民族地区国内贸易全社会消费品零售总额呈现高速增长态势，高于 GDP 增长的平均速度，高于全国水平，2016 年实现 61322.43 亿元，增长 11.2%，高于全国的 10.4%。但西部民族地区的全社会消费品零售总额相对全国来看，比例相对较小，2016 年全国全社会消费品零售总额 332316 亿元，西部民族地区仅占 18.5%，表明西部民族地区的消费能力和市场相对较弱（见表 2-13）。2016 年西部民族地区全社会消费品零售总额增速与 2015 年的 16.7% 相比，下降 5.5%，这与 2016 年西部民族地区城乡居民收入增速下降和经济不确定风险带来的储蓄倾向息息相关。

表 2-13　2015～2016 年西部民族地区（十二省区市）全社会消费品零售总额

	2015 年		2016 年	
	消费品零售总额（亿元）	增速（%）	消费品零售总额（亿元）	增速（%）
内蒙古	6107.7	8.9	6700.8	9.7
广西	6348.06	10	7027.31	10.7

	2015 年		2016 年	
	消费品零售总额（亿元）	增速（%）	消费品零售总额（亿元）	增速（%）
西藏	408.49	12.1	459.41	12.5
新疆	2605.96	7.0	2825.41	8.4
宁夏	789.57	7.1	850.1	7.7
云南	5103.15	10.2	5722.9	12.1
贵州	3283.02	11.8	3708.99	13
青海	690.98	11.3	767.3	11
重庆	6424.02	12.5	7271.35	13.2
四川	13877.7	12	15501.9	11.7
陕西	6578.11	11.1	7302.57	11
甘肃	2907.2	9	3184.39	9.5
民族地区	55123.96	16.7	61322.43	11.2
全国	300931	10.7	332316	10.4

七、供给侧结构改革稳步推进，经济增长结构日益优化

供给侧结构性改革旨在调整经济结构，使要素实现最优配置，提升经济增长的质量和数量。西部民族地区各省区市通过"三去一降一补"，稳步推进供给侧结构性改革，优化经济结构，实现创新—协调—绿色—开放—共享的发展。如内蒙古 2016 年去产能方面，提前完成了煤炭、钢铁等去产能年度任务。原煤产量比上年下降 8.1%，焦炭下降 7.4%，电解铝下降4.3%，平板玻璃下降 1.1%。去库存方面，规模以上工业企业产成品资金占用额 2016 年以来连续保持同比下降，到 11 月下降 10.2%。全年商品房待售面积为 1385.0 万平方米，比上年减少 98.4 万平方米，下降 6.6%。降成本方面，1～11 月，规模以上工业企业每百元主营业务收入中的成本为84.1 元，低于全国平均水平 1.7 元。补短板方面，实施 9 大类 45 项重点工程，薄弱领域得到加强。基础设施建设加快推进，新开工了一批铁路、公路、民航、电力通道、地下综合管廊、地铁等重点项目。

再如青海省，2016 年青海新能源产业、新材料产业不断发展壮大，这两个行业固定资产投资额分别比上年增长 19.7％和 12.3％。全年规模以上工业中新能源产业和新材料产业增加值分别比上年增长 4.3％和 14.8％；太阳能发电量比上年增长 17.1％，风力发电量增长 21.4％，单晶硅产量增长 1.1 倍，多晶硅产量增长 57.6％。制造业比重提高。2016 年，全省规模以上工业中，制造业增加值比上年增长 9.7％，占规模以上工业增加值的比重为 70.6％，比上年提高 3.9 个百分点。轻工业比重提高。2016 年，规模以上轻工业增加值占规模以上工业增加值的比重为 19.1％，比上年提高 1.7 个百分点。装备制造业和高技术产业快速发展。资源类、高耗能行业比重下降。全省规模以上工业资源类行业增加值增长 4.3％，占规模以上工业增加值的比重为 13.6％，比上年下降 3.1 个百分点。规模以上工业高耗能行业增加值比上年增长 4.9％，占比为 62.5％，比上年下降 0.3 个百分点。积极稳妥化解过剩产能。2016 年，全省煤化工产业、钢铁产业和有色金属产业固定资产投资额分别比上年下降 47.4％、53.7％和 54.9％。规模以上工业生铁产量比上年下降 14.2％、粗钢产量下降 4.7％、铁合金产量下降 17.7％、原煤产量下降 3.8％。通过调整，青海省的经济增长结构日益优化。

八、少数民族事业发展良好、生态文明建设与精准扶贫取得显著发展

2016 年，西部民族地区少数民族事业发展良好，优先发展教育、文化、卫生等公共事业，基本公共服务均等化建设稳步推进。广西扎实推进教育振兴"双千计划"，新建各类学校 222 所，改扩建学校 3419 所，学前教育三年毛入园率 76％，义务教育巩固率 93.2％，高中阶段教育毛入学率 87.5％，高等教育毛入学率 33％。内蒙古提前一年完成第二期学前教育三年行动计划，34 个旗县通过国家义务教育均衡发展验收，职业教育改革、高等教育"双一流"建设步伐加快，《民族教育条例》颁布施行。云南进一步加强公共文化服务体系建设，建成云南省大剧院等标志性文化设施，文化惠民活动和"七彩云南"全民健身工程广泛开展。贵州完成 329 所乡镇卫生院标准化建设，199 家县级以上公立医院实现远程医疗，32.51 万人次享

受城乡居民大病保险，12296 所乡村中小学配备校医。宁夏开展政府购买学前教育服务试点，学前三年教育毛入园率达 77.9％，高中阶段教育毛入学率达 91.4％；新改建养老服务机构 173 个，增加床位 1.15 万张。西藏推动文化事业繁荣发展，非物质文化遗产保护项目达 412 个；《六弦情缘》等一批文艺精品获国家级奖项；文物保护投入 7.7 亿元，完成 916 处文物单位、12 万件文物身份证建设。

2016 年，西部民族地区生态文明建设成效凸显。2016 年，西部民族地区坚持生态保护与制度建设同抓、工程治理与自然修复并重，持续推进生态文明建设。贵州加强重点生态工程建设，完成退耕还林 130 万亩，森林覆盖率提高到 52％。内蒙古全面实施大气、水、土壤污染防治行动计划，城市空气质量优良天数比例达到 86％。西藏广泛开展生态文明示范创建活动，自治区级生态县达 7 个、生态乡镇 128 个、生态村 1296 个。云南深入实施水、大气、土壤污染防治行动计划，实施退耕还林还草 160 万亩，治理水土流失面积 4720 平方公里，完成中低产田地改造 336 万亩。新疆严格环境执法监管，整治违法排污企业，清理整顿环保违法违规建设项目，加强重点污染企业环保信用评价和信息公开，积极推进乌鲁木齐—昌吉—石河子区域环境同防同治。宁夏启动"蓝天碧水、绿色城乡"专项行动，综合整治黄河支流、入黄排水沟、城市黑臭水体，黄河宁夏段Ⅲ类良好水质以上断面达 100％。❶

2016 年，西部民族地区"精准扶贫"战略持续推进，绩效凸显，少数民族贫困群众受益显著。贫困民族八省区❷ 2015 年贫困发生率为 12.1％，与 2010 年的贫困发生率 34.1％相比，大幅下降了 22 个百分点，说明"十二五"期间，民族地区加大了扶贫开发力度，3227 万人脱贫，减贫比例为 36％，平均每年减贫 645 万人。反贫困工作取得了显著成效。但与全国贫困发生率相比，民族地区明显偏高，2015 年全国贫困发生率已经降至 5.7％，民族地区与之相比，高出 6.4 个百分点。

随着扶贫开发的深入，仍未脱贫的少数民族群众是扶贫攻坚的"硬骨

---

❶ 资料来源：国家民委经济发展司。
❷ 民族八省区是指内蒙古、新疆、广西、西藏、宁夏、云南、贵州、青海。

头",扶贫攻坚任务将越来越重。同时,民族地区内部呈现出相对集中的分布特点,广西、贵州、云南三省区 2015 年贫困人口占民族八省区贫困人口的 78%,主要分布在滇桂黔石漠化片区、滇西边境山区和乌蒙山片区。为加大对少数民族群众的扶贫力度,2016 年国家财政安排少数民族发展资金达 46 亿元,与 2015 年的 32 亿元相比,增长 44%。西部民族地区各省区市都制定了详细的精准扶贫方案,配备了财政资金、人员和设备,加强基础设施建设,推动社会参与。2016 年各省区市精准扶贫工作都取得了显著的成效,如贵州 2016 年共减少贫困人口 120.8 万人,6 个贫困县、60 个贫困乡镇摘帽,2300 个贫困村退出。

第二节　2017 年民族经济发展存在的挑战

"十二五"时期,西部民族地区经济社会取得了长足的发展,发展平均速度高于全国水平,经济实力大幅提升,经济指标与全国指标的差距均有所缩小,但相对于全国平均水平和东部发达地区,其经济发展的整体质量还处于欠发达阶段。"十三五"以来,2015～2016 年受国内外经济环境不确定因素的影响,经济下行压力非常显著,2017 年西部民族地区经济发展增速下降压力较大,各种矛盾复杂交织,经济发展存在诸多挑战。

一、新经济增长点贡献尚未凸显,投资乏力,经济稳定增长压力较大

"十二五"时期,西部民族地区固有经济增长点,如能源、重化工等产业,受供给侧结构改革和宏观经济需求结构变化的影响,产能出现过剩,已经过了高速增长期,增长乏力。进入"十三五"时期,2015～2016 年开始,西部民族地区各省区市都在探索新的经济增长点,但新经济增长点对区域经济增长还没出现巨大的推动效能,贡献率较小。新兴动力虽然成长较快,但对经济增长贡献较小。从图 2-1 可以看出,2016 年西部民族地区 GDP 增速为 7.56%,比 2015 年的 8.8% 下降 1.24%,除宁夏和云南外,其

他各省区市增速都有所下降。

以云南工业经济发展情况来看，2016年1～11月国有控股企业工业经济效益仍不乐观，全省规模以上工业实现主营业务收入9046.40亿元，同比增长3.4%；实现利润452.03亿元，增长3.5%；企业亏损面达28.18%，亏损面比上年同期下降1.6个百分点；亏损企业亏损额达207.62亿元，下降16.4%。全省国有控股企业实现主营业务收入4830.56亿元，同比下降2.9%；实现利润279.10亿元，下降10.8%，低于全省规模以上工业利润增速14.3个百分点；亏损面达36.29%，高于全省规模以上工业企业亏损面8.11个百分点。部分重点州（市）增速较低。2016年，全省规模以上工业重点州（市）中有4个增速低于全省平均水平，分别是昆明（4.5%）、玉溪（2.6%）、昭通（3.9%）和大理（6.2%），分别低于全省平均水平2.0个、3.9个、2.6个和0.3个百分点，州（市）的低速增长影响了全省规模以上工业的发展势头。

同时，民间投资增速放缓，投资对民族地区经济的拉动效能日趋弱化。2016年民族地区民间投资增长处于近年来最低水平，其中云南、内蒙古、新疆民间投资出现负增长，分别比上年下降4.1%、6.5%、21.7%。民族地区民间投资占全部固定资产投资比重达45%，其增速放缓将进一步减弱民族地区经济发展的内生动力。民族地区民间投资增速趋于放缓，除市场信心不足、投资意愿不强等原因外，还受体制、机制和政策执行等问题的影响。一是政策落实、落细、落地难；二是市场准入和资源配置不公平，隐性歧视和行业垄断仍然存在；三是行政审批效率低，简政放权仍然不到位。如云南2016年以来，受国内外市场需求不足、产品价格下滑甚至倒挂、产能过剩等因素影响，企业投资意愿不强，工业投资增速持续回落。2016年全省完成工业投资2850.20亿元，同比下降9.4%，增速较去年同期回落22.2个百分点，占全部投资的比重为18.2%，比重较同期下降5.9个百分点。工业投资中，制造业完成投资1616.32亿元，同比下降3.2%，增速较同期回落12.4个百分点，占全省固定资产投资比重为10.3%，较同期下降2.5个百分点。投资增速下降导致工业发展后劲不足，有可能对今后一段时期保持经济平稳运行产生不利影响。

二、三次产业结构仍需优化，工业化、城镇化进程有待提高

从长期来看，西部民族地区产业结构得到优化升级，但"十二五"期间产业结构优化程度较浅。与全国相比，第一产业所占比重仍然较高，第二产业依然保持较高比重且比较稳定，第三产业比重却较低。表明相对于全国，西部民族地区的经济增长主要依赖第二产业、比较依赖第一产业，第三产业发展相对不足（见表2-3、表2-4）。从发展经济学角度看，西部民族地区经济发展的"二元结构"比较明显，具有以资源型为主的重型工业结构和以传统技术为主的农业产业结构并存的特点。电力、石化、冶金、有色金属、建材、制糖、造纸等传统工业是民族地区的主导产业，多属资源型初级产品生产，产业链短，产业间整合效率较差。而高新技术产业少，精深加工产品、高附加值产品比重小，产业结构处于欠发达状态。

从长期来看，西部民族地区经济发展的进程主要取决于工业化和城镇化的发展水平。据研究，"十二五"期间，我国整体处于工业化后期的前半阶段，西部民族地区中只有重庆、四川、内蒙古与全国的工业化平均水平相当，青海、宁夏、广西、云南、贵州处于工业化中期阶段，西藏、新疆工业化水平最低，仍然处于工业化初期后半阶段。[1] 目前，我国城镇化进入中期阶段，处于发展的僵持阶段，上升阻力较大，2011年我国城镇化水平51.3%，2016年此数据上升为57.35%。分地区看，除2016年内蒙古、重庆的城镇化水平高于全国水平，其他十省区的城镇化水平都低于全国水平，其中西藏的城镇化水平仅有29.56%，广西的增长速度较快，由2014年的26.26%增长为2016年的48.08%（见表2-14）。综上，相对于全国，西部民族地区工业化、城镇化进程亟待提高。

表2-14 2014～2016年西部民族地区（十二省区市）城镇化水平

	2014 年	2015 年	2016 年
	城镇化水平（%）	城镇化水平（%）	城镇化水平（%）
内蒙古	59.5	60.3	61.2

[1] 黄群慧：《中国的工业化进程：阶段、特征与前景》，《经济与管理》2013年第7期。

	2014 年	2015 年	2016 年
	城镇化水平（%）	城镇化水平（%）	城镇化水平（%）
广西	26.26	47.06	48.08
西藏	25.75	27.74	29.56
新疆	46.07	47.23	48.35
宁夏	53.6	55.23	56.29
云南	41.73	43.33	44.33
贵州	40.01	42.01	44.15
青海	49.78	50.3	51.63
重庆	59.6	60.94	62.6
四川	46.3	47.69	49.21
陕西	52.57	53.92	55.34
甘肃	41.68	43.19	44.69
全国	54.77	56.1	57.35

三、区域经济、城乡结构处于不均衡的发展态势，互补效能亟待提高

纵观西部民族地区十二省区市经济发展的内在动力和外部环境，由于自然条件、资源禀赋、经济发展基础等要素的不同，以及不同时期国家宏观政策对民族地区各省区市的支持重点和力度不同，导致其城镇化水平、工业化程度和经济结构等方面存在较大差异，各省区市之间经济发展水平差距较大。从十二省区市的宏观经济总量来看，2016 年，内蒙古、广西、云南、贵州、重庆、四川、陕西的经济总量都超过万亿元，而西藏、青海却不足 3000 亿元。从人均 GDP 看，2016 年，西北四省区（内蒙古、宁夏、新疆、青海）的人均 GDP 在 43531～74069 元，西南四省区（广西、西藏、云南、贵州）的人均 GDP 在 31174～37876 元，西南、西北差距明显，其中人均 GDP 最高的内蒙古是最低甘肃的 2.7 倍（见表 2-15）。

表 2-15　2011 年、2016 年西部民族地区（十二省区市）GDP、

人均 GDP 与各民族省区的贡献率

产业贡献 省份	GDP（亿元）		人均 GDP（元）		对民族地区 GDP 的 贡献率（%）	
	2011 年	2016 年	2011 年	2016 年	2011 年	2016 年
内蒙古	14359.9	18632.6	57974	74069	14.3	5.5
广西	11720.9	18245.1	25326	37876	11.4	13.1
西藏	605.8	1150	20077	35143	0.51	1.1
新疆	6610.1	9617.2	30087	40427	6.2	2.7
宁夏	2102.2	3150	33043	46919	2.19	2.2
云南	8893.1	14870	19265	31174	8.9	10.5
贵州	5701.8	11734.4	16413	33127	5.8	11.2
青海	1670.4	2572.5	29522	43531	1.7	1.4
重庆	10011.4	17558.8	34500	57902	11	16.7
四川	21026.7	32680.5	26133	39695	20.5	23.4
陕西	12512.3	19165.4	33464	50395	12.7	9.0
甘肃	5020.4	7152.04	19595	27458	4.8	3.3
民族地区	100235	156528.5	27672.4	43143	100	100
全国	484124	742353	34999	53980	—	—

西部民族地区由于城镇化水平发展较缓，城乡差距较大，"三农问题"较为严重，城乡收入发展差异较大，"十二五"时期差距有缩小的趋势，但绝对值的差距比还十分巨大。如图 2-5 显示 2016 年西部民族地区十二省区市城乡居民收入比普遍高于全国水平，差距最高的是甘肃，达到 3.45 倍，差距最低的是四川，也达到 2.53 倍。由于地区间和城乡差距比较明显，导致区域间和城乡间的经济互补性效能未能发挥。

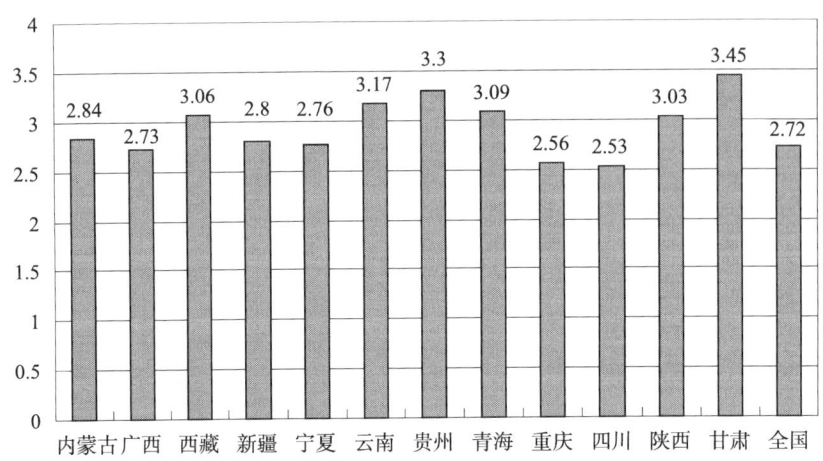

图 2-5 2016 年西部民族地区（十二省区市）城乡居民可支配收入的对比

四、对外贸易发展回落较大、"一带一路"倡议的承接能力还未形成

2016 年民族地区对外贸易面临人民币汇率波动、国际大宗商品价格低迷、国外需求下降等诸多不确定风险因素的影响，对外贸易持续下滑，大多数省区市出现负增长，降幅大都超过全国水平（见表 2-16）。综合 2015～2016 年的数据看，西部民族地区进出口总额下降的趋势非常明显。2016 年西部民族地区对外贸易额占全国比重仅为 7.6%。民族地区自由贸易试验区欠缺，产业承接园区和加工基地较少，口岸通关一体化、便利化进程缓慢，经济内向型特征仍然较为明显，尚未能充分利用国际国内两种资源和两个市场，对外开放水平与"一带一路"战略的承接能力还未形成。

表 2-16 2015～2016 年西部民族地区（十二省区市）进出口贸易总额及增速

	2015 年		2016 年	
	贸易总额 （亿元）	增速 （%）	贸易总额 （亿元）	增速 （%）
内蒙古	790.4	−11.6	772.8	−2.1
广西	3328.7	13.5	3170.42	−0.5
西藏	56.55	−59.2	51.68	−8.6
新疆	1277.8	−28.9	1237	−8.7

续表

	2015 年		2016 年	
	贸易总额 （亿元）	增速 （%）	贸易总额 （亿元）	增速 （%）
宁夏	246.2	−30.3	216.27	−6.4
云南	1592.7	−17.2	1377.2	−18.4
贵州	761.22	14.9	377.16	−50.5
青海	119.86	13.6	100.78	−15.9
重庆	4615.49	−21.3	4140.39	−10.3
四川	3190.3	−26	3262.23	2.8
陕西	1895.66	12.8	1974.8	4.2
甘肃	497.7	−5.4	453.2	−8.3
民族地区	18372.58	−10.4	18707.87	1.8
全国	245741	−7.0	243386	−0.9

五、供给侧结构改革、精准扶贫战略和生态建设的困难依然艰巨

体制机制短板突出，供给侧结构性改革任务艰巨。一是民族地区去产能以行政手段为主，运用市场化法治化手段不足，依靠市场出清的长效机制还未形成。二是民族地区体制性交易成本居高不下，融资难、融资贵问题依然存在。实体经济经营成本偏高，企业成本仍呈上涨趋势，2016 年规模以上工业企业主营业务成本上涨快于上年。三是补短板任务比全国繁重。消除贫困任务艰巨，基础设施薄弱，公共服务与群众的期望还有差距，生态环境较脆弱。四是推进农业供给侧结构性改革比全国更迫切。农村三产融合还不深，农业产业化龙头企业还不多，新型农业经营主体较少，绿色优质农产品规模不大、品牌不强，农民持续增收困难。

脱贫攻坚任务艰巨，脱贫难度较大。我国扶贫开发已进入啃"硬骨头"、攻坚拔寨的冲刺期。由于历史、自然和地理等原因，民族地区致贫因素多元叠加、成因复杂、表现特殊，脱贫攻坚任务比全国其他地区更加艰巨，贫困人口规模较大，贫困程度较深，减贫成本更高，脱贫难度更大。

一是与全国平均水平差距仍然较大，贫困问题仍很突出。在全国贫困人口大幅减少的情况下，民族八省区贫困人口占全国贫困人口的比重呈缓慢上升趋势，即从 2010 年的 30.4％升至 2016 年的 32.55％。截至 2016 年底，民族八省区村贫困人口为 1411 万人；贫困发生率高于全国 4.84 个百分点；全国建档立卡贫困村中，民族八省区有 3.2 万个，占 28％。二是贫困面较大。全国 14 个集中连片特困地区有 11 个在民族地区，从民族八省区 2016 年贫困人口规模看，排在前 3 位的贵州、云南、广西这 3 个省区的贫困人口仍然达 300 万以上。三是贫困发生率高。从民族八省区 2016 年贫困发生率看，贫困发生率超过 10％且排在前 4 位的西藏、新疆、贵州、云南，分别比全国农村高 8.7、8.3、7.1 和 5.6 个百分点。

生态环境刚性约束趋紧，生态保护任重而道远。随着经济的发展，我国出现了资源约束趋紧、环境污染较严重、生态系统退化等问题，而人民群众对清新空气、干净饮水、安全食品、优美环境的要求越来越强烈。民族地区是我国的资源富集区、水系源头区、生态屏障区，在工业化中期的初级阶段就进入经济发展新常态，将持续面临开发与保护、吃饭与建设的双重压力，经济发展与生态保护矛盾十分突出。一是节能减排压力仍然较大。2016 年民族地区单位 GDP 能耗仍高于全国平均水平。二是生态环境较脆弱。民族地区是"美丽中国"的生态功能区，但产业结构重型化特征明显，农牧业发展方式粗放，资源环境的负担日益加重，民族地区进行转型升级与绿色发展的要求十分紧迫。

第三节　2017 年民族经济发展的对策建议

2017 年西部民族地区面对国内外不确定风险的挑战，经济稳增长的压力较大，是供给侧结构性改革的深化、"一带一路"建设和全面建设小康社会的重要之年，是实现"十三五"规划任务的关键之年。西部民族地区面对如此错综复杂的环境，改革发展稳定任务依然艰巨繁重，发展挑战与机遇并存。西部民族地区需要统筹推进"五位一体"总体布局和协调推进

"四个全面"战略布局，以供给侧结构性改革、"一带一路"战略和精准扶贫战略为主线，兼顾发展和生态，推动稳增长、促改革、调结构、惠民生、防风险，促进经济平稳健康较快发展和社会和谐稳定。

一、以供给侧结构性改革推动经济结构优化，补短板形成新的经济增长点

依托供给侧结构性改革，推动经济结构优化，转变经济发展方式，以创新开拓新的经济增长点，以解决西部民族地区经济发展深层次矛盾，保增长、防风险。

首先是推动地区经济体制机制深化改革。供给侧结构性改革的重要保障和核心推动力是体制机制深化改革。西部民族地区要深化行政审批制度和商事制度改革，进一步提高简政放权的含金量，减少政府对市场的过多干预，让市场真正在资源配置中起决定性作用。以混合所有制改革为突破口，着力推进国企国资改革。完善国有企业现代企业制度，开展总经理市场化选聘试点。积极推动资源类央企属地注册，鼓励央企和地方国企整合重组。进一步放宽非公有制经济市场准入，消除各种隐性壁垒，营造公平公正的竞争环境。稳步推进投融资、财税、金融、社会保障、价格、生态、产权保护制度、事业单位分类等各领域改革。

其次是降低交易成本，补齐发展短板。西部民族地区在继续化解过剩产能、有序去库存和去杠杆的基础上，要进一步加大减税、降费、降低要素成本和制度性交易成本力度，确保企业税费负担只减不增。从制约经济社会发展的重点领域和关键环节、从解决民生的突出问题着手，着力补齐基础设施、产业发展、脱贫攻坚、生态环保、科技创新、教育卫生等领域短板。

最后是推进重点产业供给侧结构改革，改造提升化工、有色、黑色等传统产业，加快调整产品结构和重组调整步伐，避免粗放扩张式发展。突出抓好钢铁、煤炭等行业的去产能工作，推动发展动力加速转换。工业发展从要素驱动向创新驱动倾斜，着力优化投资结构，提升投资效益，支持信息产业、先进装备制造业、食品与消费品制造业等重点产业成长发展，

培育壮大优势企业。推进农业供给侧结构性改革。民族地区农业资源丰富，农业供给侧结构性改革将为民族地区发挥农业比较优势、发展现代农业提供强大动力。要以增加农民收入、保障有效供给为主要目标，以提高农业供给质量为主攻方向，优化农业产业体系、生产体系、经营体系。要实施优势特色农业提质增效行动计划，把地方土特产和小品种做成带动农民增收的大产业。要引入农业产业化龙头企业，建设"生产＋加工＋科技"的现代农业产业园。实施进城农民工返乡创业工程，带动现代农业和农村新产业新业态发展。实施乡村休闲旅游产业发展促进计划，推动农业、林业与旅游、教育、文化、康养等产业深度融合。推进"互联网＋"现代农业行动计划，深入实施电子商务进农村综合示范。要加大农村改革力度，统筹推进农业补贴、财政支农投入、农村金融、农村集体产权等制度改革，激活民族地区农业农村内生发展动力。

二、以精准扶贫为统筹，分类推进特殊贫困地区发展，聚力发展民生事业

精准扶贫是西部民族地区实现小康社会的关键之举和重要路径。民族地区要全面落实"六个精准"要求和"五个一批"脱贫路径，汇集全社会力量，推动精准扶贫政策，实现"两不愁、三保障"。

一是防范委托代理风险，确保扶贫资金精准使用。防范委托代理风险带来的弄虚作假以及贪污挪用扶贫资金等问题，明确脱贫摘帽退出机制和激励约束机制，综合运用国家相关部门的考核、省际的交叉考核和第三方评估等多种考核方式，确保减贫成效真实可信，杜绝"被脱贫"和数字脱贫。二是加大脱贫攻坚的财政投入，继续提标扩面。要整合用好各类帮扶资源，大力提升脱贫攻坚投资基金和财政扶贫资金统筹能力，强化资金监督管理，着力办好民生实事，切实惠民利民增福祉。三是汇集全社会力量，分类推进特殊贫困地区的发展，坚持民族与区域相统筹，因地制宜、分类实策，要实事求是以贫困地区的建档立卡贫困人口的现状为依据，实施精准扶贫政策。加强基础设施建设，贫困村整村推进工程，统筹推进非贫困村的贫困户脱贫工作。要在破解制约贫困地区产业发展难题基础上，依托

少数民族特色村镇、农业园区、工业园区及旅游景区提供更多的就业。要完善金融、教育、医疗、土地、生态等扶贫政策体系，实现扶贫政策与低保制度的衔接，确保脱贫的可持续。

三、以"一带一路"倡议为依托，扩大沿边双向开放合作，提升外贸竞争力

积极融入"一带一路"建设，进一步扩大开放、外引内联，积极发挥西部民族地区对外开放的前沿作用。

一是构建开放型经济新体制、拓展开放型经济新空间。根据民族地区重点产业，量身定做招商引资项目，开展精准对口招商。同时，全面深化民族地区与"一带一路"沿线国家和地区在科技、教育、文化、卫生、体育、旅游、环保等领域的开放交流合作，努力形成深度融合的互利合作格局。二是提升外贸竞争力，扩大对外贸易规模，优化对外贸易环境。包括切实推进民族地区内陆开放型经济试验区建设，加强基础设施互联互通，打造便捷陆路通道；加快开发开放试验区、跨境经济合作区、综合保税区及口岸基础设施现代化建设，加强与沿海沿边地区通关一体化合作，进一步提升对外贸易便利化；完善跨境电商配套设施，大力发展跨境电子商务，构建繁荣健康的电子商务生态系统。三是构建央地联动、项目共建机制，深化区内企业与央企和大型投融资机构的战略合作；健全与周边省区市的协作机制，构筑优势互补、良性互动的区域发展新格局；加快培育和发展一批具有较强竞争力的优势企业。引导企业面向市场需求加强研发投入、技术升级，扩大高技术含量、高附加值产品的出口；主动承接产业转移，促进产业聚集。借助"一带一路"建设带来的重大机遇，依托口岸优势，鼓励有条件的企业"走出去"开展境外经贸投资合作和边境贸易；大力发展加工贸易，充分发掘比较优势，加快转型升级步伐，推动加工贸易延长产业链，提高加工贸易占比；加快发展服务贸易，支持各类服务业企业通过新设、并购、合作等方式，开展境外投资合作。鼓励企业建设境外保税仓库，构建跨境产业链，带动省内劳务输出和货物、服务、技术出口。四是借助兴边富民行动，全面改善边民生产生活条件，推进边境地区社会保

障体系建设，促进边民就业创业，发展边境地区特色优势产业，特色加工业，着力提升边境地区开发开放水平。

四、以"发展与美丽"共赢为原则，推动可持续发展

西部民族地区的经济发展与少数民族群众生产生活水平的提升息息相关，但发展必须有生态环境的刚性约束，应坚持"发展与美丽"共赢为原则，坚决守住生态底线，坚定不移走好绿色发展之路，筑牢生态安全屏障，形成人与自然和谐发展的现代化建设新格局，走可持续发展之路。

首先是加强生态保护。一是全面实施"河长制"，实施水污染防治行动计划，严格饮用水水源地保护，全面推进涵养区、源头区等水源地环境整治，加强重点流域、区域水污染防治和湖泊生态环境保护，推进地下水污染防治，加快城镇、园区污水处理设施建设和提标改造，确保正常运行、达标排放。二是实施土壤污染防治行动计划，抓好自然保护区风景名胜区生态破坏、重金属污染及尾矿库安全隐患等重点领域治理，实施农用地分类管理和建设用地准入管理，加强农业面源污染防治，保障农业生产环境安全和人居环境安全。三是开展环境保护大排查，强化环境监管执法，严肃查处破坏生态环境违法行为，以实际行动保护好天蓝、地绿、水净、空气清新的良好环境。四是实施热电联产、煤改气、煤改电计划，加快城市燃煤锅炉拆除和污染治理，加大各类园区环境治理，实现工业污染源全面达标、减量排放，推动大气环境质量持续好转。

其次是加强生态建设。一是大力发展绿色经济，加快构建绿色产业体系和绿色产品标准、认证、标识体系，推出大生态产业工程包，创建一批绿色园区和绿色企业，促进以"四型"产业为重点的绿色经济加快发展。二是加快推进民族地区自然保护区确界和功能区划定，严格限制在生态敏感区内的开发建设活动，继续大力推进退耕还林还草、禁牧封育、天然林保护、天然草原改良、防沙治沙、水土保持、石漠化治理、湿地恢复等生态工程，使局部生态环境明显改善，森林覆盖率明显提高。三是大力推进绿色家园建设，深入开展城乡人居环境综合治理，统筹城乡供水、改水改厕和垃圾污水处理，推行垃圾分类收集处置，推进种养业废弃物资源化利

用和无害化处理，提高村庄规划和民居设计水平，抓好乡土示范带和美丽乡村标准化示范区建设，加强历史文化名镇、传统村落和古树名木保护。四是鼓励各市创建全国文明城市和国家环保模范城市、园林城市、卫生城市。

最后是完善绿色制度。一是全面落实主体功能区规划，建立重点生态功能区产业准入负面清单，建立资源环境监测预警机制，坚守生态保护红线。二是建立各级领导牵头包抓环境突出问题机制，推行政府、企业"双督办、双问责"，严肃领导干部生态环境损害责任追究，扩大领导干部自然资源资产离任审计试点。三是建立项目环评与规划环评联动机制，深化国有林区改革，完成国有林场改革，完善集体林权制度，加快排污权交易市场化改革，完善生态保护补偿机制。四是推进国家低碳城市试点，实施全民节能行动计划。积极培育生态文化，倡导绿色低碳的生活方式。❶

五、以差异化政策为手段，促进民族地区协调跨越式发展

制定实施差别化的支持政策，是加快民族地区发展的关键环节。《"十三五"促进民族地区和人口较少民族发展规划》有针对性地从财政、投资、金融、产业等九个方面明确提出了差别化支持政策。要以规划为总抓手，瞄准2020年倒排工期，谋划落实差别化政策，促进民族地区跨越式发展，缩小少数民族和民族地区与全国经济社会发展差距，确保"全面实现小康，一个民族都不能少，一个都不能掉队"的目标如期实现。

一是推动规划确定的各项政策措施、工程项目落实落地。衔接安排落实综合扶贫、重大基础设施建设、民族特色优势产业振兴、民生保障改善、民族文化繁荣发展等37个工程项目；确保对民族地区转移支付的比重继续增加，取消公益性建设项目配套资金等。二是加大招商引资力度，建立承接产业转移示范园区和区域性产业合作示范区，引入符合民族地区特点和生态环境要求的产业。三是加强与一行三会、政策性和商业性金融机构的对接，支持符合条件的企业上市或挂牌，推动设立民营银行、消费金融公

---

❶ 资料来源：国家民委经济发展司。

司和村镇银行，探索设立少数民族特色产业发展基金。四是以率先实行资源有偿使用制度和生态保护补偿制度为契机，加快自然资源及其产品价格改革，编制自然资源资产负债表，率先开展森林碳汇参与温室气体自愿减排交易试点。五是大力实施人才引进工程和人力资源培训开发计划。加大人才政策倾斜力度，创新人才引进模式，探索安家落户和定期工作并举的人才引进办法。整合各类资源，创新服务平台，制定实施职业技能培训、少数民族特色技能培训、农村实用技术培训三大计划。❶

参考文献

［1］王延中. 中国民族发展报告（2016）［M］. 北京：社会科学文献出版社，2016.

［2］胡鞍钢，等. "十三五"大战略［M］. 杭州：浙江人民出版社，2015.

［3］张丽君，等. 中国少数民族地区扶贫进展报告（2016）［M］. 北京：中国经济出版社，2017.

［4］国务院. "十三五"促进民族地区和人口较少民族发展规划［G］.

---

❶ 资料来源：国家民委经济发展司。

第三章

民族教育

第一节　民族教育基本内涵及政策保障

一、民族教育的基本内涵

民族教育是我国教育的重要组成部分。所谓民族教育是指以少数民族出身者为对象的教育，❶《教育大辞典·民族卷》将民族教育定义为少数民族教育的简称，特指除汉族以外，对其他 55 个民族实施的教育。《中国大百科全书·教育卷》的定义是："少数民族教育就是在多民族国家内对人口居于少数的民族实施的教育，简称民族教育。"在民族教育中，教育者、受教育者、教育影响是构成民族教育这一实践活动的基本要素。少数民族受教育对象是民族教育基本要素之一，这一要素对少数民族教育有很大影响，少数民族教育必须从少数民族受教育对象的实际出发，考虑、安排一切问题。因此滕星教授根据斯大林的民族定义和有关学者对教育的定义，将民族教育的基本概念表述为：民族教育是指对一个有共同语言、共同地域、共同经济活动以及表现于共同的民族文化特点上的共同心理素质这四个基本特征的稳定的共同体的文化传播和培养该共同体成员适应本民族文化的社会活动，❷强调少数民族教育要关注本民族文化。但是，少数民族教育的

---

❶　国家民族事务委员会教育司编：《新时期民族教育工作手册》，中央民族学院出版社 1991 年版。

❷　滕星：《民族教育概念新析》，《民族研究》1998 年第 2 期。

性质和本质并不完全由受教育对象所决定。少数民族教育者的特点、少数民族教育的形式和内容，特别是少数民族教育的实际运行过程，与受教育者发生种种联系，对受教育者产生诸种影响，从各种规律性的联系中决定少数民族教育的本质。❶ 因此，民族教育不仅要考虑受教育者的特殊性，同时也要从现代教育学的角度出发，注重民族教育对传播本民族共同体文化的作用，培养适应本民族文化社会活动的人才的同时，也要面向全国、面向世界培养各级各类人才。胡德海教授认为："民族教育就其总体来说，主要指民族地区的教育"，主要有三个原因，第一，民族教育在我国是除了汉族以外的 55 个少数民族的教育事业；第二，从为什么要实施民族教育的意义上去认识民族教育才是正确的；第三，我国少数民族聚居地区的特点及其在政治上、经济上具有十分重要的意义等因素决定了民族教育是民族地区的教育。❷ 可以说，民族教育是民族地区发展之根本。我国是多民族国家，民族教育的成效如何，直接影响到国家发展之根本。因此，国家对于民族教育的重视与日俱增，对于民族教育方面的研究也越来越广泛和深入。

二、民族教育发展的政策保障

新中国成立以来，党和国家高度重视少数民族教育事业的发展，在一般教育政策基础上，始终把民族教育作为中国教育体系中一个重要的领域来开展工作。在制定民族教育政策时，始终把民族教育的特殊性问题作为最基本的问题和最首要的问题来考虑，根据少数民族和民族地区的特点和实际情况，有力地缩小了民族教育与全国教育水平的差距，保障了广大少数民族平等受教育的权益。

《国家中长期教育改革和发展规划纲要（2010～2020 年）》中有一部分专门论述民族教育的内容，将民族教育和民族地区的教育统一在一起，来解决民族地区和民族成员的教育矛盾，主要包括：加快民族教育事业发展，

---

❶ 金志远：《民族教育定义辨析及判断标准》，《内蒙古师大学报（哲学社会科学版）》2000 年第 4 期。

❷ 湖海德：《关于我国民族教育的几个问题》，《西北师范大学学报（社会科学版）》1990 年第 4 期。

对于推动少数民族和民族地区经济社会发展，促进各民族共同团结奋斗、共同繁荣发展，具有重大而深远的意义，全面提高少数民族和民族地区教育发展水平，促进民族地区各级各类教育协调发展，巩固民族地区义务教育普及成果，确保适龄儿童少年依法接受义务教育，全面提高普及水平，全面提高教育教学质量。支持边境县和民族自治地区贫困县义务教育学校标准化建设，加强民族地区寄宿制学校建设。加快民族地区高中阶段教育发展，支持教育基础薄弱地区改扩建、新建一批高中阶段学校。大力发展民族地区职业教育，加大对民族地区中等职业教育的支持力度，积极发展民族地区高等教育，支持民族院校加强学科和人才队伍建设，提高办学质量和管理水平，进一步办好高校预科班，加大对人口较少民族教育事业的扶持力度。[1] 新时期我国对民族教育的重点政策是倾斜发展民族教育，优先发展民族教育，从解决民族问题的角度考虑民族政策问题，通过民族之间的平等团结互助合作来促进实现少数民族积极差别待遇与少数民族优先发展，再以少数民族优先发展与积极差别待遇促进各民族之间的平等团结。从少数民族政策来看，主要是两类，第一类为优惠政策，第二类为特殊政策。其中优惠政策是在充分考虑少数民族教育发展中的特殊自然、历史、社会等原因之后，所采取的一种倾斜式发展政策或有限发展政策。自 20 世纪 50 年代以来，党和国家一直都对少数民族教育采取优惠的发展政策，这种政策的重点在学校之外，注重的是学校与社会、自然、宗教、经济等因素的关系，这种政策关注的是民族教育发展中的外部制约因素。特殊政策是在充分考虑民族教育发展中的特殊因素，特别是语言文化方面的特殊性的前提下，就民族教育内在的教育目标、价值、方法、内容、评价等问题采取的特殊政策，这些政策在其他地区的教育中不存在，主要是双语教育和多元文化课程。[2]

2016 年是中华人民共和国国民经济和社会发展第十三个五年规划纲要实施的第一年，"十三五"规划是贯彻落实党的十八大和十八届三中全会精

---

[1] 《国家中长期教育改革和发展规划纲要（2010～2010 年）》，《中国教育报》2010 年 7 月 30 日。

[2] 王鉴：《试论我国少数民族教育政策重心的转移问题》，《民族教育研究》2009 年第 3 期。

神的第一个五年规划，也是贯彻落实《国家中长期教育改革和发展规划纲要（2010～2020 年）》最为关键的五年规划。2016 年民族教育的总体要求是：认真贯彻落实党的十八大，十八届三中、四中、五中全会精神和习近平总书记系列重要讲话精神，牢固树立和贯彻落实创新、协调、绿色、开放、共享的发展理念，全面贯彻党的教育方针和民族政策，贯彻落实《国务院关于加快发展民族教育的决定》和第六次全国民族教育工作会议精神，紧紧围绕提高民族教育质量这一主题，以立德树人为根本任务，以教师队伍建设为核心，以双语教育、民族团结教育、职业教育为重点，深化改革，攻坚克难，努力开创民族教育新局面。

第二节 民族教育事业持续发展

2016 年，我国的教育事业不断发展，全国教育经费总投入为 38866 亿元，比上年增长 7.57％。其中，国家财政性教育经费（主要包括公共财政预算安排的教育经费，政府性基金预算安排的教育经费，企业办学中的企业拨款，校办产业和社会服务收入用于教育的经费等）为 31373 亿元，比上年增长 7.36％。同时，民族教育事业也受到极大的关注，2016 年以来，我国民族教育水平持续增长，民族教育规模继续扩大，民族教育质量不断提高。

一、各级各类学校少数民族在校生比例稳定增长

2015 年底，我国各级各类学校中少数民族在校生达到了 2527.04 万人，占全国在校生总人数的 10.18％，较 2014 年增加了 25.84 万人，增幅为 1.03％。其中，学前教育共有 375.89 万名少数民族学生，占学前教育学生总人数的 8.81％；特殊教育共有 3.97 万名少数民族学生，占特殊教育学生总数的 8.97％；初等教育阶段共有 1094.97 万名少数民族学生，占初等教育阶段学生总数的 11.3％，其中普通小学共有 1002.23 万名少数民族学生，占普通小学学生总数的 11.53％，成人小学共有少数民族学生 7.89 万人，

占成人小学总人数的 8.32%；初中阶段少数民族学生人数 480.80 万人，占总人数的 11.15%，其中职业初中少数民族学生人数为 1994 人，占总人数的 39.24%。在中等教育阶段，普通高中少数民族学生总人数 229.27 万人，占总人数的 9.66%，其中高级中学总共 157.15 万人，占总人数的 10.10%，在中等职业教育中，成人中专少数民族总数为 16.88 万人，所占比重达到 10.38%。在高等教育阶段，普通本专科少数民族学生总数为 214.29 万人，占总人数的 8.16%，成人本专科少数民族学生总人数为 52.93 万人，占总人数的 8.32%；少数民族研究生总数 10.97 万人，占总人数的 5.74%，其中少数民族博士研究生 1.89 万人，占总人数的 5.8%，少数民族研究生总人数 9.07 万人，占总人数的 5.73%（见表 3-1、表 3-2）。

表 3-1　各级各类学校少数民族在校生数　　　　单位：人

年份	全国总数	研究生	普通本专科	成人本专科	普通高中	普通中专	初中	普通小学	学前教育
2013	24250198	107392	1844503	202741	2109133	648968	4710203	10409488	3155937
2014	25011741	104674	1992383	529467	2195882	664664	4773555	10589734	3469144
2015	25270383	109704	2142946	529264	2292711	679196	4807978	10949711	3758873

表 3-2　各级各类学校少数民族在校生占比　　　　单位：%

年份	总占比	研究生	普通本专科	成人本专科	普通高中	普通中专	初中	普通小学	学前教育
2013	9.64	5.99	7.47	8.03	8.66	8.4	10.61	11.12	8.1
2014	9.89	5.67	7.82	8.11	9.15	8.87	10.89	11.20	8.56
2015	10.18	5.74	8.16	8.32	9.66	9.27	11.15	11.30	8.81

资料来源：教育部发展规划司公布的 2013 年、2014 年、2015 年教育统计数据。

结合以往的数据总体来看，少数民族的受教育程度在不断提高，尤其在成人本专科阶段增幅最为明显，从 2013 年的 20.27 万人增加到 2015 年的 52.93 万人。

二、各级各类少数民族专任教师比重稳步增长

2015 年，全国各级各类学校中少数民族专任教师共 129.87 万人，占全

国专任教师总数的 9.11％，比 2014 年增加了 8994 人，上涨了 0.7％。其中，普通高等学校少数民族专任教师 8.58 万人，占高等学校专任教师总数的 5.46％，比 2014 年增加了 3460 人；成人高等学校少数民族专任教师 1734 人，占成人高等学校专任教师总数的 5.73％，相比 2014 年减少了 152 人；普通高中学校专任教师 13.54 万人，占普通高中学校专任教师总数的 7.95％，比 2014 年增长了 6439 人；普通中专少数民族专任教师 1.83 万人，占总教师人数的 6％，比 2014 年增加了 234 人；普通初中少数民族专任教师 31.64 万人，占总教师人数的 9.18％，相比 2014 年增加了 324 人；普通小学少数民族专任教师 59.67 万人，占总教师人数的 10.5％，与 2014 年基本持平；学前教育少数民族专任教师 14.18 万人，占总教师人数的 6.91％，与 2014 年相比增加了 18842 人，增幅达到 15.33％。

总体来看，2015 年少数民族教师占比与少数民族学生占比情况类似，保持稳定增长，在学前教育阶段增幅比较大，在普通高等教育和成人高等教育阶段的少数民族专任教师总数的比例偏低（见表 3-3、表 3-4）。

表 3-3　各级各类学校少数民族专任教师总人数　　　单位：人

年份	总数	普通高学校	成人高等学校	普通高中	普通中专	普通初中	普通小学	学前教育
2013	1247548	79439	1826	121459	18587	311437	589984	102672
2014	1289683	82341	1886	128911	18821	316360	595635	122912
2015	1298677	85801	1734	135350	18260	319096	596682	141754

表 3-4　各级各类学校少数民族专任教师占比　　　单位：％

年份	总占比	普通高等学校	成人高等学校	高中	普通中专	初中	普通小学	学前教育
2013	8.52	5.31	5.43	7.41	6.09	8.95	10.56	6.17
2014	8.62	5.37	5.98	7.68	6.13	9.07	10.57	6.66
2015	9.11	5.46	5.73	7.95	6.00	9.18	10.5	6.91

三、办学条件不断改善

教育部公布的统计数据表明，与 2014 年相比，2015 年民族八省区的公共财政教育支出均比上一年度有所增长，其中西藏增幅最大，为 23.67％，贵州增幅 18.14％，广西增幅 15.51％，云南增幅 12.66％，新疆增幅为 11.10％，宁夏增幅为 10.92％，内蒙古增幅 8.09％，青海增幅 0.73％（见表 3-5）。

表 3-5　2015 年公共财政教育支出增长情况

地区	公共财政教育支出（亿元）	公共财政教育支出占公共财政支出比例（%）	公共财政教育支出本年比上年增长（%）
内蒙古自治区	518.60	12.19	8.09
广西壮族自治区	789.34	19.42	15.51
贵州省	766.05	19.45	18.14
云南省	758.02	16.08	12.66
西藏自治区	178.93	12.95	23.67
青海省	163.20	10.77	0.73
宁夏回族自治区	139.18	12.22	10.92
新疆维吾尔自治区	641.52	16.86	11.10

资料来源：教育部官方网站公布教育部文件《教育部、国家统计局、财政部关于 2015 年全国教育经费执行情况统计公告》。

随着中央财政加大对教育的支持力度，进一步推进农村寄宿制学校建设工程、农村中小学危房改造工程、中西部农村初中校舍改造工程、农村中小学现代化远程教育工程、校安工程，加强义务教育学校标准化建设，不断改善贫困地区义务教育薄弱学校基本办学条件等一系列措施，民族地区的基本办学条件得到进一步的提高。2015 年，国务院印发了《关于进一步完善城乡义务教育经费保障机制的通知》，通知规定，教育经费开启"钱随人走"新模式，这就使得相关教育经费可以跟着动起来。与上一年相比，2015 年，民族八省区小学、初中及高中的校舍面积分别增长了 40.76％，6.80％和 8.26％，其中小学的校舍面积最大，2015 年达到 15820.48 万平方米；小学的仪器设备总值和普通高中的仪器设备总值较 2014 年分别增长了 26.55％，15.18％，初中的仪器设备总值较 2014 年与上年基本持平；图书馆藏量分别增长了 10.99％，11.06％，9.37％；计算机总台数分别增长了

19.42％，12.80％和9.18％（见表3-6）。

表3-6　民族八省区办学条件情况

年　份		2013	2014	2015
校舍面积（平方米）	小学	106141155	112395495	158204874.30
	初中	76114291	81308456	86838148.13
	普通高中	58176907	62951218	68148172.59
仪器设备总值（万元）	小学	860513.91	1101431.28	1393893.66
	初中	706516.07	844783.59	837216.38
	普通高中	630639.10	747725.05	861225.25
图书馆藏量（册）	小学	244703232	267544735	296950232
	初中	174864423	194356384	215854481
	普通高中	95374734	105502154	115385337
计算机台数（台）	小学	848843	1011339	1207751
	初中	691567	789292	890300
	普通高中	481707	536698	585941

新疆维吾尔自治区普通中小学校舍建筑面积达3473.3万平方米，比上年净增11.24％。小学每百人配置教学用计算机7.45台，小学生均图书14.33册；小学体育运动场（馆）面积达标校数占56.53％。普通初中每百人配置计算机13.12台，初中生均图书31.91册，初中体育运动场（馆）面积达标校数占73.06％。

四、学前教育和基础教育

1977年，联合国教科文组织对基础教育进行了广泛而深刻的讨论，认为基础教育是向每个人提供并为一切人所共有的最低限度的知识、观点、社会准则和经验的教育，它的目的是使每个人能够发挥自己的潜力、创造性和批判精神，以实现自己的抱负和获得幸福，并成为一个有益的公民和生产者，对所属的社会发展贡献力量。目前，中国事实上的基础教育，是指初中（含初中）以前的所有教育形式，狭义来讲指九年义务教育，广义来讲还应该包括家庭教育和必要的社会生活知识教育等。

我国政府十分重视民族基础教育，将其与扶贫工作放在同等重要的地位，教育部日前发布的《教育脱贫攻坚"十三五"规划》提出，到 2020 年，贫困地区教育总体发展水平显著提升，建档立卡等贫困人口教育基本公共服务实现全覆盖，保障各教育阶段从入学到毕业的全程全部资助，保障贫困家庭孩子都可以上学，不让一个学生因家庭困难而失学。这是国家首个教育脱贫的五年规划，也是"十三五"时期教育脱贫工作的行动纲领，力争实现贫困地区人人有学上、个个有技能、家家有希望、县县有帮扶。

（一）学前教育程度明显提高

学前教育的发展与社会工业化和城市化的水平密切相关，广义的学前教育可以说是与人类社会一起产生的，为了使人类社会能够延续，人就必须实现自身的生产和再生产，因此抚养后代，让他们掌握生存技巧的教育就产生了，这是最早的学前教育。❶ 原始社会，由于没有固定的家庭，所以对幼儿的教育是由全氏族成员共同承担的，原始社会末期至封建社会时期，由于家庭产生，此时的幼儿教育主要依靠家庭来完成，虽然这一时期也有部分西方学者提出幼儿公共教育和保育的思想，但是由于没有相应的社会需求，所以最终没有实现，到 18 世纪末 19 世纪初，由于机器大生产的产生和发展，以资本主义的原始积累，使得大量的农民和手工业者都失去土地，许多妇女也为了生活也走出家庭无法照顾孩子，这使得幼儿公共教育具有了一定的社会需求。总之，无论在西方还是在中国，幼儿园之类的学前教育机构都是社会发展到一定阶段的产物，是与工业化机器大生产密切相关，它的诞生和发展与该地区或整个社会的工业化和城市化程度相关。

1. 全国少数民族学前教育基本情况

学前教育是终身教育的起始阶段，发展学前教育是整个教育事业发展的需求，学前教育的普及程度、教育质量和普及九年义务教育密切相关。2016 年，全国共有幼儿园 23.98 万所，比上年增加 1.61 万所，入园儿童1922.09 万人，比上年减少 86.76 万人。在园儿童（包括附设班）4413.86万人，比上年增加 149.03 万人。幼儿园园长和教师共 249.88 万人，比上年

---

❶ 王鉴：《中国少数民族教育政策体系研究》，民族出版社 2011 年版。

增加 19.56 万人。学前教育毛入园率达到 77.4％，比上年提高 2.4 个百分点。❶ 而我国民族地区教育基础相对比较薄弱，特别是在部分边缘贫困的少数民族农村。目前，各民族地区政府日益重视学前教育，不断加大对少数民族地区学前教育的投入，保证民族地区学前教育的发展。从 2010 年到 2015 年，学前教育少数民族学生总数持续增加，从 2010 年的 212.72 万人到 2015 年的 375.89 万人，增加了 163.17 万人；少数民族学生占学生总数的比重从 7.15％增加到 8.81％（见表 3-7）。

表 3-7　2010～2015 年学前教育少数民族学生总数及所占比重

年　　份	2010	2011	2012	2013	2014	2015
学前教育少数民族学生占学生总数比重（％）	7.15	7.32	7.7	8.1	8.56	8.81
学前教育少数民族学生数（万人）	212.72	250.73	283.82	315.59	346.91	375.89

2. 民族八省区少数民族学前教育情况

为确保农村适龄儿童"应入尽入"就近免费入读幼儿园，"十二五"期间，新疆维吾尔自治区累计建成农村双语幼儿园 2500 所，在园幼儿总数逾 48 万人，全区学前两年双语教育普及面由 59％提高至 77％。❷ 2016 年青海省的学前教育规模稳步增长，独立设置幼儿园 1667 所，较上年增加 142 所，同比增长 9.31％。在园幼儿数达 199804 人，较上年增加 15590 人，同比增长 8.46％。学前教育毛入园率 81.21％，较上年提高 0.47 个百分点。幼儿园专任教师由上年的 6656 人增加到 10158 人，增加 3502 人，增长 52.61％。❸ 2015 年广西壮族自治区全区有幼儿园 10397 所，比上年增加 663 所，在园幼儿 206.9 万人，比上年增加 9.6 万人，专任教师 6.84 万人，比上年增加 7151 人。❹ 贵州省教育事业取得了长足发展。2015 年，全省幼

---

❶　http：//www.moe.gov.cn/srcsite/A03/s180/moe_633/201607/t20160706_270976.html，数据来源：《2015 年全国教育事业发展统计公报》，中华人民共和国教育部政府门户网站。

❷　http：//www.xjedu.gov.cn/index.htm，数据来源：新疆维吾尔自治区教育厅教育统计信息。

❸　http：//www.qhedu.cn/，数据来源：青海省教育厅教育统计信息。

❹　http：//www.gxedu.gov.cn/，数据来源：广西壮族自治区教育厅。

儿园 5993 所，在园儿童 130.47 万人，专任教师 5.59 万人；❶ 宁夏回族自治区 2015 年有幼儿园 513 个，招生人数 42069 人，在校生人数 10.49 万人，专任教师 6039 人，2016 年新增幼儿园 48 个，在校生人数增加 11.10％，专任教师人数增加了 14.21％。❷

（二）小学入学率有所提升

1. 全国少数民族小学教育情况

小学教育属于义务教育阶段，从近六年小学阶段统计数据来看，2010 年至 2012 年，由于学生总人数有所下降，少数民族学生接受小学教育的总人数也相应有所减少，但少数民族学生总人数在所有学生总数中所占比例持续上涨，2010 年接受小学教育的少数民族学生占比 10.54％，到 2012 年达到 10.78％，到 2015 年有 11.3％的少数民族学生接受小学教育（见表 3-8）。

表 3-8　2010～2015 年小学教育少数民族总数及其所占比例

年　份	2010	2011	2012	2013	2014	2015
小学教育少数民族学生占学生总数比（％）	10.54	10.52	10.78	11.12	11.2	11.3
小学教育少数民族学生数（万人）	1048.24	1044.02	954.15	1040.95	1058.97	1094.97

少数民族学生的总人数和比重是考查少数民族学生接受小学教育情况的重要指标，此外，小学净入学率也是另一个重要指标。全国小学净入学率平均值从 2013 年的 99.71％增加到了 2016 年的 99.92％。在民族八省区中，内蒙古的小学净入学率在 2014 年甚至达到了 100％，在 2015 年有轻微波动，达到 99.87％；宁夏的小学净入学率高于全国平均水平，达到 99.98％，内蒙古和新疆基本达到全国平均水平，其他 6 省区略低于全国平均水平，其中最低的是广西，入学率也达到了 99.39％。

从近三年的统计数据来看，增幅最大的是宁夏，增长了 0.48 个百分点，西藏的小学净入学率相比 2014 年也有明显提升，增长了 0.36 个百分点，贵

---

❶　http：//www.gzsjyt.gov.cn/，数据来源：贵州省教育厅—贵州教育网。

❷　http：//www.nxedu.gov.cn/index.html，数据来源：宁夏回族自治区教育厅。

州、青海和新疆保持稳定增长，如表 3-9 所示。

表 3-9　小学净入学率　　　　　　　　　　　单位：%

年份	全国	内蒙古	广西	贵州	云南	西藏	青海	宁夏	新疆
2013	99.71	99.86	99.60	99.29	99.50	99.97	99.67	99.20	99.80
2014	99.81	100.0	99.58	99.48	99.51	99.59	99.73	99.50	99.81
2015	99.90	99.87	99.39	99.48	99.68	99.83	99.77	99.98	99.85

2. 民族八省区小学教育基本情况

近三年来，新疆的小学教育普及水平得到巩固。2015 年，全区有小学 3501 所，在校生 204.89 万人，其中少数民族在校生 149.45 万人，占 72.94%，小学学龄儿童净入学率达 99.85%。全区小学教职工 15.90 万人，其中专任教师 14.48 万人，有少数民族专任教师 9.25 万人，占 63.91%。小学专任教师中高中及以上学历的合格教师占 99.92%，生师比 14.15∶1。宁夏全区有小学 1693 所，在校生 58.35 万人，其中少数民族在校生 28.43 万人，占 48.77%，小学龄儿童净入学率达到 99.98。全区小学教职工 3.25 万人，普通中小学专任教师中有高中及以上学历的合格教师占 97.99%，生师比 17.28∶1。2016 年青海省有小学 889 所，较上年减少 89 所；小学招生 81793 人，较上年增加 4702 人，增长 6.1%；在校生 457893 人，较上年增加 3903 人。小学净入学率 99.8%，较上年提高 0.03 个百分点；专任教师 26408 人，较上年减少 71 人，减少 0.27%；生师比由上年的 17.14∶1 增至 17.34∶1，增加了 0.2 个百分点。专任教师学历合格率 99.94%，较上年下降了 0.03 个百分点；专任教师中大专及以上学历教师占 96.04%，较上年提高 0.39 个百分点。2015 年广西全区有小学 1.18 万所，较上年减少 1097 所，教学点 9138 个，较上年增加 795 个，在校学生 440 万人，较上年增加 8.3 万人，专任教师 22.2 万人，较上年增加 1.13 万人，适龄儿童入学率 99.39%，较上年减少 0.2 个百分点。内蒙古有小学 1853 所，较 2014 年减少 321 所，教学点 678 个，较 2014 年增加了 470 个，在校学生 131.36 万人，较上年增加了 1.72 万人，适龄儿童入学率 99.87%，较上年减少了 0.14 个百分点，专任教师 10.17 万人，较上年减少了 43 人，专任教师有专

科及以上学历的占 95.55％，较上年增加了 1.74％，生师比从 10.61：1 上升 11.12：1。❶

（三）初等教育少数民族学生比重不断增长

1. 全国少数民族初等教育总体情况

随着我国普及义务教育的推进，初等教育规模日益扩大，但由于全国总人口数有所下降，2016 年全国共有初中学校 5.21 万所（含职业初中 16 所），比上年减少 287 所。招生 1487.17 万人，比上年增加 76.14 万人；在校生 4329.37 万人，比上年增加 76.14 万人；毕业生 1423.87 万人，比上年增加 17.42 万人。毕业生 1423.87 万人，比上年增加 6.27 万人。初中阶段毛入学率 104.0％，初中毕业生升学率 93.7％。❷ 同时，少数民族地区适龄儿童的入学率也在不断增长，普通少数民族学生占学生总数的比重不断增长。2015 年普通初中 4311.95 万人，其中少数民族学生 480.80 万人，占比 11.15％。

从 2010 年至 2015 年，普通初中少数民族学生总数在 2010 年达到 497 万人，受人口因素影响，2011 年至 2013 年，普通初中的少数民族总人口数量有所波动，从 2014 年开始逐年增加，达到 477.36 万人，2015 年增加至 480.80 万人。普通初中少数民族学生总数呈先下降后上升的趋势，而普通初中少数民族学生占学生总数的比重逐年递增。2010 年少数民族学生总人数虽然较多，但所占比例为 9.42％，2015 年少数民族学生总人数比 2010 年少 17 万人，但是占总人数的比例却达到了 11.15％，我国的少数民族初中教育普及率不断得到提升（见表 3-10）。

表 3-10　2010～2015 年普通初中少数民族学生数及所占学生总数比重　单位：％

年　份	2010	2011	2012	2013	2014	2015
普通初中少数民族学生占学生总数比重（％）	9.42	9.71	10.03	10.61	10.89	11.15
普通初中少数民族学生数（万人）	497.00	492.22	477.93	471.02	477.36	480.80

❶ 数据来源于各省区教育厅。

❷ http://www.moe.gov.cn/srcsite/A03/s180/moe _ 633/201607/t20160706 _ 270976.html，数据来源：《2015 年全国教育事业发展统计公报》，中华人民共和国教育部政府门户网站。

2. 民族八省区普通初中教育现状

民族八省区的初中教育普及水平不断提升。2015 年，新疆全区有初中学校 1069 所，在校生达 90.74 万人，其中少数民族在校生 61.28 万人，占 67.54％。初中阶段适龄少年净入学率达 98.72％，较上年提高 0.35 个百分点；初中毕业生升入高中阶段升学率为 92.11％，较上年提高 1.37 个百分点。初中专任教师 8.57 万人，有少数民族专任教师 5.05 万人，占 58.85％。初中专任教师中专科及以上学历的合格教师占 99.76％。生师比 10.58∶1。2016 年青海全省初中 268 所，较上年减少 2 所。初中招生 69564 人，较上年减少 2510 人，减少 3.48％。在校生 207937 人，较上年减少 5228 人，减少 2.45％。初中净入学率 93.06％，较上年下降 1.03 个百分点；女生净入学率 93.16％，较上年下降 1.17 个百分点。初中毛入学率 110.59％，较上年提高了 1.43 个百分点。专任教师 16171 人，较上年增加 39 人，增长 0.24％；生师比由 13.21∶1 降至 12.86∶1，下降 0.35。专任教师学历合格率 99.85％，比上年提高了 0.13 百分点；专任教师中本科及以上学历教师占 81.29％，较上年提高 1.71 个百分点。2015 年广西全区有普通初中 1839 所，较上年减少 4 所，在校学生 196.31 万人，较上年增加 1.2 万人，专任教师 11.9 万人，比上年增加 1203 人，毛入学率 109.2％，较上年增加 0.33 个百分点。宁夏全区有普通初中 299 所，在校学生 43.40 万人，少数民族在校生 17.37 万人，占比 40.71％，专任教师 2.98 万人，毛入学率 102.21％。内蒙古全省有普通初中 716 所，在校学生 63.96 万人，较 2014 年减少了 3 万人，其中少数民族学生 31.06 万人，较 2014 年增加了 3736 人。专任教师 5.91 万人，较 2014 年减少了 1566 人，生师比 10.82∶1，初中毛入学率 100.22％，较 2014 年增长了 2.94％。❶

五、中等教育

中等教育包括普通高中、普通中专和内地民族班等，近年来的统计数据表明，各类中等教育中少数民族学生人数出现不同的变化趋势，但少数

---

❶ 数据来源：民族八省区教育主管部门官方网站数据。

民族学生占学生总数的比重基本都呈现出逐年增长的发展态势。

（一）普通高中

普通高中少数民族总人数在 2010 年至 2015 年呈持续增长状态。从 2010 年的 183.34 万人增长到 2015 年的 229.27 万人，占比从 7.55% 提高到 9.66%。相比初中教育阶段，普通高中的少数民族学生总数及其所占比例呈稳定增长的特点（见表 3-11）。

表 3-11　2010～2015 年普通高中少数民族学生总数及其所占比例

年　　份	2010	2011	2012	2013	2014	2015
普通高中少数民族学生占学生总数比重（%）	7.55	7.8	8.15	8.66	9.15	9.66
普通高中少数民族学生数（万人）	183.34	191.46	200.97	210.91	219.59	229.27

（二）普通中专

普通中专少数民族学生总数从 2010 年开始逐年增加，从 2010 年的 67.56 万人增加至 2015 年的 67.92 万人，普通中专少数民族学生占学生总数的比重逐年增加，普通中专少数民族学生占学生总数的比重由 2010 年的 7.7% 逐年增加，到 2015 年达到了 9.27%。随着民族地区普及九年义务教育的实现将会有越来越多的少数民族学生接受普通高中教育，少数民族学生占普通中专总学生数的比重将进一步提高（见表 3-12）。

表 3-12　普通中专少数民族学生总数及所占比重

年　　份	2010	2011	2012	2013	2014	2015
普通中专少数民族学生占学生总数比重（%）	7.7	7.86	8.06	8.4	8.87	9.27
普通中专少数民族学生数（万人）	67.56	67.19	65.51	64.9	66.47	67.92

（三）内地民族班

20 世纪 80 年代，为解决西藏教育落后、人才匮乏的问题，中央做出了在内地省市举办西藏班（校）的重要举措。1985 年 9 月，以藏族为主体的首批西藏小学毕业生到内地学习，开启了内地西藏班的办学新模式。党的十八大以来，以习近平同志为核心的党中央提出了"治国必治边、治边先稳藏"的战略思想和"依法治藏、长期建藏、争取人心、夯实基础"的重要工作原则，为做好教育援藏工作提供了根本遵循。中央第六次西藏工作座谈会提出加强人才和技术援藏、突出改善民生、促进交往交流交融，为做好教育援藏工作提出了明确要求。各省市、高校、直属单位要深刻领会中央精神，充分认识对口援藏工作的长期性，始终把握对口援藏工作的群众性，不断提高对口援藏工作的科学性，坚持真情援藏、科学援藏、创新援藏，进一步发挥人才优势、管理优势和资源优势，围绕教育教学质量、教师队伍建设、学前双语教育和中等职业教育等薄弱环节，不断加大教育援藏工作力度，提高教育质量。❶ 继续选拔西藏、新疆优秀初中毕业生到内地接受高中阶段优质教育，合理确定培养规模，坚持招生计划向少数民族农牧民子女倾斜。加强内地西藏班、新疆班管理，不断提高合校混班教学比例，引导学生融入学校、融入集体。提高内地西藏班、新疆班教学水平，合理安排课程和教学计划，配强学科指导教师，加强民族团结教育。完善内地西藏班、新疆班单独招生政策。改进内地西藏、新疆中职班培养模式，帮助毕业生掌握一技之长，具备就业创业能力。健全内地西藏班、新疆班经费投入机制，促进内地民族班持续稳定发展。适当扩大内地西藏、新疆中职班规模。

国家教育主管部门大力实施万名教师支教计划，组织内地优秀教师到西藏、新疆支教，在每所中学形成稳定的理科教学团队。在对口支援机制下，每期选派 1 万名内地教师赴西藏、新疆任教。支教教师发挥骨干示范作用，主要承担一线教学任务，组织教研活动，开展业务培训和教学指导，与当地教师组成教学团队，整体提升学校理科教学水平。每年置换出 1 万名当地理科教师，通过集中培训、专题研修、跟岗学习等方式，提高学科教

---

❶ http://www.moe.gov.cn/srcsite/A09/s3082/201701/t20170112_294684.html，数据来源：《教育部关于加强"十三五"期间教育对口支援西藏和四省藏区工作的意见》，中华人民共和国教育部政府门户网站。

学能力。到 2020 年，共组织内地 3 万名教师赴西藏、新疆支教，置换出当地 90% 以上理科教师脱产培训。

目前，共有北京、上海、广东等 21 个省市的普通中学、中等职业学校开办 137 个内地西藏班和内地中职班，共有在校生 1.81 万人。内地西藏班招生坚持向农牧区、边境县、高寒高海拔地区、区内人口较少民族倾斜，招生计划的 70% 用于招收农牧民子女考生。内地办班（校）省市财政单列专项经费，专项解决西藏班学生学习、生活和医疗等所需费用，补贴标准年生均超过 8000 元。

新中国成立以来，党中央、国务院十分关心和重视新疆教育，采取了一系列特殊措施支援新疆发展教育事业。至 1999 年底，新疆已有 55 个县（市、区）实现了"两基"❶，普及人口 917.39 万人，占自治区总人口的 58.53%；除塔什库尔干县外都已普及了初等教育；小学适龄儿童入学率达到 97.09%，其中少数民族为 97.08%；初中适龄少年入学率达 76.65%，其中少数民族为 73.36%；青壮年文盲率下降到 2% 以下。尽管有了很大改善，但由于历史和自然、地理条件等方面的原因，新疆的教育基础还很薄弱，与内地相比还有相当大的差距，不能满足新疆社会、经济等各项建设事业发展的需要。为此，中央决定进一步采取特殊措施，加大智力支援新疆的工作力度，在内地有关城市开办新疆高中班。智力支援新疆，开办内地新疆高中班是国家实施西部大开发战略，促进新疆经济发展和社会进步，贯彻党的民族政策、增强民族团结、维护祖国统一，保持国家长治久安和各民族共同繁荣的重大举措之一，是一项光荣而崇高的事业。自 1989 年国家启动内地高校支援新疆培养少数民族人才协作计划以来，已累计招生 6.4 万余人，培养毕业生 2.9 万余人。内地新疆班学制四年（含预科一年），每年招收新疆维吾尔自治区应届初中毕业生 1000 人，按每班 40 人计，每年共办 25 个教学班；在校生总规模 4000 人，100 个教学班。内地新疆高中班和区内高中、初中班规模不断扩大。2015 年，内高班办班城市达到 45 个，办班学校 93 所，招生 9880 人，在校生

---

❶ "两基"是国家教育部提出的为贯彻《国务院关于进一步加强农村教育工作的决定》（国发〔2003〕19 号），进一步推进西部大开发，实现西部地区基本普及九年义务教育、基本扫除青壮年文盲（以下简称"两基"）目标，特制定《国家西部地区"两基"攻坚计划（2004～2007 年）》。

3.43 万人。区内初中班办班城市达到 13 个，办班学校 26 所，招生达 10500 人，在校生 2.92 万人。区内高中班办班城市 11 个，办班学校 11 所，招生 542 人，在校生 0.11 万人。2015 年，内地新疆中职班办班城市有 27 个，办班学校 33 所，招生 3504 人，在校生 0.86 万人。

2016 年教育部《关于下达 2016 年全国普通高校招收少数民族预科班、民族班、非西藏生源定向西藏就业、内地西藏班和内地新疆高中班毕业生招生计划的通知》，为贯彻落实第二次中央新疆工作座谈会精神，提高南疆四地州学生录取比例，北京等 10 个对口支援南疆地区的省市，每个省市在"协作计划"总量中定向南疆招收 50 名各民族预科学生，各高校具体增量计划，由对口支援省市教育行政部门与新疆教育行政部门对接落实。这是将民族教育与对口支援计划相结合，促进新疆民族教育事业的发展。

六、高等教育

（一）少数民族学生比例增加

2015 年，高等教育阶段的少数民族学生达 214.3 万人，占全国学生人数的 8.16%。在全国普通高校就读的少数民族研究生有 10.97 万人，其中，博士研究生 18932 人，占总人数的 5.80%，硕士研究生 90772 人，占总人数的 5.73%，本专科人数 214.29 万人，占比 8.16%。从 2010 年至 2015 年的数据来看，本专科少数民族的人口总数和所占比例均持续增加。从 2010 年的 150.83 万人增加到 2015 年的 214.3 万人，六年间增加了近 64 万人，少数民族学生占学生总数的比重取得了较大了增长，增幅达到 42.43%（见表 3-13）。

表 3-13　本专科少数民族学生总数和所占比例

年　　份	2010	2011	2012	2013	2014	2015
本专科少数民族学生占学生总数比（%）	6.76	7.31	7.44	7.47	7.82	8.16
本专科少数民族学生数（万人）	150.83	168.84	177.96	184.45	199.24	214.3

（二）民族地区高校和民族院校不断发展

据统计，截至 2016 年，民族八省地区共有高校 344 所，较 2013 年增加了 62.26%，其中广西和云南分别有 73 所和 72 所，是民族地区高校数量最多的省区，西藏有 6 所高校。全国共有 32 所民族院校，占公办普通高校总数（1824 所）的 1.7%。我国各级各类学校中少数民族在校生达到了 2527.04 万人，占全国在校生总人数的 10.18%。

国务院于 2015 年和 2016 年分别发布了《统筹推进世界一流大学和一流学科建设总体方案》和《统筹推进世界一流大学和一流学科建设实施办法（暂行）》推进高等教育发展，提出建立动态开放竞争，以绩效评价为主的调整机制，打破身份固化，不搞终身制。对不能达到建设目标和水平的高校给予预警并减小支持力度直至调整出建设范围；建设期末根据评价结果等情况，重新确定下一轮建设范围。这一机制在过去的重点建设计划中是没有提出过的，是新的发展条件下进行重点建设的新思路、新举措，有利于建设高校自主制定发展规划与建设方案，增强质量意识和争优意识，同时也为其他未能进入建设范围的高校进一步提高学科水平和培养质量，争取下一轮得到支持保留了空间。民族地区的高等院校和民族高等院校应当抓住发展机会，发挥民族院校的优势学科推进民族高等院校的发展（见表 3-14）。

表 3-14　民族八省区高校分布　　　单位：所

省（区）	高校数	985 高校数	211 高校数	教育部直属高校数	部委属高校数
贵州	64	0	1	0	0
云南	72	0	1	0	0
青海	12	0	1	0	0
宁夏	18	0	1	0	1
广西	73	0	1	0	0
内蒙古	53	0	1	0	0
西藏	6	0	1	0	0
新疆	46	0	2	0	0
合计	344	0	9	0	1

七、职业教育

（一）少数民族职业教育的政策保障及现状

近年来，职业教育得到较快发展，职业教育已成为我国教育事业的重要组成部分，在社会经济发展中发挥着不可替代的作用，是拓宽民族地区劳动力就业、增加群众收入的重要渠道，也是加快脱贫的有效方式。2014年国务院印发了《关于加快发展现代职业教育的决定》，明确提出加强民族地区职业教育，改善民族地区职业院校办学条件，继续办好西藏、新疆中职班，建设一批民族文化传承创新示范专业点。2015年8月，第六次全国民族教育工作会议召开，会后国务院印发了《关于加快发展民族教育的决定》，对民族教育实现新发展、新跨越提出了明确要求。其中对职业教育的招生体制、就业指导、教师队伍建设、学生资助、对口支援等方面，都提出明确要求。2016年4月27日，国务院总理李克强召开国务院常务会议，提出大力发展职业教育，完善中职学校生均经费标准，提高职业院校办学能力，推广现代学徒制，推行校企联合，强化实习实训，增强实践和就业创业能力，为承接东部地区产业转移创造条件。在职业教育的师资建设方面，中央政府提出建设"双师型"教师队伍，推动职业教育发展，教育部、财政部决定实施职业院校教师素质提高计划（2017~2020年），重点支持新一代信息技术、生物技术、智能制造、节能环保等新兴产业及特色农业、种养业、民族传统工艺等扶贫产业领域教师培训。为贯彻落实全国职业教育工作会议精神和《国务院关于加快发展现代职业教育的决定》（国发〔2014〕19号），政府鼓励多元主体组建职业教育集团，深化职业教育办学体制机制改革，推进现代职业教育体系建设，推进职业教育集团化办学。据教育部统计数据显示少数民族学生接受职业教育的比重不断增加，2012年至2015年间，少数民族职业教育总人数的比例持续增加，从34.06%增加到39.24%。

（二）民族八省区不断推进职业教育（见表3-15）

表3-15　2012~2015年职业初中少数民族总数以及占学生总数比重

年　份	2012	2013	2014	2015
职业初中少数民族学生占学生总数比重（%）	34.06	32.87	36.82	39.24
职业初中少数民族学生数（万人）	0.64	0.35	0.28	0.2

近年来，内蒙古自治区每年投入2亿元专项用于中等职业学校实训基地

建设和师资队伍建设等方面。2015 年，自治区加大投入力度，共落实 3 亿元全部用于中职学校改善办学条件及数字化校园建设。同时争取国家中等职业教育基础能力建设（二期）工程项目和现代职业教育质量提升计划专项资金等累计 3.43 亿元，推动全区中职学校加快人才培养模式改革。截至 2015 年底，全区有中等职业学校 250 所，在校生约 21.5 万人。新疆全区中等职业教育学校（不含技工学校）172 所，在校生 22.17 万人，其中少数民族在校生 15.27 万人，占 68.89％。中职学校中：有普通中等专业学校 94 所，在校生 15.19 万人；有职业高中 62 所，在校生 5.63 万人；有成人中等专业学校 16 所，在校生 1.35 万人。中等职业学校有教职工 1.32 万人，其中专任教师 0.99 万人，有少数民族专任教师 0.53 万人，占 53.40％。授课专任教师中文化基础课教师 0.41 万人，专业课、实习指导课教师 0.58 万人，其中双师型教师 0.29 万人。中等职业学校本科及以上学历的合格教师占 85.50％（普通中专为 90.29％）。生师比为 22.39：1。中职学校校舍建筑面积达 469.0 万平方米，学生每百人配置教学用计算机 14.95 台，生均图书 21.87 册。全区技工学校有 108 所，在校生 6.85 万人，教职工 1.05 万人，其中专任教师 0.78 万人。2016 年青海省中等职业教育招生占高中阶段教育招生的比例为 38.65％，较上年下降 1.67 个百分点。中等职业教育在校生占高中阶段在校生 38.1％，较上年降低 1.47 个百分点。中等职业教育学校 39 所，与上年持平。招生 26852 人，较上年减少 195 人，减少 0.72％；在校生 74057 人，较上年减少 2307 人，减少 3.02％。中等职业学校专任教师由上年的 2410 人增至 2457 人，增加 47 人，增加 1.95％。2015 年广西中等职业教育学校 39 所，较上年增加 1 所。招生 27047 人，较上年减少 256 人，减少 0.94％；在校生 76364 人，较上年减少 799 人，减少 1.04％。中等职业学校专任教师由上年的 2450 人减至 2410 人，减少 40 人，减少 1.63％。

八、双语教育

国务院发布的《加快发展民族教育》的决定明确指出，科学稳妥推行双语教育。依据法律，遵循规律，结合实际，坚定不移推行国家通用语言文字教育，确保少数民族学生基本掌握和使用国家通用语言文字，少数民族高校毕业生能够熟练掌握和使用国家通用语言文字。尊重和保障少数民族使用本民族语言文字接受教育的权利，不断提高少数民族语言文字教学水平。在国家通用语言文字教育基础薄弱地区，以民汉双语兼通为基本目标，建立健全从学前到中小学各阶段有效衔接，教学模式与学生学习能力相适应，师资队伍、教学资源满足需要的双语教学体系。国家对双语教师培养培训、教学研究、教材开发和出版给予支持，为接受双语教育的学生升学、考试提供政策支持。鼓励民族地区汉族师生学习少数民族语言文字和各少数民族师生之间相互学习语言文字。研究完善双语教师任职资格评价标准，建立双语教育督导评估和质量监测机制。

在新疆维吾尔自治区，双语教育得到有效推进。2015 年，全区幼儿园和中小学（含职业高中）少数民族双语班和民考汉学生达 224.93 万人，占幼儿园和中小学少数民族在校学生的 78.85％。其中：学前三年少数民族双语班和民考汉幼儿 55.05 万人，占学前三年少数民族适龄幼儿数的 63.19％；中小学（含职业高中）少数民族双语班和民考汉学生 169.88 万人，占中小学少数民族在校学生的 72.38％，此外，新疆还将继续实施"新疆学前双语特设岗位计划"、免费师范生、干部支教等教育惠民政策，多渠道、多途径解决农村学前双语教师师资匮乏的问题。统计数据显示，"十二五"期间，新疆累计建成农村双语幼儿园 2500 所，全区学前两年双语教育普及面由 59％提高至 77％，在园幼儿总数逾 48 万人。"十二五"以来，广西民族教育事业发展取得了显著成绩，创建民族文化教育示范学校 106 所，建设职业教育民族文化传承基地 27 个。深入实施壮汉双语教育教学，全区壮汉双语教育县区达 35 个，双语学校 167 所、在校生 9 万人。广西全面贯彻落实中央民族工作会议和全国民族教育工作会议精神，按照《国务院关于加快发展民族教育的决定》的部署要求，全面深化改革，创新发展思路，采取有效措施，切实解决少数民族和少数民族聚居区教育所面临的特殊困难和突出问题，缩小发展差距，突出民族特色，提升质量水平，实现民族教育协调快速发展，促进民族团结进步。极稳妥地开展民族双语教育。在有需要的少数民族聚居区积极稳妥地开展少数民族双语教育工作，组织实施不同层次、不同范围、不同教学模式的壮汉双语教学活动，加强双语教育课程和教材建设，大力培养培训双语教师，支持双语教研活动。加强壮汉双语教学示范基地建设，支持双语学校电化教学，配齐配足电教和语音设备等办学条件。支持有本民族语言的少数民族开展民族双语教学实验。鼓励和支持少数民族聚居区汉族师生学习少数民族语言文字和各少数民族师生之间相互学习语言文字。

第三节 民族教育发展面临的困难及建议

一、民族教育发展面临的困难

（一）发展水平不均衡

从义务教育阶段看，民族地区到 2011 年才完成"普九"，且质量不高。2014 年，民族八省区义务教育阶段巩固率均低于全国平均水平。❶ 2015 年义务教育水平有明显提升，但发展水平不均衡，其中青海和宁夏的义务教育巩固率已经超过全国平均水平，内蒙古和贵州等地区仍然还有待提升。从高等教育阶段来看，全国重点高校分布多集中于东部地区，截至 2016 年全国共有普通高等学校和成人高等学校 2880 所，比上年增加 28 所。其中，普通高等学校 2596 所（含独立学院 266 所），比上年增加 36 所；成人高等学校 284 所，比上年减少 8 所；❷民族八省区共有普通高校 344 所，占全国普通高校的 13.25%。❸

（二）教师队伍建设不健全

从 2015 年民族八省区各级普通学校的生师比可以发现，有 3 个省区的小学生师比、3 个省区的初中生师比、4 个省区的高中生师比、6 个省区的

---

❶ 《中国民族统计年鉴 2015》，中国统计出版社 2017 年版。
❷ 《2015 年全国高等学校名单》，数据来源：教育部官方网站。
❸ 数据来源：教育部官方网站 http://www.moe.gor.cn。

中等职业学校生师比、5 个省区的普通高校生师比高于全国平均水平。其中，广西的普通小学生师比高出全国平均水平 2.78 个点，初中生师比也高出全国平均水平，高出 4.11 个点，职业教育的生师比高出全国平均水平 15.8 个点，贵州的普通高中生师比高出全国平均水平 3.41 个点，云南的普通高校生师比高出全国平均水平 1.38 个比（见表 3-16）。

表 3-16 2015 年各级普通学校生师比（教师数＝1）

地区	普通小学	初中	普通高中	中等职业学校	普通高校
内蒙古	12.91	10.82	13.58	15.33	18.3
广西	19.83	16.5	17.06	36.27	18.11
贵州	17.9	16.01	17.42	33.87	17.91
云南	16.8	15.29	15.2	22.69	19.11
西藏	13.99	12.1	12.39	13.83	14.35
青海	17.15	13.21	13.46	31.69	15.66
宁夏	17.28	14.16	15.26	32.36	16.8
新疆	14.15	10.58	12.81	22.39	18.22
全国	17.05	12.41	14.01	20.47	17.73

和东部地区相比，民族八省区普通小学、普通初中以及普通高校的生师比略低于东部地区，中等职业学校的生师比差别最大，除内蒙古和西藏之外，其他各省区生师比均高于全国平均水平。这说明民族地区的教师资源没有东部地区充裕，教师数量有一定的缺口，特别是中等职业学的教师缺口较大。

中西部的部分省份和少数民族地区专任教师队伍数量配备不足现象较为严重，农村小规模学校按班师比配置教师政策落实困难。一些农村教师队伍老化，教师队伍年龄结构不合理，年轻教师比例偏低；教师学科结构性缺口的问题仍然不同程度地存在，部分省份的学校中音、体、美、外语、科学、信息等学科专业教师缺口严重。部分地区校长、教师交流机制和激励机制建设滞后，一些学校的办学理念、管理水平亟待进一步提高；农村教师外出学习机会少，比例偏低，教师培训经费不足，教师专业提升乏力；教师职称评聘、编制以及福利待遇等政策未能完全落实到位。

（三）办学条件不完善

一是从办学条件主要可以从校舍危房面积以及生均办学条件指标等方面进行评估。由于人口生育高峰、人口在某些区域聚集增速快等因素，尤其是主城区教育资源紧张，不同程度地存在班级人数超额现象；学校占地面积、校舍面积不足，生均体育运动场馆面积不足在主城区较为普遍，部分学校存在功能（专用）教室配备不足等现象；部分学校生均教学仪器设备值偏低，图书、计算机、实验用品等教学辅助用具、设备存在陈旧，配置不足等问题；部分农村地区和少数民族地区校园网建设、多媒体教室建设等滞后。东部地区一些经济较为发达的城市中已经没有校园危房，但根据 2015 年的统计数据民族八省区中只有宁夏没有危房，其他七个省区均有危房，平均危房面积 41860.5 平方米，占总校舍建筑面积的 3.88％，是全国平均水平 1.72％的 2.26 倍（见表 3-17）。

表 3-17　2015 年民族八省区校舍危房面积　　　　单位：平方米

地　　区	校舍建筑面积	危房面积	占比
民族八省区	10778540.60	41860.50	3.88％
全国平均	26230293.39	45160.57	1.72％

二是从生均办学条件指标来看，民族八省区小学、初中、高中生均校舍面积分别为 7.27 平方米、11.18 平方米、17.37 平方米，其中仅小学的生均校舍面超过全国平均水平 6.95 平方米以外，初中和高中的生均校舍面积均低于全国平均水平。生均教学仪器设备资产值均低于全国平均水平，其中民族八省区的初中和高中的生均教学仪器设备资产值与全国平均水平差距较大；此外民族八省区高中的生均图书馆书册最多达到人均 29 册，但仍低于全国平均水平的 35 册，小学的生均图书数量为 18 册与全国平均水平的 20 册最为接近；每百名学生拥有的计算机台数也均低于全国平均水平，其中高中每百名学生拥有的计算机台数最多达到 15 台，小学最少，每百名学生仅有 7 台计算机，全国小学，初中和高中的平均水平分别是10 台、15 台、19 台（见表 3-18）。

表 3-18　2015 年生均办学条件指标

地　　区	生均校舍面积（平方米）			生均教学仪器设备资产值（元）			生均图书馆书（册）			每百名学生拥有计算机数（台）		
	小学	初中	高中	小学	初中	高中	小学	初中	高中	小学	初中	高中
民族八省区	7.27	11.18	17.37	853	1064	2196	18	27	29	7	11	15
全国平均	6.95	12.77	19.85	1044	1746	2999	20	32	35	10	15	19

（四）财政保障力度不足

1. 民族地区生均教育经费普遍偏低

2015 年，广西、云南、宁夏、贵州四省区普通小学、普通初中、普通高中、中等职业学校的生均预算内教育事业费全面低于全国平均水平，其中广西区普通小学相当于全国平均水平的 79.89%，仅相当于北京的 29.72%；贵州的普通初中仅相当于全国平均水平的 71.91%，仅相当于北京的 21.52%；广西的普通高中相当于全国平均水平的 75.57%，仅相当于北京的 19.38%；贵州的中等职业学校生均预算内教育事业费相当于全国平均水平的 63.83%，仅相当于北京的 20.32%；云南省的普通高等学校相当于全国平均水平的 81.08%，仅相当于北京的 23.98%。内蒙古、西藏和新疆的所有指标均高于全国平均水平，但较北京地区仍有较大差距。

总体来看，民族八省区在高等学校的生均预算内教育事业费投入比较多，在普通初中阶段的财政保障相对不足（见表 3-19）。

表 3-19　2015 年各级教育生均公共财政预算教育事业费　　单位：元

地区	普通小学	普通初中	普通高中	中等职业学校	普通高等学校
全国	8838.44	12105.08	10820.96	10961.07	18143.57
内蒙古自治区	11972.33	14362.59	13192.30	16168.17	18337.39
广西壮族自治区	7061.36	8745.99	8177.45	8746.71	15489.02
贵州省	8645.83	8704.94	8184.95	6995.93	15414.17
云南省	7532.21	9335.79	8231.96	9645.03	14711.33
西藏自治区	25750.22	23845.23	26541.85	32957.17	34219.19

续表

地区	普通 小学	普通 初中	普通 高中	中等 职业学校	普通 高等学校
青海省	10472.79	13295.04	12795.38	10526.81	19651.26
宁夏回族自治区	8034.85	11047.18	9845.02	9951.04	27782.20
新疆维吾尔自治区	12929.81	16999.84	14630.08	12440.81	19382.01
北京	23757.40	40443.70	42192.70	34433.36	61343.97

2. 经费投入不均衡

近年来，国家重点对新疆、西藏给予较大力度支持，而民族八省区中其他民族省区获得的支持较少，如从 2015 年普通小学、普通初中、普通高中和普通中等职业学校以及普通高等学校的生均预算内教育事业费来看，其他六省的平均经费仅相当于西藏和新疆平均经费的 46.29％、53.45％、48.92％、45.55％、69.27％（见表 3-20）。

表 3-20　2015 年六省与新疆、西藏平均生均预算内教育事业费　　　　单位：元

地区	普通 小学	普通 初中	普通 高中	普通中等 职业学校	普通 高等学校
新疆西藏 两省平均	19340.02	20422.54	20585.97	22698.99	26800.60
六省平均	8953.22	10915.25	10071.18	10338.95	18564.23

二、民族教育发展对策与建议

（一）充分认识民族教育的重要性

民族基础教育的根本使命在于民族的生存和可持续性发展。我国少数民族成分多，人口多，百万以上人口的少数民族就有 18 个，各民族文化呈丰富性与多样性特征，同时，少数民族分布广，居住面积广而偏，经济发展较滞后，地区间、民族间的差异较大❶，因此民族地区的教育发展与全国的平均水平还存在一定的差距。新中国成立以来，在《宪法》《民族区域自

---

❶　倪胜利、张诗亚：《民族基础教育为什么打基础》，《民族教育研究》2007 年第 1 期。

治法》《教育法》《义务教育法》中对少数民族受教育的权利做出了明确，国家也对于民族工作给予了高度的重视，出台了一系列有关民族地区的政策，但目前却无专门的民族教育法律。❶ 少数民族教育法规层级过低，法规刚性不足，是制约少数民族教育快速健康发展的重要原因之一。民族地区的教育是我国社会主义教育事业不可缺少的一部分，也是民族工作重要组成部分，民族地区的教育工作关乎地区脱贫致富、全面建设小康社会的宏伟目标，大力发展民族教育具有深远的战略影响。因此，要充分认识发展民族教育对于提高民族地区人口素质、促进地区经济发展的重要意义，要深入理解发展民族教育对于维护社会主义和谐社会和民族团结方面的重要作用，采取切实措施发展民族地区教育事业，贯彻落实国家对于"全面改薄"❷的政策精神，各级政府和全社会应当把民族教育真正放到优先发展的地位，并给予重点关注和支持。

2016年4月27日，国务院总理李克强在主持召开的国务院常务会议中指出，要加大对少数民族和民族地区政策的倾斜力度，加强民族地区"双语"教育，增强学生发展能力，承认民族间的差异，尊重这些差异，承认少数民族地区和内地发展有差距。但少数民族教育的发展，已有很好的基础，必须要自信，在发展中既要讲创新，更重要的是要继承。要在继承中创新，少数民族教育才能科学发展。要继续实施高等学校招生向民族地区倾斜的有关政策，民族地区高等院校要紧贴民族地区需求，动态调整专业设置，通过委托培养、定向培养、订单式培养等形式，为民族地区培养急需人才，鼓励民族地区高等院校开展高层次岗位培训和继续教育，适度增加高等院校少数民族预科班、民族班招生规模，让更多的少数民族学生有机会到不同类型的高校接受高等教育。鼓励高水平大学统筹安排民族地区生源计划，确保农牧区学生占一定比例，确保人口较少民族学生有更多机会进入高水平大学学习；建设一批高水平大学和学科。在资源配置、高水

❶ 李旭东：《有关〈少数民族教育法〉立法的建议》，《民族教育研究》2012年第1期。
❷ "全面改薄"是全面贯彻党的十八大和十八届二中、三中全会精神，以及中央经济工作会议、中央农村工作会议精神和全国"两会"精神，学习贯彻习近平总书记系列讲话精神和李克强总理政府工作报告精神，深入实施教育规划纲要，部署落实全面改善贫困地区义务教育薄弱学校基本办学条件的一项重要工作。

平人才引进等方面加大倾斜力度，支持中西部高校建设一流大学和一流学科；合理确定中央部门所属高校属地招生比例，推动管理体制、办学体制、人才培养模式和保障机制改革，鼓励各地从实际出发，支持有基础、有特色、有优势的学校，合理定位、创新发展，建设高水平大学。发挥中西部地缘优势，为"一带一路"建设培养高级工程技术人才和管理人才。

（二）进一步加大民族教育的财政投入

由于自然环境限制以及历史因素的制约，民族地区经济发展基础薄弱，地方政府财政收入规模较小，部分地区的学校还处于"吃补贴财政"的阶段，当地政府对于教育投入的力度较小。按照当前的管理体制，中等以下教育和省属高等教育由各省（区、市）负责管理，在这种分级管理、分级投入模式下，各地对教育的投入不均衡，不同区域差距巨大。各级政府要切实增加民族教育投入，加快推进民族地区基本公共教育服务均等化，深入贯彻落实国务院关于加强民族教育决定的相关内容。各省教育主管部门要积极与政府、财政部门联系，根据国务院相关政策出台具体实施细则，集中解决危房改造工程、农牧区寄宿制学校改建工程、双语教育、教师培养培训、民族团结教育和民族文化交融创新等方面问题。要进一步加大学生的资助力度，落实好农村义务教育阶段学生"两免一补"政策，完善经费标准动态调整机制。普通高中、高校学生资助政策要向少数民族和民族地区家庭经济困难学生倾斜。努力将民族预科生和少数民族骨干计划中的家庭经济困难的学生纳入到高校国家资助体系。

同时各级政府应主动适应新型城镇化和户籍制度改革、城乡义务教育发展一体化的大趋势，逐步建立统一的城乡义务教育经费保障机制；结合"全面改薄"资金，重点向农村和贫困地区倾斜，实施教育的精准扶贫，扎实推进教育精准扶贫工作。

（三）进一步加强民族教育的师资队伍建设

加强师资队伍建设是民族教育发展的重要条件，是提高民族教育发展的支撑能力。为少数民族和民族地区输送高素质中小学师资，首先，需要完善中小学教职工编制政策和激励政策，全面落实乡村教师生活补助计划，依据学校艰苦边远程度实行差别化的补助标准，切实改善民族地区、贫困地区尤其是农村地区教师的条件和待遇，进一步激发广大教师投身民族教育工作的热情和积极性。其次，建立城乡教师交流制度，扩充教师资源，重点引导优秀校长和骨干教师向农村学校、薄弱学校流动，健全乡村教师长效补充机制，加强城乡教师编制动态管理，推动城镇优秀教师向乡村及民族地区流动，落实乡镇工作补贴、乡村教师生活补助以及相关工资待遇政策，切实提高乡村教师生活待遇，并加大对乡村教师的奖励力度。最后，深化教师教育改革，提高教师培养质量，不断加强教师队伍建设。提升民族教育质量的根本在教师，综合施策提高民族教育水平，核心基点要放在教师队伍建设上。实施免费师范生教育、农村义务教育阶段学校教师特设岗位计划等项目，保证为民族地区输送教师，同时，加强教师培训，特别是双语教师的培训，加大双语教育指导力度，不断提高双语教育质量。

（四）不断完善民族教育督导评估机制

教育评估、督导能够对教育工作要密切跟踪工作进展，督促各项措施落地见效，要按照政策要求、实施范围、资金使用、时间节点、阶段目标等要素，研究建立评价指标体系，依法开展专项督导，公开督导报告。自2013年国家启动了义务教育发展基本均衡县（市、区）（以下简称县）督导评估认定工作以来，全国教育督导系统始终将义务教育均衡发展作为战略性任务，作为教育督导工作的重中之重，依据教育规划纲要要求和《义务教育均衡发展备忘录》规划，督促地方各级政府扎实推进，改革创新，不断缩小校际差距，提升教育质量，有力促进了教育公平。因此在推进民族教育不断发展的过程中，应当加强建立健全民族教育发展督导评估制度，对政策具体实施情况进行评估认定，此外，对已经完成评估的单位进行复查，同时要进行过程性检测，以确保国家政策和建设资金落实到位。完善民族教育督导评估机制对民族教育的发展将起到有效的监督和推进作用。

参考文献

[1] 国家民族事务委员会教育司.新时期民族教育工作手册［M］.北京：中央民族学院出版社，1991.

[2] 王延中.中国民族发展报告（2016）［M］.北京：社会科学文献出版社，2015.

［3］吴霓，等 . 中国民族教育发展报告 2012［M］. 北京：教育科学出版社，2013.

［4］滕星 . 民族教育概念新析［J］. 民族研究，1998（2）.

［5］金志远 . 民族教育定义辨析及判断标准［J］. 内蒙古师大学报：哲学社会科学版，2000（4）.

［6］湖海德 . 关于我国民族教育的几个问题［J］. 西北师范大学学报：社会科学版，1990（4）.

［7］王鉴 . 试论我国少数民族教育政策重心的转移问题［J］. 民族教育研究，2009（3）.

第四章

民族语言

　　我国是统一的多民族、多语言国家。"十三五"时期是全面建成小康社会的决胜阶段，也是贯彻落实《教育规划纲要》《语言文字规划纲要》、全面提升国家语言文字服务能力的关键五年。2016 年是"十三五"的开局之年，也是贯彻落实第六次全国民族教育工作会议精神的重中之重的一年。本章将对 2016 年的少数民族语言事业的发展现状、相关的语言政策、学术研究做一个梳理，以期为国家不断推进少数民族语言事业提供政策参考，同时为相关学术研究提供基础信息。

第一节　民族语言的发展现状

　　中国是由汉族和 55 个少数民族组成的多民族大家庭。多语言、多文种是中国的基本语言国情。从语言种类来看，除了汉语以外，55 个少数民族使用 80 种以上的语言，其中 24 个民族正在使用着 33 种文字。[1] 这些数量众多的语言分属汉藏、阿尔泰、南亚、南岛、印欧五大语系。

　　下面笔者将从少数民族语言文字出版事业和少数民族语言文字信息化建设两个方面，介绍 2016 年我国少数民族语言文字事业的发展现状和取得的成果。

---

　　[1]　目前学术界对此说法不一。本文采用戴庆厦教授的观点，即中国少数民族使用 80 种以上的语言和 33 种文字。戴庆厦：《论开展全国第二次民族语言使用现状大调查的必要性》，《民族翻译》2014 年第 3 期，第 6 页。

一、少数民族语言文字出版事业

一直以来，国家对民族出版的扶持力度很大。"2014 年，我国用 23 种少数民族文字出版图书 8031 种、5853 万册，比 1978 年的 750 种、874 万册分别增长了 10.7 倍和 6.7 倍。2015 年，中央财政设立了民族文字出版专项资金约 1.2 亿元资助民族文字出版项目，支持补贴民文出版物 2000 余种。2015 年，还成立了国家新疆民文出版基地，其他民文出版基地建设正在统筹规划之中。"❶ 下面笔者通过几个例子来呈现 2016 年少数民族语言文字出版事业的发展情况。

为了促进民族出版事业的繁荣发展，国家新闻出版广电总局、国家民委于 2015 年组织开展了"第三届向全国推荐百种优秀民族图书"活动，并于 2016 年 1 月 7 日召开出版工作座谈会。总共有 391 种图书参加评选，覆盖 20 个语种。其中，汉文图书 165 种，民文图书 226 种（蒙古文、藏文、维吾尔文、哈萨克文、朝鲜文、壮文、彝文、苗文等 20 种少数民族文字）。本届百种优秀民族图书的特色有：（1）一些图书为民汉双语版本，如彝汉双语版《彝族传统道德教育》、瑶汉双语版《密洛陀古歌》、藏汉双语版《藏族符号与象征》。（2）一些图书为哈尼文、拉祜文、白文、纳西文、载瓦文等使用范围较窄的少数民族语言文字书写的图书。例如，由德宏民族出版社出版的《教子观》，为载瓦文图书。（3）图书的内容涵盖政策法规、教育、文学、艺术等门类，以及普及农业、医疗卫生等知识类图书。政策法规类：《习近平总书记系列重要讲话读本》❷《中国共产党的民族理论与民族政策》等；文化教育类：《"凡俗"与"神圣"——海南黎峒习俗考略》《壮族社会生活史》《"中国哈萨克草原文化"丛书》等；文化艺术类：《壮族传统情歌系列丛书》《中国少数民族戏剧通史》等；服务基层群众生产生活类的图书：藏文版的《农牧民法律服务指南丛书》和蒙古文版的《"农牧

---

❶ http://www.chinawriter.com.cn/mzwy/2016/2016-01-11/262892.html，资料来源：《中国民族报》。

❷ 《习近平总书记系列重要讲话读本》是蒙古文、藏文、维吾尔文、哈萨克文、朝鲜文、彝文、壮文版本的多文种图书。

民生活向导”丛书》等；文学类图书：王蒙的《这边风景》、丹增的《小沙弥》、阿来的《瞻对：终于融化的铁疙瘩——一个两百年的康巴传奇》、帕蒂古丽的《百年血脉》《蒙古族优秀中篇小说丛书》等。❶

2016 年，云南民族出版社出版发行了少数民族语言版知识读本《农村实用知识读本·第八辑》和《农村法律普及读本·第八辑》。该系列《读本》是主要面向少数民族读者的科普读物，分西双版纳傣文、德宏傣文、景颇文、傈僳文、拉祜文、佤文、彝文、哈尼文、藏文、苗文、纳西文、白文共 12 种少数民族文字版本。第一个读本对《紧急避险 100 问》进行编译，介绍"家庭火灾的扑救""火场休克的急救""有人触电如何搭救"等13 个方面的科普知识；第二个读本是法律法规知识普及读物。为了普及科学知识和普法，读本在云南省少数民族地区免费赠送，受到各族人民的喜爱。❷

除了民文图书出版业，民族语言音像制品也取得了成果。例如，2016年贵州省布依学会、贵州巨日影视公司、贵州文化音像出版社公开出版发行《布依好歌曲》MTV 专辑。该专辑是贵州省首部少数民族 MTV 专辑，开创了该省民族歌曲集成的先河。该专辑收入 30 首布依好歌曲，原生态的布依族民歌和以布依族音乐元素创作的歌曲各占一半。除个别演唱者为汉族以外，其余歌曲的演唱者均为布依族同胞。❸

二、少数民族语言文字信息化建设

在国家民委及有关部委的大力支持下，中国民族语文翻译局一直致力于民族语文软件的研发与推广应用工作。已经研发的软件包括：民汉智能双向翻译系统、民汉对话通、语音转写通、民族文语音输入法、民汉智能语音翻译软件、民族文网络在线校对软件、搜狗浏览器维汉互译软件、维文机器人、民族文电子词典、民族文校对软件等应用型民族语文软件。

---

❶ http：//www.chinawriter.com.cn/mzwy/2016/2016-01-11/262892.html，资料来源：《中国民族报》。

❷ http：//jykjs.seac.gov.cn/art/2016/10/28/art_3368_268030.html，资料来源：云南省民宗委。

❸ http：//www.seac.gov.cn/art/2016/8/8/art_86_262009.html，资料来源：贵州省民宗委。

2016 年，翻译局研发的"维吾尔语智能翻译及交互式语音系统"在新疆民族地区广泛推广，成为援疆干部及驻村干部的得力助手，在双语教学和远程教育等多个领域也将发挥重要作用。未来，翻译局还将研发蒙古、藏、哈萨克、朝鲜语智能语音翻译系统，力求将国内最顶尖的民族文信息化处理技术集成于开放式民族文应用平台。❶

内蒙古自治区于 2005 年启动"蒙古语语料库建设工程"，计划用 20 年建成中国首个 2 亿词级的蒙古语、达斡尔语、鄂温克语、鄂伦春语大型综合性语料库。该工程将为抢救濒危民族语言、保护弱势语言、保存开发利用蒙古语等少数民族语言资源提供基础，并为蒙古语等少数民族语言文字的规范化、信息化提供一个理想的信息资源。工程分两期进行，2016 年 1 月一期工程已完成，已建成 8000 万词级蒙古言语语料库。在实施的 10 年间，课题组在使用蒙古语的中国 8 个省区、蒙古国的 5 个省市、俄罗斯布里亚特共和国和卡尔梅克共和国境内的 97 个采集点，收集了 6725 人共 4192 小时的自然口语语料和 4000 多小时的书面语料，建成 8000 万词级蒙古言语语料库。随着一期工程的完成，二期工程开始实施。❷

2016 年，云南省民语委办公室完成云南少数民族语言资源数据库框架及管理软件开发并验收，建成一个集云南少数民族语言文字概况，分语种的各少数民族语言语音、词汇、语法、语篇，相关音像资料和研究成果等为一体的数据库。在数据库中，每个语种都设定了资源数据栏目，栏目中有"字词库""句库"和"文章库"，每个库列出遍及全省各县的名称，每个采集点除了有具体的多条数据外，还有采集点的经度和纬度，有利于在地图上进行导航和定位。每条数据分别有词项、义项、语音、音标、所属语种、所属县名等具体内容，并能在网站中正确显示和播放。同时，云南省民语委办公室以资源库数据库数据为基础，开发了面向云南少数民族语言文字分布信息的动态电子矢量地图信息系统，该系统可随着项目数据库数据的变化而自动进行相应更新，能够为项目数据库提供直观的地图导航

---

❶ http：//www.mzywfy.org.cn，资料来源：中国民族语文翻译局网站。

❷ http：//www.seac.gov.cn/art/2016/1/26/art_86_247177.html，资料来源：内蒙古自治区民宗委。

模式，并具备实用的搜索标红功能。❶

面对时代变革和国家发展创新的迫切需求，语言文字事业还存在一些薄弱环节和突出问题：农村和民族地区国家通用语言文字普及程度还不高；语言文字信息技术创新与社会应用能力还比较薄弱；国家语言能力和语言文字服务水平还不能完全适应经济、社会和文化发展的需求；语言文字规范应用面临网络时代新挑战；管理体制机制和方式有待进一步改革创新。

第二节　民族语言政策

自新中国成立起，党和政府非常重视少数民族语言文字工作。经过 60 多年的努力，我国已经形成了比较完整的国家和民族地方少数民族语文工作、教学和科研的事业体系。随着中国现代化进程的不断加快，少数民族语言文字的使用和发展面临着一些新情况、新问题。针对当前我国民族语言工作出现的新情况、新问题，政府主管部门在 2016 年发布了一系列相关文件，对新时期全国民族语文工作提出了新的任务和部署。

一、《国家语言文字事业"十三五"发展规划》

2016 年 8 月 23 日，教育部、国家语委发布《国家语言文字事业"十三五"发展规划》，提出加强国家通用语言文字教学，加快民族地区国家通用语言文字普及，确保少数民族学生基本掌握和使用国家通用语言文字。同时，科学保护各民族语言文字，开展少数民族濒危语言的抢救保护工作。具体内容包括如下几个方面：❷

---

❶　http：//jykjs. seac. gov. cn/art/2017/1/23/art_3368_274715. html，资料来源：云南省民宗委。

❷　http：//www. china-language. gov. cn/14/2016_9_19/1_14_6466_0_1474250878797. html，具体内容引自《国家语言文字事业"十三五"发展规划》。

（一）在民族地区提高国家通用语言文字普及程度，加快民族地区国家通用语言文字普及

进一步强化国家通用语言文字在维护国家统一、促进民族团结和社会发展中的重要基础作用。结合国家实施的精准扶贫、精准脱贫方略，以提升教师、基层干部和青壮年农牧民语言文字应用能力为重点，加快提高民族地区国家通用语言文字普及率。加强国家通用语言文字教育教学，确保少数民族学生基本掌握和使用国家通用语言文字。

（二）提高国家语言文字服务能力，提高保障国家战略和安全的语言文字服务能力

加强语言与国家安全，语言认同与国家认同、中华民族认同、中华文化认同研究，为保障国家统一、民族团结和社会稳定提供政策支持和专业服务。增强国家战略意识，围绕区域发展总体战略、"互联网＋"行动计划、脱贫攻坚工程等国家发展战略对语言文字的需求，加强语言规划、语言文字信息技术、跨境语言等研究，提升语言文字服务能力。分区域、行业、领域和人群开展语言国情调查。推动语言文字使用状况列入国家人口普查和其他相关调查统计工作。

（三）科学保护各民族语言文字

各民族语言文字是中华语言文化的重要组成部分。重点加强对少数民族语言文字的科学保护，进一步发挥其在传承中华优秀传统文化中的独特作用。加快制定传统通用少数民族语言文字基础规范标准，推进术语规范化，做好少数民族语言文字规范化、标准化、信息化工作。开展少数民族濒危语言抢救保护工作。

（四）加大对少数民族学生学习国家通用语言文字的教学研究、课程开发、教材建设和出版支持力度

继续实施民族地区双语教师普通话提高培训计划。实施边远、民族地区干部和青壮年农牧民国家通用语言文字培训计划。推动各对口支援省市将国家通用语言文字培训项目纳入民族地区对口支援范围。

（五）实施中国语言资源保护工程

收集整理汉语方言、少数民族语言和民间口头文化的实态语料和网络语料，建设大规模、可持续开发的多媒体语言资源库，开发语言展示系统，编制和完善中国语言地图集、语言志等基础性系列成果。

（六）保障经费投入

建立健全语言文字事业经费投入机制，逐步加大对语言文字事业发展的经费投入力度，对民族地区和农村、边远、贫困地区推行普及国家通用语言文字给予经费倾斜。鼓励地区间建立对口支援和合作关系。各对口支援省市要将面向各类人群的国家通用语言文字培训项目作为援助内容，加强培训力度。支持多渠道筹措语言文字事业发展资金，鼓励企业、团体、个人捐赠。建立语言文字事业捐赠资金的监督管理制度。

二、《国务院关于印发"十三五"促进民族地区和人口较少民族发展规划的通知》

国务院于 2016 年 12 月发布了《国务院关于印发"十三五"促进民族地区和人口较少民族发展规划的通知》，涉及少数民族语言文字工作的内容如下。[1]

（一）科学稳妥推进双语教育

在国家通用语言文字教育基础薄弱地区，以民汉双语兼通为目标，建立健全从学前到中小学各阶段教育有效衔接[2]、教学模式与学生学习能力相适应、师资队伍与教学资源满足需要的双语教学体系。国家对双语教师培养培训、教学研究、教材开发和出版给予支持，为接受双语教育的学生升学、考试提供政策支持。建立双语教育督导评估和质量监测机制。

---

[1] http：//www. gov. cn/zhengce/content/2017-01/24/content _ 5162950. htm，资料来源：《"十三五"促进民族地区和人口较少民族发展规划》（国发〔2016〕79 号）。

[2] http：//www. gov. cn/zhengce/content/2016-06/15/content_5082382. htm，关于学前双语教育普及问题，国务院办公厅 2016 年 5 月发布的《国务院办公厅关于加快中西部教育发展的指导意见》，强调在国家通用语言文字教育基础薄弱地区，幼儿园也应当实施双语教育，详见国办发〔2016〕37 号。

（二）繁荣发展少数民族新闻出版广播影视事业

加强少数民族语文报刊、少数民族语言广播电视等传统媒体和新媒体能力建设。推进少数民族文化产品上网工程，加强网上文化内容供给和监管。支持民汉双语优秀文化作品互译，鼓励创作少数民族题材电影、电视剧、戏剧、歌舞、动漫、出版物等文化精品，积极推荐少数民族作品纳入"丝绸之路影视桥"工程和"丝路书香"工程。加强少数民族语言文字出版能力和信息化建设，整合资源提升少数民族文字出版基地能力，提高优秀国家通用语言文字、外文出版物和少数民族文字出版物双向翻译出版数量和质量，提升少数民族语言文字出版物印刷复制能力。继续实施少数民族新闻出版"东风工程"和少数民族语言文字出版规划项目。支持实体书店发展和农村基层出版物发行网点建设。推进广播电视户户通、卫星数字农家书屋建设，建立针对民族地区双语教育的多媒体卫星数字服务平台。开展百种优秀少数民族文字出版物推荐活动。支持少数民族优秀传统文化微播平台建设。

三、《关于加快中西部教育发展的指导意见》❶

2016年6月国务院《关于加快中西部教育发展的指导意见》中提出几项工作：（1）内地西藏班、新疆班招生计划向少数民族农牧民子女倾斜，扩大内地西藏、新疆中职班规模并改进培养模式。（2）每期选派1万名内地教师赴西藏、新疆任教，置换出1万名当地理科教师参加培训研修、跟岗学习等方式，提高学科教学能力；至2020年共选派3万人。（3）实施高等学校招生向民族地区倾斜政策。鼓励高水平大学统筹安排民族地区生源计划，确保农牧区学生占一定比例。（4）从2016年起，用5年时间为西藏、新疆培养1000名左右干部。在民族、宗教、历史、地理、文化等领域，选拔1000名有潜力的优秀中青年学者，通过攻读博士学位、进入博士后流动站、公派出国进修、到国际组织任职等形式，培养少数民族高级专门人才。

从以上四项计划看，中央政府已经充分认识到：（1）"内地办学"仍

---

❶ 马戎：《汉语的功能转型、语言学习与内地办学》，《中南民族大学学报》2016年第5期。

需坚持，但这只是加强西部人才队伍建设、提高少数民族人才素质的多种举措之一；（2）从内地定期选派优秀汉族教师赴西藏、新疆任教，提高当地少数民族地区学校的整体教学质量；（3）系统培训在岗少数民族教师，建立一支"民汉混合"的高素质教师队伍；（4）设立新项目，加快培养少数民族高端人才。（马戎，2016）

四、《教育部民族教育司 2016 年工作要点》

2016 年 2 月，教育部语用司印发《教育部语言文字应用管理司 2016 年工作要点》。其中，2016 年的工作重点之一就是科学稳妥推进双语教育，具体内容如下。❶

（一）印发少数民族双语教育指导意见。召开双语教育研讨会。修订《民族中小学汉语课程标准（普通高中）》。配合有关部门继续实施民文教材出版亏损补贴政策。（二）加强民文教材编译审查管理，修订印发《中小学少数民族文字教材编写审查管理办法》，举办少数民族教材编译、审定和出版人员培训班。（三）制定《少数民族双语专项经费管理办法》。推动少数民族双语教学资源建设，开发新疆义务教育阶段《数学》双语数字资源、初中阶段"蒙藏维哈朝彝"六个少数民族语种数理化学科教学资源。（四）加强对少数民族汉语水平等级考试的指导和管理，指导修订《少数民族汉语水平等级考试大纲》、制订少数民族汉语水平等级考试管理办法。（五）指导建立双语教育督导评估和质量监测机制。

同时，《教育部民族教育司 2016 年工作要点》还专门提到新疆双语教育的重点，内容如下：科学稳妥推进双语教育，提质扩面，确保从学前教育到高等教育的四个阶段双语教育有效衔接；开展南疆教育调研，指导新疆采取措施提升南疆双语教育教学质量，强化语言与学科基础知识和基本技能训练，加强双语教育质量监测，全面提升南疆教育发展水平；继续加强对口支援新疆教育工作的指导、协调和服务；指导新疆切实加强双语教师队伍建设，加大培养培训力度，落实教师待遇，提高教学水平。

---

❶ http://www.moe.gov.cn/s78/A09/A09_gggs/A09_sjhj/201602/t20160224_230434.html，资料来源：教语用司函〔2016〕2 号，2016 年 2 月。

此外，教育部语言文字信息管理司还印发了《教育部语言文字信息管理司 2016 年工作要点》。文件针对如何推动少数民族语言文字规范化标准化信息化做出了指示，即："制定少数民族文字转写标准等社会应用和信息化急需的基础规范标准，与国家民委联合发布少数民族语文水平等级标准。审定发布少数民族语新词术语，与相关部门和机构协调术语发布机制。根据需要进一步推动少数民族语言文字资源库建设。继续与国家民委联合开展民族语文应用研究优秀中青年学者培训工作。"❶

五、《教育部关于加强"十三五"期间教育对口支援西藏和四省藏区工作的意见》

教育部在 2016 年 12 月发布的文件《教育部关于加强"十三五"期间教育对口支援西藏和四省藏区工作的意见》中，就"十三五"期间加强教育援藏工作提出一些意见，涉及少数民族语言文字工作的内容如下。❷

（一）提升国家通用语言文字应用能力

定期从对口支援省市和教育部直属高校附属中小学选派 800 名左右教师进藏支教，每 10～50 名教师组成 1 个团队集中对口支援西藏一所中小学，"十三五"期间共计援助西藏 20 所中小学。每年从西藏选派 400 名骨干教师、中小学校长（园长）到内地学校培训，通过挂职、跟岗、听课、观摩、研讨等方式，学习先进的理念、方法，提升国家通用语言文字应用能力和教育教学管理水平。

（二）培养双语教育人才，提高双语教育质量

对口支援省市和教育部直属单位要帮助西藏和四省藏区建立和完善从学前到中小学教育教学相衔接、师资与教学资源相配套、教学模式与学生学习能力相适应的双语教学体系，切实提高少数民族学生适应社会发展和就业创业能力。帮助加强双语师资培养培训，为西藏和四省藏区定向培养

---

❶ 资料来源：教语信司函〔2016〕17 号，2016 年 2 月。

❷ http://www.moe.gov.cn/srcsite/A09/s3082/201701/t20170112＿294684.html，资料来源：教民〔2016〕5 号。

一批双语教师和其他专业双语技术人才。帮助开展双语教学研究、双语教材编译和双语教学资源开发，通过开发、译制、引进以及资源共享等多种途径，帮助受援方建设双语教育资源库。支持西藏和四省藏区语言文字工作，帮助制订双语教育教学质量标准和监测指标体系，提高双语教育质量。

六、《关于推进民族地区干部双语学习工作的意见》

2014 年 9 月，习近平总书记在中央民族工作会议上明确指出："在民族地区当干部，少数民族干部要会讲汉语，汉族干部也要争取会讲少数民族语言，这要作为一个要求来提。"❶ 这是党和国家对民族地区的汉族干部和少数民族干部在双语掌握上提出的最新、最高要求。

根据中央民族工作会议精神，自 2015 年以来，国家民委教育科技司紧紧围绕中央关于推进少数民族语言相通的决策部署，扎扎实实开展了民族地区干部双语学习的调查研究和相关政策制定工作。2016 年，国家民委联合相关部门印发了《关于推进民族地区干部双语学习工作的意见》，这是新中国成立以来第一个关于民族地区干部双语学习的专门性文件，对民族地区干部的测试认定、水平考试、奖励激励、提拔任用、挂职交流等作出了明确规定，将进一步发挥广大双语人才的示范带头作用，引导推动民族地区更广泛、更深入地开展双语学习，进而促进各民族群众感情相融、心灵相通。❷

根据上述政府主管部门最新的关于我国使用发展少数民族语言文字的主要文件精神，我们可以将当前及今后中长期民族语言的政策调整和发展规划概括为：第一，民族地区国家通用语言文字的推广和普及；第二，科学稳妥推进双语教育，保护各民族语言文字；第三，少数民族语言文字的规范化、标准化和信息处理。

---

❶ http：//www.mzb.com.cn/html/report/141232097-1.htm，资料来源：《中国民族报》。

❷ http：//jykjs.seac.gov.cn/art/2017/1/4/art_3367_273620.html，资料来源：民委发〔2016〕126 号。

第三节 民族语言研究

笔者在中国知网搜索 2016 年出版的关于民族语言研究的文章，共计筛选出 135 篇期刊文章。这些文章都选自 SCI、EI 和 CSSCI 来源期刊。笔者在下文中归纳整理有关少数民族语言保护、双语教育、民族语文标准化与信息化建设的经典研究案例，呈现 2016 年度我国学界对民族语言研究的情况和热点。此外，本文还将简要介绍 2016 年出版的三本学术专著。

一、少数民族语言保护

我国是一个地域辽阔的多民族国家，语言资源极其丰富，但相当多的少数民族语言的活力和功能已经逐渐衰退，甚至到了需要抢救和保护的地步。随着中国现代化进程的加快、信息技术的日益普及、文化交流的日渐深入，语言濒危问题将持续加剧。尽管中国在少数民族语言保护方面已经取得一定的成绩，但形势依然严峻。因此，民族语言保护问题一直以来是学界的研究焦点。

黄行在《中国少数民族社会语言生活的可持续发展》❶ 一文中指出：在中国少数民族社会语言生活的可持续发展包括两方面，一是在民族地区推广普及国家通用语言文字，二是依法保障少数民族使用发展本民族语言文字的权利。从第一个方面来说，他认为在中国少数民族地区，国家通用语言文字的普及程度还远远达不到现代化国家应有的水平，推广国家通用语言文字仍是一项长期的工作。在保障少数民族母语权利方面，他对中国政府采取的两项措施给予了肯定，即一是对有历史文献记载的蒙古语、藏语、维吾尔语、哈萨克语、朝鲜语等保持较好的民族语言，进一步促进它们的标准化、信息化等语言现代化的水平，以适应现代社会母语使用和发展的需要；二是对众多无文字记载的濒危少数民族语言，开展"科学保护"的

---

❶ 黄行：《中国少数民族社会语言生活的可持续发展》，《语言科学》2016 年 7 月。

语言规划，特别强调多样性的民族语言对保护少数民族非物质文化遗产的作用。（黄行，2016）

王远新在《新疆少数民族语言文化的价值》❶ 一文中结合田野调查资料，指出新疆少数民族语言文字使用及相关工作虽然存在一些问题，但是少数民族语言文字在少数民族家庭生活和社会交际、行政、司法、教育、传媒等领域都得到了有效使用。他进一步指出，新疆语言文化多样性在强化国家认同、抵御外来影响、助力新疆文化"走出去"战略、在中亚地区传播汉语和中华文化等方面发挥重要作用。因此，他建议政府增加少数民族文化产品、更好地实施文化"走出去"战略、进一步发挥"上合组织"作用、加大少数民族语文专业和对外交流人才的培养力度、为各类出入境人员提供更好的服务。（王远新，2016）

孙亚强的《黑龙江省赫哲族"伊玛堪"说唱保护项目现状解读》❷ 一文以赫哲族"伊玛堪"说唱保护项目为例，探讨了赫哲族语言保护问题。他提出几点质疑：（1）"伊玛堪"说唱专项保护资金大多是中央财政资金投入，省政府和赫哲族聚集地当地政府财政配套资金投入相对较少，导致许多保护工作开展困难。（2）赫哲族博物馆、民俗馆等涉及"伊玛堪"说唱的陈列设备简陋，馆藏实物展品数量少，展品档次较低，对群众吸引力不大。（3）目前，"伊玛堪"说唱艺术仍处于濒危状态，还需各级财政和社会有识之士共同关注与投入，方能真正救活民族语言，保护好赫哲文化。（4）同时，从近几年来举办的各类民间文化活动来看，赫哲族"伊玛堪"说唱传统已成为民间文化活动中一项重要内容，出现过度"商业化"、远离本真的问题。（孙亚强，2016）

曹萌在《满语文保护抢救综述与满语文实验社区建构》❸ 一文中指出，保护抢救满语文已经迫在眉睫。中国满族语言文字正濒临灭绝，1000 多万满族人口中只有少数人能够使用满语文。虽然国家和高等学校从 1961 年开

---

❶ 王远新：《新疆少数民族语言文化的价值》，《中央民族大学学报》2016 年第 2 期。

❷ 孙亚强：《黑龙江省赫哲族"伊玛堪"说唱保护项目现状解读》，《民族音乐》2016 年第 1 期。

❸ 曹萌：《满语文保护抢救综述与满语文实验社区建构》，《民族教育研究》2016 年第 1 期。

始保护抢救满语文，培养满语文人才，但对于满语文而言仍是杯水车薪。作者建议实施构建实验社区策略来保护抢救满语文，即政府在满族人口聚居区指定并支持一所或几所高校设置专门院系进行满语文教学研究和人才培养，同时在辽宁省东部满族聚居区建立"国际满语文实验社区"。（曹萌，2016）

孟红莉的《新疆乌鲁木齐市维吾尔族、汉族城市居民的语言使用与族际交往》❶ 一文将族际交往区分出初级群体内的交往、次级群体内的交往、群体之外对象不特定的交往等三个层次，并具体分析了乌鲁木齐市维吾尔族和汉族城市居民在这三个层次上的语言使用情况。作者结合语言能力、民族政策等因素，指出乌鲁木齐市维汉居民之间的族际交往存在着一种相对隔离的状态，在学校、工作单位等次级群体内隔离状态较为明显，在群体之外对象不特定的日常生活的族际交往中也存在一定的相对隔离。她的研究揭示语言能力对族际交往的影响。因此，在保护少数民族语言的同时，还要加强国家通用语的普及；同时，少数民族地区的汉族同志也应当学习少数民族语言。这样才能促进族际交往，减少社会隔离。（孟红莉，2016）

刘明在《社会转型和语言发展——基于帕米尔高原塔吉克族民族志的实证研究》❷ 一文中讨论了塔吉克语的发展现状。他根据已有的塔吉克语言本体研究和语言状况调查成果，并结合回收的 725 份有效问卷进行分析，指出移民搬迁使得部分塔吉克族远离塔吉克语使用核心区域，导致塔吉克语濒危。他提出三种语言发展策略：（1）创制塔吉克文字或者恢复塔吉克族原有文字（即现在塔吉克斯坦和阿富汗斯坦等国的塔吉克人所使用的文字）；（2）沿用现行通用语言文字（维吾尔语言文字）；（3）直接学习汉语文，加强汉语文教学，并用汉语授课。（刘明，2016）

尹蔚彬的《四川省藏区语言生态研究及价值》❸ 一文对四川省藏区语言生态进行了研究。作者认为四川省藏区语言生态对于保护藏区文化多样性、

---

❶ 孟红莉：《新疆乌鲁木齐市维吾尔族、汉族城市居民的语言使用与族际交往》，《青海民族研究》2016 年第 1 期。

❷ 刘明：《社会转型和语言发展——基于帕米尔高原塔吉克族民族志的实证研究》，《新疆社会科学》2016 年第 1 期。

❸ 尹蔚彬：《四川省藏区语言生态研究及价值》，《中国藏学》2016 年第 1 期。

提高当地文化教育水准以及促进人才培养大有裨益，具体如下：（1）西部开发和藏区的发展，不仅依赖于国家政策的扶持、良好的社会生态环境，还依赖于具有现代知识的技术人才和管理人才；（2）人才的培养离不开教育，教育的良性发展离不开语言生态；（3）认清四川省藏区复杂的语言生态现状，处理好各个语言之间的关系并顺应其发展，关乎该地区未来的发展；（4）四川省藏区语言生态研究不仅能为国家制定相关语言政策、语言规划、创建和谐语言生活提供理论依据，同时还为民族地区的经济文化建设服务。（尹蔚彬，2016）

孔雪晴在《中国与哈萨克斯坦维吾尔文字使用对比研究》❶ 一文中通过对沙俄时期、苏联时期、哈萨克斯坦独立后的维吾尔文字使用情况的梳理，并与新疆维吾尔文字使用作对比分析，讨论哈萨克斯坦维吾尔人的文字使用历史及现状。作者得出如下结论：中国政府无论从政策层面还是具体实施层面，都充分保障了国内包括维吾尔族在内的各少数民族语言文字使用的自由，并以法律法规的形式为各少数民族自由、平等地使用文字"保驾护航"。（孔雪晴，2016）

除了期刊文章，罗骥、余金枝的专著《中国少数民族语言保护调查研究》❷，以语言保护为主题，采用个案分析法、田野调查法、统计分析法、综合观察法等方法，对云南、湖南、广西、青海等省的少数民族语言的使用现状及保护情况进行规模较大的田野调查，调查的语言涉及布朗语、苗语、壮语、傣语、藏语、白语、普米语、傈僳语、纳西语、玛丽玛萨语、彝语等10多种语言。《中国少数民族语言保护调查研究》分为上下两部分。上半部是单一民族聚居村母语保护的个案，下半部是多民族杂居村母语保护的个案。《中国少数民族语言保护调查研究》通过采集第一手材料，揭示现代化进程中我国少数民族母语保护的新特点和新问题，对了解和研究少数民族语言保护有所帮助，对国家制定新时期的语言保护政策、措施有参考价值。

综上所述，少数民族语言保护仍然是 2016 年度学界的研究焦点，尤其是语言濒危问题。2016 年 8 月 23 日，教育部、国家语委发布的《国家语言

---

❶ 孔雪晴：《中国与哈萨克斯坦维吾尔文字使用对比研究》，《新疆社会科学》2016 年第 3 期。

❷ 罗骥、余金枝：《中国少数民族语言保护调查研究》，科学出版社 2016 年版。

文字事业"十三五"发展规划》中也强调了科学保护各民族语言文字，即"各民族语言文字是中华语言文化的重要组成部分。重点加强对少数民族语言文字的科学保护，进一步发挥其在传承中华优秀传统文化中的独特作用。加快制定传统通用少数民族语言文字基础规范标准，推进术语规范化，做好少数民族语言文字规范化、标准化、信息化工作。开展少数民族濒危语言抢救保护工作。"❶

二、双语教育

自新中国成立以来，我们就开始探索在少数民族地区开展双语教育的政策措施，积极推动民汉双语教育。经过六十多年的探索，我国已经建立了一整套适应本民族、本地区使用的各种模式的语文教育体制。尤其是近年来，我国的少数民族双语教育已经进入了一个蓬勃发展的新阶段。在新形势下，学界对双语教育的关注也日益增加。笔者在中国知网搜索文章时发现"双语教育"相关研究出现频率最高。下面归纳几个典型的研究案例。

马戎的《汉语的功能转型、语言学习与内地办学》❷ 一文强调在少数民族地区推行双语教育的战略性意义。他说："为了改变我国西部地区与东部沿海地区之间不断拉大的发展差距，西部地区特别是当地少数民族的人口素质和人才队伍建设是当务之急。影响西部少数民族青少年学习和掌握现代知识体系和就业技能的重要因素之一是汉语学习。从语言的工具性、语言体系与知识体系的对应性、知识体系的语言载体等方面来看，汉语文是中国国内各族青少年学习现代知识体系的不可替代的语言工具。20 世纪 80 年代以来中央为西藏和新疆学生建立的'内地班'学习项目，以及新疆和西藏近些年推行的'双语教育'项目，都具有长远性的战略意义。"为了让少数民族学生在学习汉语的同时能够掌握好母语，他建议在基层学校体制中继续长期保留部分中小学"民族学校"的性质，母语和母语文教材在这些学校里仍然被用作主要科目的教学语言。此外，他认为在新疆、西藏等

---

❶ http://www.china-language.gov.cn/14/2016_9_19/1_14_6466_0_1474250878797.html，资料来源：《国家语言文字事业"十三五"发展规划》，中国语言文字网。

❷ 马戎：《汉语的功能转型、语言学习与内地办学》，《中南民族大学学报》2016 年第 5 期。

少数民族聚居区的"普通学校"系统应开设维吾尔语文、藏语文课程，让汉族群众学习少数民族语言。（马戎，2016）

海路的《我国民族中小学汉语课程建设的历史演进》❶一文研究了壮汉双语教育模式。作者在文中回顾了广西壮汉双语教育模式的发展历程，包括壮汉双语单文模式、壮语文主导模式、壮汉双语同步教学模式和汉语文主导模式等形态。在这一发展历程中，教育目标呈现出从汉语言文化教育到壮语言文化教育，再到培养壮汉兼通人才，然后到开发双语教育多重功能的不同内涵及时代特征。他认为壮汉双语教育模式的变迁既受到语言环境变化等外在客观因素的制约，也有语言使用者的语言认同、语言态度等内在主观因素的影响。

王允武在《法治人才培养机制创新与法学教育协同推进——以改进民汉双语法治人才培养机制为视角》❷一文中探讨了民汉双语法治人才培养的问题。作者指出西部基层单位法律人才缺乏，尤其双语法律人才严重不足。他建议培养符合民族地区需求的实用性专业人才，具体来讲：一是民汉双语法治人才培养应置于高等教育综合改革背景之下；二是民汉双语法治人才培养应与全面推进依法治国相结合；三是民汉双语法治人才培养应与有关学校发展定位相适应；四是民汉双语法治人才培养应以社会需求为导向；五是在调整、规范基础上，继续强化政法干警招录培养体制改革试点民汉双语人才招生与培养工作。（王允武，2016）

桑木旦等人的《我国藏汉双语教学研究的计量分析与述评——基于1994—2015年CNKI来源期刊文献的分析》❸一文通过对藏汉双语教学研究相关文献的分析和归纳，指出国内藏汉双语教学研究的文献数量呈现连年大幅增长的趋势，涵盖师资、教材、学生学习态度和类型、学前教育阶段藏汉双语教学等相关的研究。作者指出这一趋势与国家对藏区教育事业和人才培养的政策投入与大力扶持紧密相关。与此同时，作者也指出藏汉双

---

❶ 海路：《我国民族中小学汉语课程建设的历史演进》，《民族教育研究》2016年第4期。

❷ 王允武：《法治人才培养机制创新与法学教育协同推进——以改进民汉双语法治人才培养机制为视角》，《西南民族大学学报》2016年第1期。

❸ 桑木旦、郝亚琪、旭东英：《我国藏汉双语教学研究的计量分析与述评——基于1994—2015年CNKI来源期刊文献的分析》，《西藏大学学报》2016年第1期。

语教学研究存在的问题：（1）目前国内的藏汉双语教学研究没有形成一个全国范围的研究团队，这对此类研究的研究视角、研究方法、研究的前沿性、研究质量及研究的创新等势必产生一定的影响。（2）现有研究文献来源于基金项目支持的很少，且现有基金项目来源文献以地方为主，国家层面基金项目支持的来源文献所占比重极少。（3）研究内容以藏汉双语教学传统的具体微观层面的问题研究为主（如教学方法、教材和师资问题等的研究），缺乏将此类微观层面的问题和宏观层面藏区教育发展相联系起来的总体研究；缺乏藏区和其他民族地区双语教学的现实和经验的比较研究；缺乏藏区藏汉双语教学与藏区高层次专业人才培养的相关性和实效性问题的研究；也缺乏国家与民族地区双语教学政策和地区社会经济发展的关联性和历史性的研究等。（桑木旦等，2016）

陈立鹏在《关于推进"民汉"双语教育的战略思考》❶ 一文中强调学前阶段是学习语言的最佳阶段。作者提出在具体的双语教学实践中要注意的几个问题：（1）明确双语教育的价值目标：幼儿园应以语言和教育活动的整合为基本实施方式；培养少数民族学前儿童初步运用汉语进行交流的能力为重点，为培养"民汉兼通"的少数民族人才夯实基础。（2）不断探索适宜的办学模式：积极推行民汉合园、民汉幼儿混合编班以及其他能够充分利用幼儿的年龄优势为双语教学打下良好基础的办学模式。（3）探索有效的学前双语教学方法：运动、游戏和社会性活动应是学前儿童的主要学习途径，用游戏等多种手段营造良好的语言学习氛围，将语言学习和文化学习结合起来，使得幼儿在游戏中受到语言潜移默化的影响。（4）注意形成学前和中小学相互衔接、师资和教学资源相互配套的双语教育体系。（5）保证有一支双语教学能力过硬的师资队伍。（陈立鹏，2016）

白志红、刘佳在《佤汉双语的习得、使用与文化政治——云南沧源新村双语教育实施个案研究》❷ 一文中指出：双语教育对佤族的语言生态环境和语言态度的影响是透视当地文化政治的有效途径；导致佤语语言生态环

---

❶ 陈立鹏：《关于推进"民汉"双语教育的战略思考》，《西北民族研究》2016 年第 2 期。

❷ 白志红、刘佳：《佤汉双语的习得、使用与文化政治——云南沧源新村双语教育实施个案研究》，《北方民族大学学报》2016 年第 5 期。

境剧变、低语语域萎缩和单语化倾向的根源不仅有双语教育政策的实施和汉语的强大语势，还有经济的快速发展、社会转型、人口流动及低族自身的民族意识和主体性等因素。作者建议：为受教育者提供双语学习的语言环境和选择权，使他们掌握社会所必需的工具、知识和技能，既要着眼于学校和家庭，又要超越学校和家庭，而不是孤立、生硬地传承某种语言文字本身。（白志红、刘佳，2016）

杨迎华在《贵州省少数民族地区儿童双语应用及教育问题研究》❶ 一文通过对贵州省少数民族聚居地区 79 名中小学生双语使用情况和语言学习愿望的调查，发现绝大多数少数民族儿童汉语程度超过了其所属民族语言；大多数汉族儿童不会听说少数民族语言。因此，作者认为在"科学稳妥推行双语教育"的新形势下，今后的双语教育应该从单向双语教育走向双向双语教育。（杨迎华，2016）

王艳、张雨江的《民族语言教育现状与特点探析——基于文本分析与田野调查》❷ 一文对我国民族语言教育的特点及新趋向做了讨论。主要特点有：（1）民族语言教育呈现跨地区差异；（2）民族语言教育在不同教育阶段呈现出"两头大，中间小"的特点；（3）双语教学比少数民族语言教学比重更大；（4）民族高校的民族语言种类悬殊较大。新趋向有：（1）民、汉、英"三语"教学模式成为新趋向；（2）民间社团自发开展民族语言学习活动。最后，作者强调我国目前处理双语问题的指导思想是既要保护少数民族的母语使用和发展，又要帮助少数民族更好的学习、使用汉语，即"两全其美"模式。❸（王艳、张雨江，2016）

除了期刊文章，谢尚果主编的《广西中小学教师使用普通话教学现状与对策调研报告》❹，采用一线教师的实地调研资料，呈现了广西中小学教师使

---

❶ 杨迎华：《贵州省少数民族地区儿童双语应用及教育问题研究》，《贵州民族研究》2016 年第 5 期。

❷ 王艳、张雨江：《民族语言教育现状与特点探析——基于文本分析与田野调查》，《贵州民族研究》2016 年第 10 期。

❸ 戴庆厦：《两全其美，和谐发展——解决少数民族双语问题的最佳模式》，《中央民族大学学报（哲学社会科学版）》2011 年第 5 期，第 89 页。

❹ 谢尚果主编：《广西中小学教师使用普通话教学现状与对策调研报告》，高等教育出版社2016 年版。

用普通话教学的现状，指出了当前存在的问题，针对问题分析了原因，并对广西全区和各地市教师中小学教师使用普通话教学现状进行更全面细致的描写和分析，具有较强的学术性、前沿性、针对性，填补了广西语言研究状况调查的空白。本调研报告可以作为广西壮族自治区语言状况的研究性资料使用，也可以作为中国语言状况调查的研究性资料使用。（谢尚果，2016）

曹湘洪的专著《多语背景下新疆哈萨克族语言使用变异研究》❶，以新疆哈萨克族语言使用变异为研究对象，以社会语言学、文化人类学、跨文化交际学等学科的理论及研究方法为指导，采用定性和定量结合的方法，对乌鲁木齐市、巴里坤、木垒等地的哈萨克族人在日常交际中的语言使用变异状况及内部及外部等因素对该民族语言生活的影响，以及该民族未来的语言使用和演化趋势进行深入细致的描写及讨论，并对新疆少数民族地区城市化进程中的语言接触及语言演变趋势做出科学的预测。（曹湘洪，2016）

总而言之，我国的语言国情决定了"民汉双语"是我国少数民族语言生活的基本内容。因此，对双语的认识是否到位、处理是否得当将直接影响民族平等和语言和谐。我国目前处理双语问题的指导思想是既要保护少数民族的母语使用和发展，又要帮助少数民族更好的学习、使用汉语。

三、民族语文标准化与信息化建设

少数民族语言文字的规范化、标准化、信息化建设始于 20 世纪 80 年代，而发展建设则是在 90 年代初，以 1991 年国务院下发的《国务院批转国家民委关于进一步做好少数民族语言文字工作报告的通知》为标志。该通知明确将搞好民族语文的规范化、标准化和信息处理作为民族语文的一项重要任务。在 30 多年的探索和实践中，我国先后研发了 200 多项国家通用语言文字和少数民族语言文字规范标准，建设了一批语言文字语料库、知识库和信息库。下面将归纳整理 2016 年度少数民族语言文字的规范化、标准化、信息化工作的相关研究。

玄龙云、崔荣一在《关于朝鲜文信息技术标准化》❷ 一文中分析了朝鲜

---

❶ 曹湘洪：《多语背景下新疆哈萨克族语言使用变异研究》，科学出版社 2016 年版。
❷ 玄龙云、崔荣一：《关于朝鲜文信息技术标准化》，《中文信息学报》2016 年第 3 期。

语信息技术标准化国内外现状，论述了朝鲜语信息处理的必要性，并提出信息技术标准化工作的具体建议。该文认为，统一的中国少数民族文字信息技术基础标准体系亟待完善，朝鲜语的信息技术标准化对我国朝鲜族文化的传承与发展具有深远意义，对形成系统、完整的中华语言文字信息处理统一平台、扩大国际影响、维护国家统一而言是不可或缺的工作。朝鲜族专家希望按照国家标准化管理委员会已经批准成立的藏文等五个少数民族文字信息技术国家标准工作组模式，尽快批准成立朝鲜文信息技术国家标准工作组，尽快批准《朝鲜文通用键盘布局》和《朝鲜文用数字键盘布局》国家标准的立项，并根据我国朝鲜语正音正字法及相关朝鲜语言文字规范制定科学合理的朝鲜文信息技术标准。（玄龙云、崔荣一，2016）

赵生辉的文章《多民族语言信息共享空间的体系架构与构建策略研究》❶ 基于系统思维和管理实践视角，以"中华民族多元一体格局"理论为指导，以图书馆界信息共享空间理论为基础，提出"多民族语言信息共享空间"的概念。（1）内容：多民族语言信息共享空间是我国民族地区公共信息服务机构以所拥有的空间资源、信息资源、人力资源和技术资源为基础，通过对教育、技术和管理等手段的综合应用，为使用不同民族语言和具有不同语言文字应用能力的服务对象所特别设计的多语种信息辅助交流空间和动态协作服务体系。（2）核心策略：构建"以国家通用语言文字为核心的多民族语言信息共享体系"。（3）三个组成部分："双语信息共享空间"、"区域双语信息共享支持体系"和"跨区域协作支持体系"。（4）三个层面："实体层"、"虚拟层"和"支持层"。（5）四个视角："主体"、"客体"、"中介"和"环境"四个视角组合不同的跨语言信息交流和服务体系。（赵生辉，2016）

罗江华、张慧的文章《信息技术在北疆双语教学中的应用现状及问题分析》❷ 在信息技术基础设施体系初步形成的背景下，作者对北疆 12 所双

---

❶ 赵生辉：《多民族语言信息共享空间的体系架构与构建策略研究》，《图书情报知识》2016年第 2 期。

❷ 罗江华、张慧：《信息技术在北疆双语教学中的应用现状及问题分析》，《民族教育研究》2016 年第 2 期。

语学校进行实地调查发现，信息技术对双语教学的支持主要表现出资源不适切、双语教师信息化教学能力有待提升、忽视信息技术应用与民族文化的有机整合等问题。因此，作者认为需要注重双语教学资源建设与民族文化传承的有机整合、建设梯级多媒体双语教材、开发优质双语"微课"资源、利用网络资源优化校本培训。（罗江华、张慧，2016）

范俊军在《中国濒危语言有声语档数据规则》❶一文中讨论了中国濒危语言有声语档数据规则，包括五个部分：一、濒危语言的语档数据构成；二、语档数据文件格式；三、语档音像数据质量标准；四、语料采录和数据处理工具；五、音像语料采录环境和设备匹配建议。该规范适用于中国濒危语言的记录和建档，也可作为中国语言田野调查记录和语料处理的参考准则。（范俊军，2016）

赵丽芳的《少数民族语言媒体的发展与活力：法律与政策的视角》❷一文讨论了少数民族语言媒体。她在文中指出：（1）中国少数民族语言媒体的兴起与发展得益于宪法和民族区域自治法所规定的少数民族语言政策、媒体政策。（2）少数民族语言媒体也是保护语言多样性的重要工具，少数民族语言的语言活力与媒体的使用有相关性。（3）随着少数民族语言使用与语言态度发生变化，民族语言媒体的功能也会进行调整。（4）以单语（本族语言）受众为主要传播对象的少数民族地区，民族语言媒体在信息传播、民族语言文化传承、国家认同构建等方面依然发挥着主体作用。（5）随着单语人越来越多地成为双语人和多语人，民族语言媒体的政治功能、信息传播功能会进一步弱化，民族语言媒体会更多地作为文化的传播载体而发挥补充性和替代性的功能。（赵丽芳，2016）

针对目前存在的问题，我们应该结合《国家语言文字事业"十三五"发展规划》的精神，加快制定传统通用少数民族语言文字基础规范标准，推进术语规范化，做好少数民族语言文字规范化、标准化、信息化工作。一方面，积极培育企业参与民族语文软件系统的投入和市场开发，加快制

---

❶ 范俊军：《中国濒危语言有声语档数据规则》，《西北民族大学学报》2016 年第 3 期。
❷ 赵丽芳：《少数民族语言媒体的发展与活力：法律与政策的视角》，《中国广播电视学刊》2016 年第 10 期。

定少数民族语信息化发展规划。另一方面，积极开展民族语文标准化理论研究和宣传工作，进一步加强对少数民族语言文字标准化、信息化工作队伍的建设，增强少数民族信息化的检查和评审，推动少数民族语文规范化、信息化与国际接轨。❶

总而言之，我国的基本语言国情是民族语言文字仍然有着广泛的群众基础、使用空间和重要的使用价值。党和政府一向重视对少数民族语言的保护和尊重。在过去的六十多年里，民族语言事业虽然已经取得了非常大的成绩，但也存在一些问题。正如《国家语言文字事业"十三五"发展规划》中所说的，"面对时代变革和国家发展创新的迫切需求，语言文字事业还存在一些薄弱环节和突出问题：农村和民族地区国家通用语言文字普及程度还不高；语言文字信息技术创新与社会应用能力还比较薄弱；国家语言能力和语言文字服务水平还不能完全适应经济、社会和文化发展的需求；语言文字规范应用面临网络时代新挑战；管理体制机制和方式有待进一步改革创新。"只有突破这些薄弱环节和突出问题，才能实现"到2020年，在全国范围内基本普及国家通用语言文字，全面提升语言文字信息化水平，全面提升语言文字事业服务国家需求的能力，实现国家语言能力与综合国力相适应"❷ 的发展目标。

参考文献

［1］曹湘洪．多语背景下新疆哈萨克族语言使用变异研究［M］．北京：科学出版社，2016.

［2］陈立鹏．关于推进"民汉"双语教育的战略思考［J］．西北民族研究，2016（2）．

［3］戴庆厦．试论新时期的民族语文工作［J］．民族教育研究，2014（4）．

［4］范俊军．中国濒危语言有声语档数据规则［J］．西北民族大学学报，2016（3）．

［5］海路．我国民族中小学汉语课程建设的历史演进［J］．民族教育研究，2016（4）．

［6］黄行．中国少数民族社会语言生活的可持续发展［J］．语言科学，2016（7）．

［7］教育部国家语言文字工作委员会．国家语言文字事业"十三五"发展规划［EB/

---

❶ 戴庆厦：《试论新时期的民族语文工作》，《民族教育研究》2014年第4期。

❷ http://www.china-language.gov.cn/14/2016_9_19/1_14_6466_0_1474250878797.html，资料来源：《国家语言文字事业"十三五"发展规划》。

OL].“中国语言文字网”(http：//www. china-language. gov. cn)，2016.

［8］刘明. 社会转型和语言发展——基于帕米尔高原塔吉克族民族志的实证研究［J］. 新疆社会科学，2016（1）.

［9］马戎. 汉语的功能转型、语言学习与内地办学［J］. 中南民族大学学报，2016（5）.

［10］孟红莉. 新疆乌鲁木齐市维吾尔族、汉族城市居民的语言使用与族际交往［J］. 青海民族研究，2016（1）.

［11］王远新. 新疆少数民族语言文化的价值［J］. 中央民族大学学报，2016（2）.

［12］谢尚果. 广西中小学教师使用普通话教学现状与对策调研报告［M］. 北京：高等教育出版社，2016.

第五章

民族地区宗教

第一节　中国特色社会主义宗教理论

全国宗教工作会议于 2016 年 4 月 22 日至 23 日在北京召开。中共中央总书记、国家主席、中央军委主席习近平出席会议并发表重要讲话。他强调，新形势下，我们要坚持和发展中国特色社会主义宗教理论，全面贯彻党的宗教工作基本方针，分析我国宗教工作形势，研究我国宗教工作面临的新情况新问题，全面提高宗教工作水平，更好组织和凝聚广大信教群众同全国人民一道，为实现"两个一百年"奋斗目标、实现中华民族伟大复兴的中国梦而奋斗。新华社以《发展中国特色社会主义宗教理论，全面提高新形势下宗教工作水平》为题进行了报道。这是党和国家领导人首次在讲话中使用"中国特色社会主义宗教理论"这个提法，意义重大。

习近平总书记关于不断丰富和发展中国特色社会主义宗教理论的号召为开展马克思主义宗教观研究提出了更高的要求。有学者围绕三个问题阐述了自己的观点：中国特色社会主义宗教理论扎根的是当代中国国情；内涵丰富；围绕这个体系开展学术研究的角度与方向。习近平总书记 4 月 23 日在全国宗教工作会议上发表重要讲话，指出做好新形势下的宗教工作，就要坚持用马克思主义立场、观点、方法认识和对待宗教，遵循宗教和宗教工作规律，深入研究和妥善处理宗教领域各种问题，结合我国宗教发展变化和宗教工作实际，不断丰富和发展中国特色社会主义宗教理论，用以

更好地指导我国宗教工作实践。❶

中国特色社会主义宗教理论是对包含在邓小平理论、"三个代表"重要思想、科学发展观、习近平总书记系列讲话精神中的宗教理论的提炼概括，包含了党对宗教属性、宗教问题和宗教工作等的认识，以及党认识宗教属性、处理宗教问题、做好宗教工作的经验总结。党关于我国社会主义宗教问题基本理论和基本政策的系统论述，是中国特色社会主义宗教理论成功开创；关于社会主义初级阶段宗教问题的新认识，是中国特色社会主义宗教理论框架确立；关于积极构建和谐宗教关系思想的阐释，是中国特色社会主义宗教理论的不断推进；关于宗教问题和宗教工作经验的全面总结，则标志着中国特色社会主义宗教理论已经成熟。

中国特色社会主义宗教理论的发展历程，是我们党在不断拓展中国特色社会主义道路、探索中国特色社会主义建设规律的过程中，深刻总结处理宗教问题正反两方面经验基础上逐步形成和发展的历史，是理论创新与实践探索的有机结合过程，其发展历程充分体现了马克思主义宗教理论科学性的本质属性，也体现了马克思主义宗教观中国化的实践属性。我们要始终坚持用马克思主义立场、观点分析宗教问题，始终坚持与中国的国情、党情和社情相结合，发展中国特色社会主义宗教理论，全面提高新形势下的宗教工作水平。❷

也有学者指出，党的十八大以来，习近平总书记统筹国内国际两个大局，在宗教工作中提出了新共识、新思维、新见解、新倡议、新方向、新举措。认为这些理论创新成果为我国当前及今后一段时间的宗教工作指引了方向，也为其他国家处理宗教问题提供了借鉴。❸

---

❶ 曾传辉：《中国特色社会主义宗教理论研究的意义》，《宗教学研究》2016 年第 4 期。

❷ 何虎生、王超：《论中国特色社会主义宗教理论的发展历程》，《中国特色社会主义研究》2016 年第 6 期。

❸ 吴尹浩：《论十八大以来习近平同志对宗教工作的理论创新》，《新疆社会科学》2016 年第 5 期。

第二节　民族宗教问题研究

一、藏传佛教

有学者以日喀则白朗县境内主要寺院僧团及平民宗教实践的现状为例，以由下至上的视角，规避中国—西藏之对立、国家—社会之对立这一通常被简单重合的逻辑，以僧众及平民的宗教生活体验、社群与宗教及与当下生活的对话等为研究路径，试图探讨"藏传佛教在当代西藏的生存"这一命题，讨论僧团寺院生活的变迁，寺院经济的建构，俗众信仰实践的情态，关于藏传佛教之未来走向在地方语境下的探讨等问题。❶

还有学者以安多藏区宗教职业者——僧尼生活经历的田野调查为个案，用解释人类学的视角探讨了藏区宗教社会中当代僧尼与其原生家庭的结构性互动，呈现出二者之间互为支持、共享荣耀和具有承继性的特征；分析得出僧侣作为其原生家庭不可忽视的外在资源，在家庭发展中具有重要影响，在当今中国西北部安多藏区僧尼与其原生家庭呈现出互为依存，互为资源的特点。❷

有学者通过对宗教经济与寺庙经济的比较以及不同宗教经济理论研究的比较，并结合西藏藏传佛教宗教活动所具有的高比例信众、高垄断地位和高度政府参与等区域特征，构建了西藏藏传佛教宗教经济活动研究的框架体系，此体系包括宗教需求、宗教供给、宗教交易与宗教市场规制。在此框架体系指导下，通过墨竹工卡县三个寺院、一个村庄和若干驻寺干部的调研访谈，得出当前西藏藏传佛教宗教经济活动在需求、供给、交易和规制领域都存在的若干特征。❸

---

❶ 蒋净柳：《当代后藏农区的宗教实践：以日喀则白朗县例》，《世界宗教研究》2016 年第 1 期。

❷ 梁艳：《安多藏区宗教职业者与其原生家庭互动关系的人类学个案研究》，《西藏研究》2016 年第 1 期。

❸ 杨涛：《西藏墨竹工卡县藏传佛教宗教经济活动的调查研究》，《中国藏学》2016 年第 1 期。

有文章以 20 世纪 50 年代调查材料为基础，考察 1959 年民主改革之前西藏阿里民众的宗教信仰以及该地的朝拜活动。❶

二、伊斯兰教

有学者通过对三亚回族的研究，让我们看到民族流动和多层次的网络关系，依靠这种关系，三亚回族在实践中和海外社会形成了一种有机的网络，这种网络本身构成了一种文化交流的重要图景。首先，环南中国海区域是伊斯兰教进入中国的重要通道，同时穆斯林在环南中国海区域的构造和发展中起了重要的推动作用。早在唐宋时期，随着伊斯兰教的传播和中外交通的发展，大量来自阿拉伯地区的穆斯林商人、使节和传教士来到中国。作为海上丝绸之路的起点和中外交通和贸易的重要口岸，三亚等地成为伊斯兰教传入中国最早的地区之一。三亚回族一方面吸收了中华文明的丰厚养料，同时又承载了世界性的大文化——伊斯兰文化的优良传统，可以说，回族在中西交流史上起了重要的沟通与桥梁作用。其次，以区域内的宗教体系来看，宗教的传播必然与人口的流动联系在一起，而且这种格局不是一蹴而就的，也并非一成不变。由于地缘关系，环南中国海区域的海路交通甚为便利，社会文化交流频繁。从三亚回族的社会生活实践中，可以看到本区域内穆斯林广泛的社会网络关系。❷

回族教育经过不断发展，目前正处在发展的瓶颈阶段，如何正确认识宗教教育与世俗教育之间的关系，对回族教育的长远发展具有十分重要的意义。有文章以当前宁夏回族教育发展情况为基础，结合近年来宁夏回族地区的实际情况及工作经验，对回族教育进行了分析和反思。❸ 还有学者通过对云南穆斯林民间宗教教育晚近变迁轨迹的描述，探讨 20 世纪初叶以来的中国民族国家构建，20 世纪 80 年代以来的市场经济、全球化等现代性

❶ 刘复生：《民主改革前西藏阿里宗教朝拜活动考察》，《宗教学研究》2016 年第 2 期。
❷ 麻国庆：《〈南海回村〉：跨区域社会体系与社会实践中的三亚回族》，《南海回村：三亚回族的时空观念与社会实践》序，社会科学文献出版社 2016 年版。
❸ 马莉、俞世伟：《回族宗教教育与世俗教育的反思与抉择》，《回族研究》2016 年第 4 期。

因素。❶

生活在内蒙古阿拉善左旗的蒙古族穆斯林是蒙古族中比较特殊的一支，其法定民族身份为蒙古族，却坚守伊斯兰教信仰，文化方面又体现了蒙古族文化与伊斯兰教文化的融合。有文章通过对该群体的民族归属、宗教信仰、社会文化三方面的研究，从理论、历史、现实等层面分析蒙古族穆斯林中民族、宗教、文化三者认同和谐共存的原因，探讨阿拉善左旗蒙古族穆斯林现象与中华民族共有精神家园建设在文化认同、现实利益、现实格局等方面存在的异曲同工之妙。❷

有学者使用问卷调查和访谈法，从宗教观念、宗教情感和宗教行为三个方面对新疆北疆维吾尔族男性和女性的宗教信仰现状进行了对比调查。结果发现，维吾尔族男性和女性的宗教信仰具有相同趋势：二者的宗教情感体验最强，宗教观念中等，宗教行为执行最差；信仰差异表现为男性宗教观念的各个维度都好于女性，二者在宗教情感和宗教行为的一些具体维度上存在显著差异。❸

三、基督教

基于相关英文著述之梳理，有学者回顾了近 30 年来西方人类学界的基督宗教研究，以探讨与人类学基督宗教研究之发展相关的时代背景及学界理论范式的转变。❹

人口的迁徙和宗教的复兴是中国改革以来出现的两大社会潮流。兼涉这两大潮流的"移民与宗教"问题近年来越发引起人们的关注。有研究以上海基督教 H 堂教会的一个基层团契为案例，探讨由农村来到上海的移民所面临的失落和困境，以及特定的城市教会活动如何给新移民带来精神、

---

❶ 马雪峰：《国家、市场与全球化：云南穆斯林民间宗教教育的现代脉络》，《回族研究》2016年第 4 期。

❷ 乌小花、郝囡：《内蒙古阿拉善左旗蒙古族穆斯林民族认同、宗教认同和文化认同的调适与共存》，《黑龙江民族丛刊》2016 年第 4 期。

❸ 姚学丽、周普元：《新疆北疆维吾尔族群众宗教信仰调查研究》，《新疆社会科学》2016 年第 2 期。

❹ 钟鹭艺：《近三十年来西方人类学的基督宗教研究综述》，《世界宗教研究》2016 年第 2 期。

情感和心理上的补偿，从而促进新移民的社会融入。❶

四、非制度化宗教

有学者认为，原始宗教起源的时间较早，在经济理性上也具有与其思维和理念相通的特点。从社会生产和资本积累的角度出发，原始宗教的经济理性主要表现为尊重自然的生产观、内外有别的交换与分配观、人神并重的消费观、小富即安的财产观四个方面。和发展式的经济理性并置，原始宗教显示出一定的落后性，但又在可持续发展问题上体现出相应的优点。因此，在帮助信仰原始宗教的民族脱贫的过程中，应理解其传统，在尊重其信仰的基础上，促成其思想观念的转变。❷

关于瑶族宗教与道教关系，有学者指出目前有三种观点：第一种认为瑶族宗教深受汉族道教影响，严重道教化。这种观点肇始于江应樑，获得不同时期国内外的广泛呼应，成为关于瑶族宗教与道教关系的主流观点，其后的胡起望将瑶族宗教提升到与藏传佛教并列的高度，称为"瑶传道教"，徐祖祥等人沿用此概念并作了系统的研究。第二种观点认为瑶族宗教与道教形似，而实质上并非道教，这一观点得到赵家旺等人的赞同，赵进一步论述瑶族宗教与道教是在相同源头下的两种不同性质的宗教。第三种观点认为二者是互化关系，以张有隽、张泽洪等人为代表。对此问题的探讨目前在资料的搜集整理、学术的讨论与争鸣、国际学术交流互动等方面取得了长足发展，但整体性的宏观研究、媒体（尤其是新媒体）的介入对瑶族宗教的影响等方面的研究仍有缺憾。❸

在彝族宗教丧祭仪式中，彝族人的灵魂有三，其宗教丧祭仪式主要是对这三个灵魂的一系列"处置"。彝族人的"三灵"以及"三灵"的具体灵魂形式，是彝族先民在由游牧逐步走向农耕这一过程中的产物，彝族宗教"三灵"观念以及一系列的仪式，是形成今天中国彝族民族性的基本结构性

---

❶ 陈纳：《移民的困境与宗教的补偿作用——关于"百合团契"的初步研究》，《世界宗教文化》2016 年第 5 期。

❷ 李静玮、王卓：《论原始宗教的经济理性》，《宗教学研究》2016 年第 4 期。

❸ 袁君煊：《瑶族宗教与道教关系研究综述》，《宗教学研究》2016 年第 4 期。

要素。"三灵"的出现"铸构"了今天的彝民族，也可以说"三灵"是彝族人之所以为彝族的基本表现。❶

五、宗教世俗化

宗教世俗化表现在宗教从神秘或神圣变为更加贴近日常生活的"庸俗化"，宗教活动越来越贴近现实，即从"出世"转换为"入世"。在现代化过程中，和其他众多的宗教文化一样，凉山彝族的宗教文化也不可避免地发生了世俗化。凉山彝族宗教文化的世俗化过程，即是凉山彝族文化变迁的过程。基于人类学的田野调查和文献资料，探讨了凉山彝族宗教文化世俗化及其与文化变迁之间的关联。❷

全球宗教正朝着世俗化演进，虔诚信仰南传佛教的云南西双版纳傣、布朗和德昂等民族的宗教生活也不例外。一个宗教的神圣性就是拒绝"他教"与"本教"并存，可这里的原始宗教与南传佛教，竟在同一仪式中共存、相容与互通，呈现了与"文明冲突论"悖逆的和谐情景。有学者就"南传佛教与原始宗教同场域、共时态交汇于同一宗教仪式"的世俗化趋势作了分析。❸

六、多元宗教共处

有学者通过对云南省怒江州贡山县丙中洛镇的考察，认为其地多种宗教和谐共存，这一宗教文化格局的形成与演变具有复杂的历史脉络，而宗教观、改教资本、宗教调控等因素是该地多元宗教和睦相处的现实原因。丙中洛镇多民族多宗教和谐共存的运行机制是一个多重要素关联而成的复杂系统，其所具有的一般模式可为其他边疆民族地区检视民族宗教问题提供有益参考。❹

布朗族是云南特有民族、跨境民族和全国人口较少民族之一，主要分

---

❶ 吴秋林、郎丽娜：《彝族宗教"三灵"研究》，《宗教学研究》2016年第4期。

❷ 巫达：《凉山彝族的宗教世俗化》，《北方民族大学学报》2016年第5期。

❸ 王静、吴之清：《云南西双版纳傣族多元宗教信仰论析》，《宗教学研究》2016年第3期。

❹ 邵媛媛、石奕龙：《边疆多民族地区多元宗教和谐共存机制研究——基于云南贡山县丙中洛镇的探讨》，《云南民族大学学报》2016年第4期。

布在云南省的边疆山区，经济社会发展相对滞后，至今仍保留着特色鲜明的民间信仰及其仪式活动。由于历史上受傣族文化的影响，大部分地区的布朗族也信仰南传上座部佛教。"祭寨心"仪式是双江县邦协村布朗族十分重要的民间信仰，该仪式不但反映了布朗族宗教信仰的二元格局，也深刻展示了民间信仰与南传上座部佛教互融共生的关系，这突出了多元宗教和谐共处对于边疆社会治理与构建的意义。❶

云南西双版纳地区傣族以信仰南传佛教的水傣为主体，兼有信仰伊斯兰教的回傣和信仰宗法制祭祀的花腰傣，以及汉化程度较高的汉傣。在现今世俗化思潮的冲击下，水傣民众信仰南传佛教的具体现状不同，不同村寨之间信仰的虔诚度差别很大，不同寺庙中的佛爷宗教持戒素质也是天差地别。就虔诚度较高的村寨来说，较好地保持了传统佛教信仰的一些礼仪。回傣和花腰傣相对较好地保持着他们自身的传统信仰。经考察分析，宗教信仰的虔诚度与离中心城市的空间距离存在一定的同比关系。❷

七、他山之石

独立后印度的多数邦都颁有禁止屠牛的法令，宽严程度不一，其依据是 1950 年印度宪法"邦的政策的指导原则"中的一个条款。而是否应该立法禁屠、禁屠范围几何，在制宪会议时期就是一个争论问题。自独立以来，争议主要在于全面禁屠派要求改变部分禁屠的现状。有文章把禁屠牛令争议视为观察印度国家建构和政治走向的一个窗口，检视了母牛崇敬在印度历史中从宗教观念上升到国家法律的过程，其中，禁屠牛条款进入独立印度的宪法直接联系着护牛议题在反殖民族主义动员中的历史。而细究争论中的宗教、经济和文化政治各方面理据，我们发现最终不得不面对的是印度国家和民主的属性之争的问题：在这里，印度教民族主义对世俗民族主义提出的最大挑战，是对多元包容原则的挑战。❸

---

❶ 黄彩文、子志月：《边疆民族地区二元宗教的互融共生及其意义——基于布朗族祭寨心仪式的考察》，《云南师范大学学报》2016 年第 3 期。

❷ 穆宏燕：《云南西双版纳傣族宗教信仰现状考察分析》，《云南社会科学》2016 年第 3 期。

❸ 吴晓黎：《解析印度禁屠牛令争议——有关宗教情感、经济理性与文化政治》，《世界民族》2016 年第 5 期。

一直以来，佛教所强调的是"忍耐原则"与"和平主义"。但是在斯里兰卡，大多数僧伽罗佛教徒却信奉族群中心主义，有时候甚至是暴力主义。僧伽罗佛教国家主义者强调斯里兰卡是一个佛教国家，僧伽罗佛教徒是国家中唯一合法的族群身份，如果赋予其他宗教以平等地位，那么斯里兰卡将会变为一个世俗国家。张敦传的研究认为，如果这一根植于僧伽罗佛教主义的国家意识形态日益制度化为国家政策，那么斯里兰卡的族群冲突可能会重新爆发。斯里兰卡的国家意识形态赋予了僧伽罗佛教独一无二的崇高地位，并将其对少数宗教族群的歧视、排斥与镇压加以合法化，这将进一步妨碍国家政治的改革进程。❶

第三节　宗教与社会稳定

一、"一带一路"建设与宗教文化

"一带一路"倡议是我国新形势下推进对外合作的总体构想，对当前的内政外交具有指导性作用。有学者结合国内外关于吉尔吉斯斯坦宗教趋势的研究资料，从其宗教格局现状、伊斯兰教发展的回顾与经验启示、独立之后伊斯兰教发展特点等方面进行了探讨，认为吉尔吉斯斯坦当前伊斯兰教走势受宗教极端组织的影响和渗透，呈现正统与极端、正教与邪教、传统与异化交织并存的复杂局面。❷ 也有学者指出，中亚地区在"一带一路"建设中处于枢纽和桥梁地位，然而外部大国在中亚竞争激烈，中亚诸国亦面临诸多问题，导致"一带一路"的实施面临诸多挑战。伊斯兰复兴是苏联解体后中亚地区的重要政治现象之一，随之出现的宗教极端主义挑战地区安全，因此，研究其对"一带一路"战略实践有何挑战、挑战程度如何、

---

❶ 张敦伟：《族群政治中的宗教对抗：斯里兰卡的佛教国家化与国家意识形态》，《南亚研究季刊》2016 年第 1 期。

❷ 艾山江·阿不力孜、地木拉提·奥迈尔：《吉尔吉斯斯坦宗教格局及伊斯兰教在该国的未来走势》，《新疆社会科学》2016 年第 5 期。

有无深远影响等问题具有现实意义。❶

还有学者通过对郑和下西洋中宗教活动的梳理，发现郑和的宗教信仰虽然表象上呈现出多样性，但其真正信奉的宗教是伊斯兰教，至于佛教和妈祖等，只不过是郑和从政治需要和实用主义考虑，更多地表现出一种参与性，而非真正的信奉。正是这种宗教参与的多样性，为郑和的外交活动打开了一扇扇方便之门，客观上也推动了当时的中国和海上丝绸之路各国之间的友好往来。❷

二、宗教与和谐社会构建

宗教工作在党和国家工作全局中具有特殊重要性。习近平同志在全国宗教工作会议上的重要讲话中指出，做好党的宗教工作，把党的宗教工作基本方针坚持好，关键是要在"导"上想得深、看得透、把得准，做到"导"之有方、"导"之有力、"导"之有效。新形势下，把党的宗教工作基本方针坚持好，把宗教引导好，需要着力做好以下几方面工作：引导好宗教就要丰富和发展中国特色社会主义宗教理论，引导好宗教就要坚持我国宗教中国化方向，引导好宗教就要构建积极健康宗教关系，引导好宗教就要依法管理宗教事务。❸

流动人口的宗教信仰问题对中国的社会稳定与社会发展造成不可忽视的影响。当前，流动人口的信教比例总体相对较高、信教结构日渐趋向多元、宗教活动参与较不稳定，流动之后开始信教、压力空虚导致信教等问题十分突出，需要科学有效地对其进行宗教管理。然而，中国目前的宗教团体管理制度难以将流动人口纳入其中、宗教场所管理制度无法适应人口流动的形势、宗教活动管理制度在流动人口中的有效性弱，且宗教管理没有和流动人口的现实需要有效结合，亟待实现流动人口宗教管理方式的变革、管理水平的提升。有鉴于此，有学者建议，深化宗教管理制度改革，

---

❶ 史谢虹：《中亚宗教极端势力对"一带一路"建设的影响及我国的应对》，《世界宗教文化》2016 年第 2 期。

❷ 张俭松、叶蕾：《郑和宗教参与多样性及其对海上丝绸之路各国的友好影响浅析》，《世界宗教研究》2016 年第 5 期。

❸ 卓新平：《积极引导宗教的关键在于"导"》，《人民日报》2016 年 7 月 10 日第 5 版。

突出流动人口宗教管理的针对性；发挥宗教正能量，引导其为促进流动人口社会融合作贡献；依法加强宗教事务管理，防范极端思想在流动人口中渗透。❶

张家川回族自治县是我国回族人口最多的自治县，清真寺是当地最重要的宗教活动场所，其和谐程度在很大程度上影响到当地的社会秩序和社会发展。张家川在和谐清真寺建设中，通过加强寺管会班子建设、"三联三引三助"等一系列举措，使得张家川的宗教生态长期处于良好的状态，为当地经济社会的发展起到积极的保障和推助作用。张家川创建和谐清真寺活动取得的基本经验，对于其他民族地区也很有借鉴意义。❷

当旅游已经成为我国民族社区发展动力时，旅游对民族社区社会文化变迁的影响也引起了学者的关注。作为传统文化主要承载者和维护者的民族社区传统文化精英，其在旅游发展过程中的权力变化并没有得到重视。有文章以三亚凤凰镇回族社区为例，通过访谈、观察等方法了解旅游发展及冲突事件过程，从权力变化的视角探讨旅游发展对社区宗教精英产生的影响。研究发现：旅游的发展间接促进了村民对宗教权威的认同，强化了宗教精英对宗教事务的管理权；但在旅游引发的利益冲突中，宗教精英权力出现"外强内弱"的变化，传统权威被弱化，个人能力成为社区调解权力的基本支撑。宗教精英自身具有的灵活性和主动性，也在一定程度上抵制了旅游现代性带来的权力弱化，为进一步探讨如何破解现代化发展与传统文化延续间的矛盾提供了借鉴。❸

随着年龄的增长，老年妇女的老年风险不断增加。贫困地区妇女呈现中老年时期发生宗教信仰选择转变、宗教信仰时间长、宗教性强等特征。进一步研究发现，老年风险是影响贫困地区老年妇女信仰宗教的主要因素，老年妇女通过宗教信仰所形成的信仰共同体获取宗教社会资本以抵御老年风险。健全和完善社会保障体系，大力发展老龄事业，建立社会养老服务

---

❶ 李龙、宋月萍：《当前流动人口宗教信仰状况分析》，《世界宗教文化》2016 年第 6 期。

❷ 高永顺、王萌：《民族地区和谐宗教场所建设的调查与思考——以张家川回族自治县和谐清真寺建设为中心》，《青海民族研究》2016 年第 4 期。

❸ 孙九霞、黄凯洁：《旅游发展背景下民族社区宗教精英的权力变化研究——以三亚凤凰镇回族为例》，《青海民族研究》2016 年第 4 期。

体系与关爱服务体系，将有助于提高贫困地区老年妇女的风险抵御能力。❶

三、宗教与社会治理

与内地宗教相比，边疆宗教的情况更为复杂，管理工作的难度也更大。然而我们习惯于就宗教论宗教，就管理论管理，或者离开宗教谈边疆，离开边疆谈宗教，致使边疆宗教问题越管越多，越管越难。当前，面临边疆宗教偏离发展轨道、宗教渗透频发、极端主义蔓延等严峻形势，必须推动单一宗教管理模式向多元宗教治理模式转化。在快速变迁的现代社会，边疆宗教只有适应边疆、植根边疆、融入边疆、服务边疆，才能最终与边疆社会协调发展。❷

原生性宗教作为在特定的自然人文环境中形成的、与民族的社会文化浑然一体的宗教系统，历来就是中国宗教多样性的重要组成，亦是民族文化的重要内容。它无论作为一种文化系统还是组织实体，都是社会的有机组成。在治理视角下，张桥贵、孙浩然提出民族的原生性宗教首先是由于理解与定位的问题带来了治理实践中的难题与困境，从而带来了民族的原生性宗教是否应该治理，该如何治理，何种活动符合法律与政策等种种问题。通过问题反思对原生性宗教的价值做出多维的分析，给原生性宗教更广阔的空间，使其进入社会公共领域，承担相应的社会责任，为社会服务。❸

宗教与社会和谐论是中国特色社会主义宗教理论的重要组成部分，是关于宗教与当代中国社会相适应、宗教与其他社会要素相协调统一的观点和主张。宗教与当代中国社会的关系包括两方面：一是宗教作为社会子系统与社会主义社会整体的关系，二是宗教作为社会要素之一与其他社会要素的关系。宗教与社会关系和谐论包括两部分：一是宗教与社会主义社会相适应，简称"适应论"；二是宗教与其他社会要素关系相和谐，简称"和

---

❶ 王武林：《风险视角下贫困地区老年妇女宗教信仰的影响因素》，《宁夏社会科学》2016年第6期。

❷ 张桥贵、孙浩然：《边疆宗教治理研究》，《世界宗教研究》2016年第3期。

❸ 蔡华：《原生性宗教与国家治理问题探究》，《世界宗教文化》2016年第4期。

谐论"。其中，"适应论"是"和谐论"的基础和前提，二者相辅相成，缺一不可。❶

有文章对当前"宗教游移现象"及其特征进行了社会学分析。基于对当前社会上出现的一系列涉及宗教领域、具有一定社会影响的案例的考察，提出了"宗教游移现象"这一描述和分析概念，并对这一现象和特征的内涵、致因及其影响进行了理论探讨。在此基础上，围绕宗教社会学研究和宗教领域社会治理提出了一些思考和对策建议。❷

有文章分析了宗教极端主义思想在新疆传播发展的四个阶段及其在不同阶段的表现形式和特点；认为宗教极端主义思想是产生暴力恐怖活动的思想基础，随着其蔓延渗透的加剧，对新疆的政治安全、社会稳定和社会经济发展都带来了严重危害。❸

有关恐怖主义与宗教的关系，有学者认为，将恐怖主义与特定的宗教联系在一起是一个理解的误区。历史上所有的宗教都有过暴力，但与恐怖主义不是一回事，尽管二者有重叠之处。宗教暴力与宗教有关，但宗教本身却未必是暴力之源。伊斯兰历史上确乎存在着恐怖主义的土壤，但这绝非意味着伊斯兰必须为其现代极端主义者的恐怖主义活动负责。作为现代性后果之一的全球化，导致了人类社会关系的密集化。外来的文化和价值观念的冲击以及与现代性如影随形的世俗化，使伊斯兰社会出现了震荡。这是近一二十年来伊斯兰活动密集化的深层原因，人类学有关本土社会面对外来冲击时所出现的"振兴运动"的洞见，可以作为理解现代恐怖主义的参照系和另外一种视角。❹

四、互联网与宗教

近年来，全球范围的网络社会快速崛起，以宗教信息为主要内容和宗

---

❶ 沈桂萍：《宗教与社会关系和谐论》，《科学社会主义》2016 年第 3 期。

❷ 吴南、李明：《对当前"宗教游移现象"新特征的社会学思考》，《西北民族研究》2016 年第 1 期。

❸ 任红、马品彦：《宗教极端主义在新疆传播发展的四个阶段》，《新疆社会科学》2016 年第 3 期。

❹ 范可：《宗教暴力、恐怖主义与全球化》，《江苏行政学院学报》2016 年第 6 期。

教传播为目标的网络宗教开始兴起。这一社会事实包含着网络宗教与社会秩序之间的关联，其中也隐含着国家、社会与个体之间关系的基本问题。有文章从社会治理的理论视角切入，在已有的文献和调研基础上，通过网上资料汇集和对S市相关政府部门和宗教团体相关人士的访谈，试图探寻网络宗教的社会治理原则、机制，并尝试提出相关政策建议。❶

近年来，全球范围内网络社会大规模、快速崛起，以宗教信息为主要内容和宗教传播为目标的网站、博客、QQ群等纷纷涌现，也可以说，网络宗教作为社会事实已经存在许久，不同宗教形成了有差异性的传播路径、方法与模式。网络宗教传播的信息作为宗教信仰者和社会大众们提供了宗教教义、仪式和文化等内容，产生了一定社会影响。党的十八大和十八届三中、四中全会将网络社会管理列为全面深化改革的重要议题之一，同时强调了加强互联网领域立法，完善网络信息服务、网络安全保护、网络社会治理等方面的法律法规，依法规范网络行为的问题。2014年2月，中央网络安全和信息化领导小组宣告成立，并在北京召开了第一次会议。2016年4月的全国宗教工作会议上，习近平总书记也强调了要高度重视互联网宗教问题。

互联网带来宗教的重大变化有以下三个方面的特点：突破时空限制、多元共生发展和全球竞争加剧。有文章采取多种调查方法，对境内外网站、网络社区中存在的宗教传播情况进行了摸排和梳理，发现这些网上宗教活动都促进了现实宗教的发展。网络宗教初步形成"四方并存"的博弈格局，即主要存在着各级宗教工作部门网站、宗教界（含团体、场所、院校和教职人员）建立的网站、民间非宗教团体、人员所举办的各类涉宗教网络媒体、一些被定性为邪教或未登记宗教组织的网络平台。这四个类别之间存在着管理与被管理、合作与竞争的复杂动态关系。❷

五、宗教公益慈善

2016年7月8日至12日，第13届中美欧暑期宗教学高级研讨班在中

---

❶ 石丽：《网络宗教、网络社会与社会治理研究——以S市调研为例》，《世界宗教文化》2016年第5期。

❷ 张华、张志鹏：《"互联网＋"时代的宗教新形态》，《世界宗教文化》2016年第4期。

国人民大学举办，主题是"宗教与公共生活"，主讲教授为美国现任科学研究宗教学会会长、著名宗教学家柯文·斯密特教授。在讲课中，斯密特教授谈到一个很有意思的数据：美国人的宗教参与与公共参与呈正相关。具体说来，越是信仰虔诚、参加宗教活动多的人，越倾向于参与公益慈善等公共活动。民众的公共参与和他们信仰的宗教教派没有关系，而与他们的信仰类型直接相关。也就是说，不管民众信仰的是基督教、天主教或佛教，与公共参与有关的是他们的宗教信仰是否虔诚、宗教活动是否积极。而全国宗教工作会议对于宗教界从事公益慈善事业也予以了高度肯定，这既是对新世纪以来中国宗教工作经验的科学总结，更指明了宗教社会参与的方向。改革开放以来，宗教信仰者筚路蓝缕，积极参与公益慈善事业，形成了独具特色的中国宗教社会参与模式。青海回族撒拉族救助会以"力所能及、拾遗补缺"为原则，在世界屋脊苦寒之地救助了万名贫困家庭学生；云南德宏傣族景颇族自治州佛教协会以"社会先知"的姿态，先后投身于艾滋病防治与傣文语言教育事业。宗教参与社会公益事业有自身独特的优势，这就是宗教思想的指导。佛教的慈悲济世、基督教的神爱世人、道教的积爱成福、伊斯兰教的敬主爱人，在公益慈善活动中，无不成为宗教社会参与的独特资本，使古往今来的宗教公益慈善事业呈现出优质高效的特点。根据 2015 年中国人民大学的宗教调查数据，全国的宗教活动场所中，只有近 40％开展了社会服务活动，约有 10％的场所设有慈善基金，发展空间巨大。全国宗教工作会议召开后，地方政府与宗教界迅速跟进，以积极的态度推动宗教的公益慈善事业。❶

　　与西方国家不同的是，基于通行的有/无宗教信仰二分法，我国宗教信徒未能呈现出比非宗教信徒更佳的志愿行为表现。通过借鉴"宗教市场"的概念，有文章提出了"信仰市场"的概念，并将其三分为"现代信仰"、"宗教信仰"和"无信仰"。在此基础上，研究者利用一项跨省市调查数据分析了不同信仰对于个体志愿行为表现的影响。结果发现：在"世俗化优先"的宗教政策下，宗教信仰对信徒的志愿服务及慈善捐赠表现有显著性

---

❶ 魏德东：《公益是宗教公共参与的核心》，《中国民族报》2016 年 7 月 12 日第 6 版。

影响，宗教信徒的志愿行为表现虽好于无信仰人士，但远不如"现代信仰"人士。❶

第四节 理论探讨

涂尔干是现代社会学的主要奠基人之一，也是宗教学发展史上具有重要影响的理论家。有学者指出，涂尔干将其社会学思想和研究方法应用到澳洲原始宗教的研究中，对宗教的起源、构成等问题做出全面而缜密的研究，深刻揭示了宗教现象的社会属性。他探讨了宗教"神圣"的发生机制，以"神圣"与"世俗"的二元理论深刻阐述了宗教现象"自成一类"的特殊本质，以此对宗教学的发展做出了具有里程碑意义的贡献。作为宗教学说史上的一个重要范式，涂尔干的"神圣"理论在宗教现象学研究中得到了进一步发展。随着宗教研究的深入，涂尔干的理论范式也必将为新的理论所补充、完善和超越。❷

有文章从美国的经验出发，对近年来有关族群、宗教以及移民因素之间互动关系的各种理论进行反思。在挑战既有的宗教世俗化与族群同化理论的同时，提出移民为美国宗教带来活力的观点，说明为何世俗的美国社会具有如此鲜明的宗教特征；指出宗教与族群的共生性有助于理解美国宗教群体中所体现的种族区隔现象。宗教在为移民提供归属感、价值和庇护所中，仍扮演意义建构的角色。❸

宗教和族群是如此紧密地联结着，重建其旧有的基督教教堂、犹太教会堂、佛教寺庙或伊斯兰教的清真寺，会有助于移民们建立族群认同、社区认同并在新的土地上安顿下来，但对族群和宗教的理论性理解却有不

---

❶ 张网成、张金东、李静：《我国宗教信徒志愿行为的殊异性及其解释——基于一项调查的实证分析》，《社会建设》2016 年第 1 期。

❷ 王萌：《宗教"神圣"论——以涂尔干的宗教学理论为中心》，《宗教学研究》2016 年第 4 期。

❸ ［美］丽贝卡·基姆著、范丽珠译：《宗教与族群：理论关联的综述》，《世界宗教文化》2016 年第 5 期。

足。以上所提到的文献展示了每个学科主流理论基本上遵循近似的轨迹：有的理论预测了族群和宗教的式微，同时有的理论则提出了完全相反的看法——族群和宗教继续保持其影响力。同化理论（assimilation theories）预言了族群的式微，而世俗化理论预示了宗教的衰退。除了这两种理论，还有其他的理论提出不同的看法。有学者检视了如何探讨族群和宗教间的理论关联，以推进我们对各种社会现象的理解，有助于解释在研究美国宗教中始终存在的几个问题——为何美国仍然保持着强烈的宗教色彩，为何美国的宗教性团体始终明显地依照族群和种族界限来区分，为何礼拜日早上始终是美国人族群间最为区隔的时间（most segregated hours）。

西方宗教社会学的研究已经有多年的历史，近年来，它的研究方向、研究内容和研究范式都有了较大的改变，目前正处于一个重要的转折阶段。有学者从 Web of Science 的核心数据库中检索到关于宗教社会学的相关文献 865 条数据，使用 Cite Space 软件，对引领宗教社会学研究走向的重要文献、有突出贡献的作者、重要机构和学术刊物、热点问题，以及研究方向等方面进行了知识图谱的建构和分析，发现宗教社会学的研究在近 20 年处于一个飞速发展的阶段，而且它的核心领域之一经典世俗化理论已经开始受到质疑和争论，大家开始尝试新的研究范式来对与日常生活更相关的宗教问题和现象进行研究，这也预示着国际上未来几年的一个重要的研究趋势。❶

宗教社会学利用社会学科的工具和方法研究宗教信仰、实践和组织形式，始于 19 世纪末涂尔干对天主教徒和新教徒人群自杀率的研究。马克思和马克斯·韦伯的著作为宗教社会学奠定了理论基础，他们认为宗教和社会经济、社会结构之间有着密切的关系。当前，宗教社会学已经有了长足的发展，而且也越来越受到国家的重视。它能够帮助我们理解宗教在社会、政治、经济和文化中的地位和角色。当下中国正处于社会转型期，应用宗教社会学的理论研究成果和方法，有助于我们理解宗教的发展对中国社会发展的影响，以及它在社会主义核心价值建设中的重要地位。有文章使用 Cite Space 软件对 Web of Scince 数据库中从 1998 年至今的关于宗教社会学

---

❶ 汪玉兰、邓国民：《国外宗教社会学研究知识图谱》，《世界宗教文化》2016 年第 5 期。

的研究文献进行可视化统计分析，以揭示该学科的最新研究进展、热点问题、重要文献和作者，同时归纳出它未来的研究走向。

语言与宗教是密切联系的。语言是人类精神的外在表现形式，是传播宗教、贮存宗教文化的重要载体和宗教世界建构的基础；宗教的传播又会促进语言的丰富和发展。两者形成合力成为构筑一个国家、一个民族心理特质的重要因素之一。语言与宗教，作为人类的两种文化现象，它们有着密切关系，主要表现为两者相互依存、相互影响两个方面：作为信息传递和人际互动的工具，语言是宗教世界建构的基础和载体；作为神圣的体系，宗教又在用语言建构起来的文化世界创造、发展着语言。两者形成合力，成为构筑民族心理特质的重要因素。❶

参考文献

［1］张亮. 南海回村：三亚回族的时空观念与社会实践［M］. 北京：社会科学文献出版社，2016.

［2］王延中. 民族发展蓝皮书：中国民族发展报告（2016）［M］. 北京：社会科学文献出版社，2016.

［3］曾传辉. 中国特色社会主义宗教理论研究的意义［J］. 宗教学研究，2016（4）.

［4］何虎生，王超. 论中国特色社会主义宗教理论的发展历程［J］. 中国特色社会主义研究. 2016（6）.

［5］吴尹浩. 论十八大以来习近平同志对宗教工作的理论创新［J］. 新疆社会科学，2016（5）.

［6］蒋净柳. 当代后藏农区的宗教实践：以日喀则白朗县例［J］. 世界宗教研究，2016（1）.

［7］梁艳. 安多藏区宗教职业者与其原生家庭互动关系的人类学个案研究［J］. 西藏研究，2016（1）.

［8］杨涛. 西藏墨竹工卡县藏传佛教宗教经济活动的调查研究［J］. 中国藏学，2016（1）.

［9］刘复生. 民主改革前西藏阿里宗教朝拜活动考察［J］. 宗教学研究，2016（2）.

［10］李静玮，王卓. 论原始宗教的经济理性［J］. 宗教学研究，2016（4）.

---

❶ 根呷翁姆：《论语言与宗教的关系》，《中央民族大学学报》2016 年第 6 期。

[11] 袁君煊.瑶族宗教与道教关系研究综述 [J].宗教学研究，2016（4）.

[12] 吴秋林，郎丽娜.彝族宗教"三灵"研究 [J].宗教学研究，2016（4）.

[13] 王静，吴之清.云南西双版纳傣族多元宗教信仰论析 [J].宗教学研究，2016（3）.

[14] 张桥贵，孙浩然.边疆宗教治理研究 [J].世界宗教研究，2016（3）.

第六章

社会与文化

第一节 2015～2016 年度少数民族文化事业新发展

十八大以来，以习近平总书记为核心的党中央高度重视文化建设，在治国理政的文化大思路中提出"六个一"文化建设的基本框架，在实践文化强国过程中全面深化文化体制改革，激发全民族文化创造活力。少数民族文化作为中华文化的重要组成部分，是中华民族的宝贵精神财富。党和国家历来高度重视和关心少数民族文化事业，推动少数民族文化事业的繁荣发展，对于坚持不忘初心，坚持文化自信，实践文化强国具有重要的思想意义和实践作用，同时可以不断增强全党全国各族人民的精神力量。

一、深入推进少数民族文化事业发展的举措与保障

（一）政策支持

1. 近年来推进少数民族文化发展的主要政策

近年来，中央和国家有关部委先后制定出台了《国务院关于进一步繁荣发展少数民族文化事业的若干意见》《扶持人口较少民族发展规划（2011～2015 年）》《中共中央关于深化文化体制改革、推动社会主义文化大发展大繁荣若干重大问题的决定》《少数民族事业"十二五"规划》《少数民族特色村寨保护与发展规划纲要（2011～2015 年）》《教育部文化部国家民委关于推进职业院校民族文化传承与创新工作的意见》《关于加强和改进新形势下民族工作的意见》《全国民族教育科研规划（2014～2020 年）》等，对加

强少数民族和民族地区文化发展给予了高度重视，并提出了具体措施，大大推进了少数民族文化事业的发展。

2.2015～2016年制定实施涉及推进少数民族文化事业发展的主要政策

（1）《"十三五"时期贫困地区公共文化服务体系建设规划纲要》。

2015年12月，文化部、国家发展改革委、国家民委、财政部、新闻出版广电总局、体育总局、国务院扶贫办七部委共同印发了《"十三五"时期贫困地区公共文化服务体系建设规划纲要》（以下简称《规划纲要》），提出"十三五"时期贫困地区公共文化服务体系建设的总体目标是：公共文化服务能力和水平有明显改善，群众基本文化权益得到有效保障，基本公共文化服务主要指标接近全国平均水平，扭转发展差距扩大趋势，公共文化在提高贫困地区群众科学文化素质、促进当地经济社会全面发展方面发挥更大作用。

（2）《"十三五"促进民族地区和人口较少民族发展规划》。

2016年12月，国务院出台《"十三五"促进民族地区和人口较少民族发展规划》（以下简称《规划》）。《规划》提出了少数民族特困地区和特困群体综合扶贫、重大基础设施建设、民族特色优势产业振兴、民生保障改善、民族文化繁荣发展等37个工程项目，明确了"十三五"时期国家支持少数民族和民族地区发展的建设重点。其中，对繁荣少数民族文化提出的发展目标是：少数民族优秀传统文化得到传承弘扬，文化事业加快发展，公共文化服务体系基本建成，文化基础设施更加完备，文化产品日益丰富，文化产业持续壮大，文化发展成果惠及各族群众，少数民族特色文化活动广泛开展，各民族共有精神家园建设成效显著。

（3）《中华人民共和国公共文化服务保障法》。

2016年12月25日，第十二届全国人民代表大会常务委员会第二十五次会议通过、中华人民共和国主席令第六十号签发了《中华人民共和国公共文化服务保障法》（以下简称《保障法》）。这部法律将有力促进基本公共文化服务标准化均等化、提升服务效能，切实保障人民群众基本文化权益。《保障法》中明确规定：国家扶助革命老区、民族地区、边疆地区、贫困地区的公共文化服务，促进公共文化服务均衡协调发展；国家加强优秀公共文化产品的民族语言文字译制和在民族地区的传播，鼓励和扶助民族文产品的创作生产，支持开展具有民族特色的群众性文化体育活动。

（二）财政保障

中央财政支持少数民族地区文化事业发展，对于加强民族团结、构建社会主义和谐社会、推动社会主义文化大发展大繁荣具有重要作用。

"十二五"期间，中央补助民族八省区地方文化事业专项资金、全国地市级公共文化设施建设资金和非物质文化遗产保护利用设施建设资金共68.49亿元，有效提升了民族地区文化发展水平。❶ 中央财政在民族地区支持构建现代公共文化服务体系和文化遗产保护等，共安排文化体育与传媒转移支付资金373.92亿元，年均增长20.5％，加快少数民族地区文化事业发展，促进基本公共文化服务标准化均等化，保障少数民族群众基本文化权益。❷

2016年，中央财政继续贯彻落实党中央、国务院有关文件精神，积极支持少数民族文化事业发展。中央财政共安排民族八省区文化体育领域补助资金51.4亿元，用于公益性文化设施免费开放、公共文化服务体系建设、少数民族文化事业和体育事业发展等。❸ 其中，安排专项资金23.85亿元用于支持少数民族地区文化事业的发展。在安排文化体育与传媒有关转移支付资金时，对少数民族地区予以倾斜，支持少数民族文化遗产保护利用，促进少数民族地区基本公共文化服务标准化、均等化，保障少数民族群众基本文化权益。❹

二、少数民族文化事业发展新成就

（一）少数民族非物质文化遗产和语言文字得到进一步保护

2016年6月14日，国务院新闻办公布《〈国家人权行动计划（2012～

---

❶ 闵文轩：《文化部：支持民族地区加速发展文化事业》，《中国民族报》2016年3月22日，第1版。

❷ http://whxcs.seac.gov.cn/art/2016/4/12/art_9090_251414.html，资料来源：《财政部：为民族地区跨越式发展提供保障》，国家民委门户网站，2016年4月12日。

❸ 资料来源：《支持民族地区发展，财政部这样做》：国家民委微信官方公众平台，2016年12月23日。

❹ http://jkw.mof.gov.cn/zhengwuxinxi/gongzuodongtai/201608/t20160822_2396800.html，资料来源：《中央财政2016年支持少数民族文化事业发展情况》，中华人民共和国财政部官方网站，2016年8月29日。

2015 年）〉实施评估报告》指出，截至 2015 年年底，布达拉宫等 9 项分布在民族地区的自然、文化遗产被列入《世界文化遗产名录》。新疆维吾尔木卡姆艺术等 14 项和羌年等 4 项少数民族项目分别入选联合国教科文组织《人类非物质文化遗产代表作名录》《急需保护的非物质文化遗产名录》，在民族地区建成 10 个文化生态保护实验区。在已经公布的四批国家级非物质文化遗产代表性项目名录和四批国家级非物质文化遗产代表性项目代表性传承人名单中，全国共有 479 项少数民族非物质文化遗产代表性项目、524名非物质文化遗产代表性项目传承人入选。❶ 根据文化部有关资料，截至2016 年底，文化部通过中央财政共拨付赫哲族"伊玛堪"项目保护费 1300万元。共整理"伊玛堪"专著 70 多部，文字累计 200 余万字，影像记录共达 900 多个小时。全国已命名设立了 18 个文化生态保护实验区，其中有热贡文化、羌族文化等 10 个少数民族文化生态保护实验区。支持 10 个少数民族国家级文化生态保护实验区 4315 万元，用于依托非遗项目原生地开展少数民族地区非物质文化遗产传承保护和宣传展示活动。推进格萨尔文化、铜鼓文化、黔东南民族文化等 4 个少数民族国家级文化生态保护实验区的总体规划编制，完成专家论证。2016 年，中央财政支持 57 个非物质文化遗产保护利用设施建设，其中少数民族项目有 25 个，涉及资金 2.06 亿元。

少数民族语言文字得到保护和发展。国家推进少数民族语言文字的规范化、标准化和信息处理。立项研制了蒙古、藏、维吾尔、哈萨克、彝等少数民族人名汉字音译转写规范。开展现代蒙古语常用词词表、藏文拉丁转写标准、现代维吾尔文学语言正字正音标准等研制工作。建设中国少数民族濒危语言数据库。设立并实施"中国语言资源保护工程"。截至 2015 年年底，有 54 个少数民族使用 80 余种本民族语言，21 个少数民族使用 29 种本民族文字。全国有近 200 个广播电台（站），使用 25 种少数民族语言播音，出版民族文字图书的各类出版社有 32 家。全国已建成 11 个少数民族语言电影译制中心，可进行 17 个少数民族语种、37 种少数民族方言的译制，

---

❶ http：//www.seac.gov.cn/art/2016/6/15/art_31_257258.html，资料来源：国家民委政法司：《〈国家人权行动计划（2012～2015 年）〉规定目标任务如期完成少数民族权利得到有力保障》，国家民族事务委员会官方网站，2016 年 6 月 15 日。

2012～2015 年共完成 3000 余部（次）电影的少数民族语言译制。●

（二）民族地区公共文化建设取得新进展

"十二五"期间，国家发展改革委会同有关部门，研究编制了广播电视村村通、西新工程、地市级公共文化服务设施建设、东风工程等一系列专项建设规划，着力解决中西部地区广播电视覆盖、少数民族语言节目和出版物的译制出版、公共文化设施建设等问题。截至 2015 年，已累计安排中央预算内投资约 92 亿元，有效改善了中西部地区基本公共文化服务设施条件，为推动实现基本公共文化服务均等化提供了物质基础。对西藏、新疆以及四省藏区的特殊困难区域，国家发展改革委还通过相关地方专项，安排中央预算内投资约 40 亿元，帮助解决当地实际困难。

2016 年，文化部关于支持民族地区加速发展文化事业的报告指出，民族地区公共文化设施网络得到进一步改善。截至 2016 年 3 月，民族地区 1 万多个公共图书馆、文化馆（站）已全部实现免费开放，服务人次大幅增加。文化部支持民族地区 25 个地级市和 33 个项目开展国家公共文化服务体系示范区和示范项目创建工作，中央财政补助创建经费 3 亿多元，带动了民族地区公共文化建设水平整体提升。加快民族地区公共数字文化建设，依托全国文化信息资源共享工程译制少数民族语言资源 14484 小时，"数字图书馆"在民族地区实现了全覆盖，数字资源推送量近 40TB，"公共电子阅览室"已在民族地区建成乡镇（街道）、村（社区）等各级站点 9000 多个。民族地区 23 件优秀群众文艺作品、25 个文化项目获得第十届中国艺术节"群星奖"，53 个县、乡镇（街道）被命名为 2011～2013 年度"中国民间文化艺术之乡"，74 个县、乡镇（街道）被命名为 2014～2016 年度"中国民间文化艺术之乡"，有效发掘和盘活了民间文化资源。在民族地区广泛开展"春雨工程"——全国文化志愿者边疆行活动，累计招募 15000 多名文化志愿

● http://www.seac.gov.cn/art/2016/6/15/art_31_257258.html，资料来源：国家民委政法司：《〈国家人权行动计划（2012～2015 年）〉规定目标任务如期完成少数民族权利得到有力保障》，国家民族事务委员会官方网站，2016 年 6 月 15 日。

者，为民族地区实施文化服务项目 500 多项，服务群众上百万人。❶

（三）少数民族群众性文体活动更加丰富

2015 年，国家民委全年共组织赴 6 个省 14 个县（区、市）开展"中华民族一家亲"文化下基层活动，共举行慰问演出 3 场，观众近 4 万人次；向当地中小学、图书馆、农家书屋等赠送总价值 100 万元的图书和报纸杂志，"中民族一家亲"品牌效应更加凸显。❷

2016 年 7 月，第六届全国少数民族曲艺展演在内蒙古呼和浩特市隆重举行。来自青海、云南、福建、内蒙古、广西、新疆、天津等 14 个省（区、市）的 360 多名曲艺工作者相聚青城，共襄民族曲艺盛举。自 1993 年第一届全国少数民族曲艺展演至今，经过 20 多年的探索与耕耘，展演不仅成为展示少数民族风采的重要舞台，也成为全国少数民族曲艺工作者的盛大节日。参加展演的演员在交流学习中，共同繁荣少数民族曲艺创作，促进少数民族曲艺发展。❸ 8 月，第五届全国少数民族文艺会演在京成功举办。35 个代表团、56 个民族的 7000 余名演职人员，精心打造了 45 台优秀剧目、演出 92 场次。参演剧目民族特色浓郁、地域特点鲜明、精品力作荟萃，《草原上的乌兰牧骑》等 10 台剧目荣获金奖，《马可·波罗传奇》等 15 台剧目荣获银奖。❹ 10 月，第四届中国少数民族戏剧会演开幕式在北京中山公园音乐堂隆重举行。会演由全国政协京昆室、中国戏剧家协会、中国少数民族戏剧学会、北京市委宣传部、北京市文化局共同主办，中国评剧院承办。在 10 月 12 日至 26 日会演期间，有 11 个少数民族剧种的 15 台 19 个优秀剧目在中山公园音乐堂、梅兰芳大剧院、长安大戏院、中国评剧大剧院、民族文化宫大剧院陆续上演。其中有独具特色的彝剧、藏戏、蒙古剧、朝鲜族唱剧、壮剧、白剧等，更有难得一见的非物质文化遗产剧目，如侗戏

---

❶ 闵文轩：《文化部：支持民族地区加速发展文化事业》，《中国民族报》2016 年 3 月 22 日，第 1 版。

❷ 《2015 年民族工作大事回眸》，《中国民族报》2016 年 1 月 1 日，第 2 版。

❸ 孙文振：《共襄民族曲艺盛举——第六届全国少数民族曲艺展综述》，《中国民族报》2016 年 7 月 12 日。

❹ http://www.seac.gov.cn/art/2016/12/30/art_31_273355.html，资料来源：《发布：2016 年中国少数民族十大新闻》，国家民委门户网站，2016 年 12 月 30 日。

《行歌坐月》、土家阳戏《平叛招亲》、彝族古剧《撮泰吉》等。

（四）少数民族新闻出版和广播影视事业更加繁荣

1. 少数民族新闻出版的新成果

2015 年，民族出版社和中国民族语文翻译局合作，翻译出版了《习近平谈治国理政》5 种少数民族语言文字版，把中央最新声音送到了边疆。国家民委组织编写《中央民族工作会议创新观点面对面》《中央民族工作会议精神辅导读本》，提供了解读会议精神的权威读本。《中国民族报》下属中国民族音像出版社，与有关单位联合推出电视剧《丝绸之路传奇》，在中央一套黄金时段播出，收视率稳居全国电视剧收视排名前列。❶

2016 年，《中国藏医药影印古籍珍本》《玛纳斯（柯尔克孜文、汉文、英文)》《最后的遗产——云南八个人口较少民族原生音乐》《侗族琵琶歌》等一大批项目也在国家出版基金的资助下顺利出版，充分体现了国家对优秀文化遗产的重视和保护力度。❷ 国家出版基金重点资助了一批面向民族地区、基层农村及特殊群体的优秀项目。如《残疾人社会融合及支持体系研究》《中国盲人有声阅读工程——花开的声音》等项目专门面向残障人士等特殊群体；《新农村新农民新技术系列出版物（汉、维吾尔、哈萨克文)》等项目服务民族地区、农村地区的民生发展；《酷科小子丁冬冬·科学日记365》《"走出地球村"系列作品》《植物不简单（基于情境的青少年科学漫画丛书)》等项目则是专门针对青少年读者的内容丰富、形式多样的文化读物和科普读物。❸

2016 年，《习近平总书记系列重要讲话读本》（2016 年版）由学习出版社、人民出版社联合出版，中国盲文出版社、民族出版社、西藏人民出版社跟进推出了盲文及多个少数民族语种版。❹ 面对少数民族地区的实际需

❶ 《2015 年民族工作大事回眸》：《中国民族报》2016 年 1 月 1 日，第 2 版。
❷ 李子木：《第 23 届北京国际图书博览会国家出版基金成果展扫描》，《中国新闻出版广电报》2016 年 9 月 13 日。
❸ 国家出版基金：《服务经济社会发展突出体现优中选精》，《中国新闻出版广电报》2016 年 3 月 23 日，第 3 版。
❹ 徐来：《出版结构趋优化细分类别亮点多》，《中国新闻出版广电报》2016 年 7 月 26 日，第 2 版。

求，航天数媒通过不断加强技术研发和资源整合，推出了"卫星数字农家书屋少数民族解决方案"：让"卫星数字农家书屋"少数民族书屋的内容和形式全面多样化，在已有内容资源基础上，逐步增加了藏、蒙等优秀精品少数民族文化内容，将优秀的少数民族节目通过卫星平台传送到少数民族聚居区域，民族特色内容"进村、入户、到人"，老百姓足不出户，就能方便地获取、阅读和观看数字出版物和最新资讯。❶

2016年，国家民委举办了年度民族题材优秀专题专栏暨民族题材好新闻推荐活动。在人民日报、新华社等20余家新闻媒体推荐的50余个专题专栏中，人民日报推荐的《民族一家亲》专栏、新华社推荐的《少数民族文艺会演》专题等30个专题专栏被推荐为"2016年度民族题材新闻宣传优秀专题专栏"；在参与推荐的100余篇（条）新闻中，新华社推荐的《奏响新形势下民族工作新乐章——十八大以来以习近平同志为总书记的党中央推进民族工作创新发展纪实》、民族团结杂志社推荐的《南疆十二村记》等57篇（条）报道分别获得特别奖和一、二、三等奖。❷

据报道，国家新闻出版广电总局"十三五"重点出版物出版规划总体规模为3000种左右，首次遴选的项目共2171种。《"十三五"国家重点图书、音像、电子出版物出版规划》图书部分含有少数民族出版规划。❸

2. 少数民族广播影视的新成果

我国是一个多民族、多语种、多文种的国家，有130多种语言、30多种文字，语言文字情况十分复杂。2016年发布的《中华人民共和国电影产业促进法》第四十三条指出，国家采取措施，扶持农村地区、边疆地区、贫困地区和民族地区开展电影活动。国家鼓励、支持少数民族题材电影创作，加强电影的少数民族语言文字译制工作，统筹保障民族地区群众观看

---

❶ 王佳欣：《全国建成"卫星数字农家书屋"3万余家》，《中国新闻出版广电报》2016年7月22日。

❷ http：//www.seac.gov.cn/art/2017/1/10/art_144_273916.html，资料来源：《国家民委公布"2016年度民族题材优秀专题专栏暨民族题材好新闻推荐活动"优秀作品名单》，国家民委官方网站，2017年1月10日。

❸ 孙海悦：《首次遴选"十三五"出版规划项目2171种》，《中国新闻出版广电报》2016年5月17日。

电影需求。❶

从 2016 年 4 月开始，中央人民广播电台民族语言翻译栏目正式播出。蒙、藏、维、哈、朝五种民族语言广播翻译栏目陆续上线，稿件来自中央电台《新闻纵横》《新闻晚高峰》《天下财经》《天天 3·15》《全球流行音乐金榜——周末版》《三农中国》等 12 个精品栏目。❷ 6 月，由中央民族大学文学与新闻传播学院、北京市民族电影展组委会合作共建的中国民族影视研究中心成立。10 月 29 日，中国少数民族电影高层论坛在京举行，40 余位专家学者共同探讨"少数民族电影与民族文化"。论坛上宣布，《中国少数民族电影发展银皮书（2016）》正式启动，"银皮书"由中国少数民族影视中心出品，兼具翔实的数据报告、权威的政策研判和趋势分析，为少数民族电影的健康发展提供政策依据、数据支持和学术支撑。论坛期间，中央民族大学同时举办了民族题材电影及纪录片展映活动和导演工作坊活动，展映了包括《背山》《大沿河》《额吉》《诺日吉玛》《英雄江格尔》在内的十几部影片。《英雄江格尔》导演大海、《英雄格萨尔》导演德央、《说唱大师》总策划马丛峰等出席导演工作坊活动，对民族三大史诗影像呈现进行探索，并对纪录片给民族文化传播带来什么进行思考。❸

（五）少数民族文化产业得到加速发展

2011 年以来，文化部联合财政部印发了《关于推动特色文化产业发展的指导意见》和《藏羌彝文化产业走廊总体规划》。吸纳民族地区 71 个文化产业项目进入特色文化产业及藏羌彝文化产业走廊重点项目库。在民族地区命名了 22 个国家文化产业示范基地。通过文化部与各金融机构之间的"部行合作机制"，为民族地区文化企业提供信贷资金支持，支持民族地区符合要求的项目申报实施"文化金融扶持计划"，享受贷款贴息、债券贴息、保费补贴支持。在沿边民族地区广泛开展原创动漫边疆推广活动。积

---

❶ http://www.sarft.gov.cn/art/2016/11/8/art_1870_31988.html，资料来源：《中华人民共和国电影产业促进法》，国家新闻出版广电总局官方网站，2016 年 11 月 8 日。

❷ http://mt.sohu.com/20160429/n446867918.shtml，资料来源：《中央电台民族语言翻译栏目正式播出》，搜狐网，2016 年 4 月 29 日。

❸ 杨骁：《中国少数民族电影高层论坛举行》，《中国新闻出版广电报》2016 年 10 月 31 日。

极推动民族地区文化企业和项目纳入《国家文化出口重点企业目录和重点项目目录》和《西部地区鼓励类产业目录》，争取民族地区文化企业享受国家税收优惠政策。利用中国西部文化产业博览会等交易合作平台为民族地区文化企业提供产品推介和项目招商支持。❶

（六）民族地区文化资源推进旅游业发展

2015 年，国家旅游局还积极指导民族地区精品景区建设。湖北省恩施大峡谷景区、新疆维吾尔自治区喀什噶尔老城景区等 6 家民族地区精品景区被批准为国家 5A 级旅游景区，指导、帮助 11 家民族地区景区创建国家 5A 级旅游景区。每年在旅游发展基金安排预算中，国家旅游局对包括广大民族地区在内的中西部地区旅游基础设施和公共服务设施建设给予重点支持，对民族地区旅游发展基金拨款比例每年都超过 30%，2015 年共安排民族地区旅游发展基金 3.05 亿元，重点支持民族地区旅游业转型升级项目。在项目产品建设方面，国家旅游局联合国开行等 9 家银行，将内蒙古阿尔山国际养生度假区项目、西藏拉萨市纳木措国家公园旅游基础设施建设项目等 70 余个民族地区旅游项目纳入《2015 全国优选旅游项目名录》，优先帮助民族地区项目单位解决投融资过程中的实际困难。国家旅游局积极利用我国与周边国家和地区的国际次区域旅游合作机制，着力推动民族地区旅游产业发展。重点发展我国与朝鲜、俄罗斯交界的图们江地区，我国与老挝、缅甸、越南交界的湄公河地区和以丝绸之路为纽带的我国新疆与周边国家接壤地区的边境旅游业务，取消边境旅游项目审批，将旅行社经营边境游资格审批下放至相关省级旅游主管部门，使边境旅游活动更加便捷。为民族地区提供优惠政策，支持开展宣传促销工作。2015 年，国家旅游局继续为民族地区旅游局、旅游企业提供政策优惠，在中国国际旅游交易会等大型展会活动中，为新疆、青海、西藏等省区减免展台费用，协助其举办旅游推介活动。在莫斯科休闲旅游展、伦敦旅交会和韩国首尔旅游展上，为民族地区参展单位免除展台费用，提升民族地区旅游行业赴海外宣传的积极

---

❶ 闵文轩：《文化部：支持民族地区加速发展文化事业》，《中国民族报》2016 年 3 月 22 日，第 1 版。

性。积极支持民族地区举办旅游推广活动。2015 年 9 月，国家旅游局与文化部、西藏自治区人民政府共同主办了第二届中国西藏旅游文化国际博览会，全面提升西藏旅游文化认知度，增强西藏旅游文化在海内外的吸引力、竞争力和影响力。❶

2016 年，在国家旅游局的指导支持下，云南昆明世博园景区、云南保山市腾冲火山热海旅游区、内蒙古自治区满洲里市中俄边境旅游区、新疆维吾尔自治区伊犁州喀拉峻景区以及巴音州和静巴音布鲁克景区等成功创建国家 5A 级旅游景区。

（七）少数民族文化对外交流与人才培养得到进一步加强

随着我国加大中华文化"走出去"战略的实施，少数民族文化在对外文化交流格局中的地位与作用更加凸显。国家每年都要安排少数民族艺术团体完成部分重要出访任务，如随国家领导人出访、参加在国外举办的中国文化年（节、周）、"欢乐春节"、"感知中国"活动，等等。❷ 文化部出台《文化部关于今后一段时期对阿拉伯国家文化工作的指导意见》。通过海外中国文化中心、艺术节、博览会和"欢乐春节"等平台和品牌，展示民族地区优秀文化成果，积极推介民族地区优秀文化项目参加国际文化交流，组派民族地区上百个文艺团组参与"欢乐春节"、《丝绸之路文化之旅》、文化年（节、月、周）等各类演出和展览活动。支持民族地区举办新疆国际民族舞蹈节、内蒙古鄂尔多斯国际那达慕大会、宁夏阿拉伯艺术节等大型文化交流活动。与国家民委联合出版《56 个民族认识中国》外宣图书，在首都机场举办《一带一路——伊斯兰风情展》《中国少数民族文化展》等介绍少数民族人民文化生活的纪录片和图片展，在中国文化网英文版设立中国少数民族文化宣传专栏。在青海、内蒙古等民族地区开展"艺海流金""情系系列"等文化交流活动，每年邀请上百名港澳台地区文化官员、文化界知名人士和青少年赴少数民族聚居区考察交流，在港澳地区举办"根与

---

❶ http://whxcs.seac.gov.cn/art/2016/4/12/art_9090_251628.html，资料来源：《国家旅游局：以旅游带动民族地区脱贫致富》，国家民委门户网站，2016 年 4 月 12 日。

❷ 丹珠昂奔：《多彩的画卷壮美的交响——我国少数民族文化事业繁荣发展的 10 年》，《求是》2012 年第 21 期。

魂——中国非物质文化遗产展演"，增进其对少数民族独特的民俗文化的了解。❶ 2016 年，"感知中国——中国西部文化行"活动走进意大利米兰、德国法兰克福、斯图加特及美国休斯敦、纽约。一歌一舞总关情，所到之处旋即刮起一股质朴浓烈的中国西部民族风。活动以文化交流为载体，以藏族文化为主题，展示中华文化的多样性，通过民族歌舞表演、影视展映、图片唐卡展、图书展和专家交流等多种形式，向欧洲及美洲各界人士介绍中国西部，特别是中国西藏和新疆等地少数民族文化得到传承保护以及各民族平等团结发展的真实情况，呈现中国西部文化繁荣、社会进步的发展景象，展现多元一体的中华文化魅力，增进世界人民与中国的相互了解与友谊。同时，有助于其他国家人民理解中国的"一带一路"建设倡议。❷

加强文化部系统与民族地区干部人才交流，文化部在实施"边远贫困地区、边疆民族地区和革命老区人才支持计划"文化工作者专项中，适当加大对民族地区倾斜力度。每年拨付专项经费支持民族地区举办面向文化管理干部、基层文化业务骨干和文化产业人才等专题培训班。对民族地区文化干部参加文化部举办的省、地、县文化厅（局）长、全国艺术院团经营管理人才、全国文化系统高技能人才、全国文化系统青年干部等各类培训班实行政策倾斜，适当增加分配名额，不断提高民族地区文化人才队伍素质。❸

三、关于推进少数民族文化事业发展的讨论与对策

在总结梳理 2015～2016 年我国少数民族文化事业发展所取得成绩的同时，我们也必须清晰地认识到，在新时期、新阶段，我国少数民族文化事业发展有机遇也有挑战。关于少数民族文化事业发展存在的问题，国家民委原副主任丹珠昂奔曾指出，少数民族文化发展现在遇到的困难和突出的

---

❶ http：//whxcs. seac. gov. cn/art/2016/4/12/art_9090_251410. html，资料来源：《文化部：支持民族地区加速发展文化事业》，国家民委门户网站，2016 年 4 月 12 日。

❷ http：//www. mzb. com. cn/html/report/161227262-1. html，资料来源：《2016 年终盘点：西藏文化"走出去"》，中国民族宗教网，2016 年 12 月 31 日。

❸ http：//whxcs. seac. gov. cn/art/2016/4/12/art_9090_251410. html，资料来源：《文化部：支持民族地区加速发展文化事业》，国家民委门户网站，2016 年 4 月 12 日。

问题分两个方面。特殊的问题、特殊的困难主要是基本投入还有待加强，民族地区的公共文化服务体系不尽健全、完善。少数民族文化艺术专业的人才缺乏；少数民族文化艺术作品，尤其是高质量的作品供应不足；少数民族文化机构还缺乏活力，竞争力不强。这些问题，有的是因为民族地区经济社会发展相对滞后造成的，有的是属于体制机制层面的问题。他将所遇到的突出问题总结为"五个不适应"：一是少数民族文化发展的现状与各民族群众日益增长的精神文化需求不相适应；二是与民族地区加快发展的现实需求不相适应；三是与完善社会主义市场经济体制的改革要求不相适应；四是与维护国家文化安全的战略要求不相适应；五是与发展先进文化的时代要求不相适应。这些特殊困难和突出问题如果长期得不到解决，少数民族文化事业发展会长期滞后，少数民族优秀传统文化不断地消失，将会对少数民族的自尊心、自信心形成巨大的冲击，对于中国民族文化多样性的优势形成巨大冲击，对中华文明的生机和活力形成巨大冲击，对抵御有害文化的侵蚀能力形成巨大冲击。❶

学界也非常关注少数民族文化的传承、保护和发展，从不同的角度进行了分析，并提出了发展的对策建议。我们就近两年研究成果中少数民族文化相关主题和主要观点梳理如下。

（一）关于少数民族文化传承与发展

墨绍山指出，推动少数民族文化的可持续发展需要从以下几个方面加强制度设计。首先，建立个体发展与民族文化发展协同机制，完善少数民族文化转型制度，推动少数民族文化的转型、发展与开发，加强其文化传统与经济社会生产的关联性，消解个体发展和民族文化发展的矛盾。其次，建立民族文化经济收益增值机制，以文化自在利益的增强强化文化自觉意识。再次，健全少数民族文化政治利益保障机制，完善少数民族文化的政治权利保护制度，通过其民族文化政治权威的强化塑造其民族文化在社会生活中不可替代的地位，进而推动其民族文化中心意识的形成和民族文化

---

❶ http://www.chinanews.com/cul/2012/05-17/3895182.shtml，资料来源：丹珠昂奔：《少数民族文化事业基本投入还有待加强》，中国新闻网。

的持续发展。最后，建立民族文化活动成本分担和消减机制。通过上述的兼容性机制设置，强化少数民族文化存在对他们"实在"利益的影响，以此促进高强度的民族文化自觉意识的形成，提升他们对于维护、发展和开发民族文化的动力，从而诱使个体内部产生一个以保护和发展民族文化为优势策略的行为战略倾向，促进少数民族文化持续发展。❶

王克修认为，对少数民族文化，不能简单地将之作为一种物质化形式静态地"抢救性"典藏下来，或利用多媒体手段"动态地"保留下来，也不应该谋求创建一个与世隔绝的、充满异邦想象的文化孤岛。对民族文化传承，要注重政府主导和社会参与的结合，正确界定三者的职责和义务，处理好三者的关系；建立传统文化的知识产权制度，为保护传统文化的物质权益和精神权益，应尽快建立健全相应的知识产权制度和一些强制性保护措施；培育传统文化旅游景区和产业基地。积极筹建具有地方特色的传统文化专题博物馆或展示中心，将传统文化的发掘、保护与乡村旅游业发展相结合，形成有注意力的民间艺术休闲体验和旅游景区，充分发挥民族民间艺术的经济价值。❷

周健认为，少数民族传统文化保护与发展出现"四缺五化"现象，即人、财、物、场地不足，具体表现是缺人、缺钱、缺载体、缺场所，"四缺"导致少数民族传统文化矮化、弱化、边缘化、退化、发展环境恶化。他提出的对策性建议是：各级政府要提高保护和发展民族文化的认识，保护民族文化保护就是民族之根、民族之魂，传承民族文化就是传承民族之血脉；要处理好保护、传承与发展的关系，保护要有力，但保护也要有度，要看有无保护的价值，我们保护的是优秀的传统文化；政府必须采取措施解决"四缺"问题，政府的职能，倡导尊重，加大投入，制定法律法规，采取具体措施加以保护、传承和发展；必须想方设法培养人才。❸

---

❶ 墨绍山：《少数民族文化可持续发展机制研究——制度分析的视角》，《广西民族研究》2016年第2期。

❷ 王克修：《民族文化：由保护到创造》，《学习时报》2015年12月7日。

❸ 周健：《少数民族传统文化保护与发展：面临问题与对策建议》，《中国民族报》2015年9月18日。

（二）少数民族文化助力民族地区精准扶贫

习近平总书记对精准扶贫工作提出，决不让一个少数民族、一个地区掉队。文化扶贫是民族地区实现精准脱贫的重要抓手。龙国贻指出，民族地区文化是一个有着内在关联的有机生态整体，既传承着少数民族祖祖辈辈的文化基因，也蕴含着无限丰富的开发契机。做好民族地区的文化扶贫，关键要"各美其美、美美与共"，把开发和保护、传承与创新、文化和生态等紧密结合起来。在扶贫过程中特别要对民族地区文化体系会好诊、把好脉，把能够开发开放的民族地区特色文化充分用好，把体现民族核心文化价值和生活方式的内容重点保护好。要摒弃扶贫过程中思维方式和行为方式上的唯 GDP 论，避免造成过度商品化等现象，防止民族地区文化变质变味。让民族地区真正实现"文化富矿"的转化，需要从"由外而内"的文化帮扶向"由内而外"的文化成长转变，并实现二者之间的良性互动。真正激发民族地区文化建设的内生活力，才能把一时一地一策的文化扶贫转化为民族地区文化生态涵养发展的长久之计。除此之外，在全面依法治国的大背景下，还要把民族地区文化扶贫纳入少数民族文化权利保障的法治轨道中。从法律法规来看，目前对少数民族权利的保障更多体现在经济和政治等方面，对于文化权利的保障还相对较少，一些少数民族的民间文艺作品被侵权的现象也时有发生，亟待加强对民族地区公共文化服务的强覆盖，使少数民族文化权利在国家立法层面得以保障。❶

李维指出，重视少数民族文化所形成的独特社会管理体系，是传统脱贫举措有效实施的必要条件。少数民族地区拥有独特的地理环境和气候条件，形成了独特的生产生活习惯和社会管理体系。以南方稻作文化为例，该文化产生于水稻种植区，在少数民族山区尤为盛行。他们不仅将水稻耕种实践及饮食歌谣化和民俗化，而且据此形成了独特的社会管理体系。这种社会管理体系以族居中的长者来协调生产生活资源分配和社会纠纷处理。无论是提升自我发展能力的产业脱贫举措，还是保障最低生活水平的托底举措，都需要考虑借助这种管理体系的优长之处，并加以适当的引导，政

---

❶ 龙国贻：《文化扶贫要做"柔"文章》，《人民日报》2016 年 11 月 22 日。

府脱贫攻坚工作才能落到实处。❶

对于扶贫、减贫来说，少数民族文化不是阻力，也不是摆设，而是一种资源。这种资源是世代延续、活态传承的，由此才有了旺盛的生命力。为了避免生态环境的破坏，在人口增长、生活方式改变和经济收益期待增加的状况下，如果有了正确的认识，并以妥当的方式相配合，文化就有可能成为少数民族持续性脱贫致富和不断发展的资源。扶贫、减贫与各民族文化保护和传承密切相关，应当在重视民族经济与民族文化之间关联性的前提下，制定政策和选择发展模式。❷

（三）少数民族文化海外传播与交流

长期以来，少数民族文化一直是中外交流交往的桥梁和纽带，为世界文明发展作出了卓越贡献。推动少数民族文化"走出去"，是提升中华文化国际影响力的需要，也是开拓文化发展空间、维护国家文化安全的必然选择。随着中国加大文化"走出去"战略的实施力度，少数民族文化在国家整体对外文化交流格局中的地位与作用更加凸显。研究如何推动中国少数民族优秀文化走出国门，走向世界，普及民众，进而提高中国文化"软实力"，增强中国在国际社会上的影响，成为名副其实的文化强国具有划时代的重要意义。❸

李锦云指出，少数民族文化海外传播存在的问题有：少数民族文化海外传播渠道单一，传播力量分散，缺乏合力；传播主题单一，传播内容失衡；传播缺乏沟通反馈机制，效果差；传播专业人才队伍不强；传播的市场化程度低，缺乏产业化运作；对新媒体的开发利用严重滞后。他提出的对策建议是：培养专职专业的民族文化海外传播团队，相关部门（外交部、国家民委、广电总局、宣传部）应创设一个常态化、正规性的民族文化外宣人才培养机制，针对各个少数民族文化的特质以及海外传播活动的规律，培养定向外宣人才；统一传播内容和主体，加强民族性和国际性；建设

---

❶ 李维：《让优秀的少数民族文化助力脱贫攻坚》，《中国社会科学报》2016 年 6 月 2 日。

❷ 王克修：《民族文化：由保护到创造》，《学习时报》2015 年 12 月 7 日。

❸ 于桂敏、尤广杰、马虹：《中国少数民族文化对外传播意义及路径探究》，《大连民族学院学报》第 16 卷第 4 期，2014 年 7 月。

"以官方为主，民间积极参与"的渠道；加强目标市场调研，建立有效的反馈机制，提升传播效果；推动民族文化企业和文化产品"走出去"，提升民族文化市场竞争力；形成传统媒介、新媒介联动的传播格局，借助新媒介的力量推动我国少数民族文化的海外传播。❶

吴金光认为，推动少数民族文化更好地走向世界，是为了让国外更多地了解中国、了解中国少数民族，同时也是实现国家利益的现实要求。少数民族文化"走出去"任重而道远，它是一个长期发展、逐步积累的过程，我们也应在这一过程中稳步探索"走出去"的途径和方法。一要加强对少数民族文化"走出去"的科学规划、统筹、指导。"走出去"是一个系统工程，决不是一个部门能够完成的，尤其是需要国家文化部的大力支持，需要发挥各部门的作用，形成合力。二要坚持品牌效益，把有限的资金投到重点工程上来，使其形成可持续发展。三要积极争取将国家民委的相关项目纳入国家对外文化交往的总盘子里。四要充分利用和调动民族地区的积极性，多组织自治州一级的文化团体出国参加国际民间艺术节，同世界各国的艺术家和人民深入交流，起到"文化搭台，政府唱戏"的作用。五要发挥国家民委系统少数民族文化资源的优势，在有影响的国家举办反映少数民族文化和风俗习惯的大型展览。六要探索发展文化产业和文化产品"走出去"的市场路子，争取既有社会效益，也有经济效益。❷

于桂敏等提出少数民族文化对外传播的路径为：一是通过多渠道、多领域、多方式传播中国少数民族文化，提升中华民族文化在国际市场的地位和影响力。二是在政府大力扶持和积极倡导下，形成中国少数民族文化对外传播的机制和模式。三是提高文化传播项目和文化产品的科技含量，加大文化产品输出，改变中国对外文化贸易逆差现象。❸

（四）关于少数民族文化产业发展

我国少数民族广泛分布于祖国大地，不同的地理、地质和气候与民族

---

❶ 李锦云：《我国少数民族文化海外传播概貌、问题及对策》，《铜仁学院学报》2016 年第 3 期。

❷ 吴金光：《那些年，亲历少数民族文化走向世界》，《中国民族报》2014 年 7 月 18 日。

❸ 于桂敏、尤广杰、马虹：《中国少数民族文化对外传播意义及路径探究》，《大连民族学院学报》2014 年第 4 期。

分布和文化特色息息相关，造就了独特的区域性特征、民族性特征和文化性特征，因此文化资源产业化发展中不可避免地要融入相关的自然环境特色；少数民族地区各种物质、非物质和社会民俗类文化资源类型多种多样、特色鲜明、底蕴浓厚、可再生性强，是进行产业化开发不可多得的"金矿"。❶ 李松指出，少数民族文化产业发展的重点内容包括：一是少数民族文化旅游业；二是影音、影视、歌舞等现代传媒和演绎业；三是生活、文化及艺术用品业，市场需求潜力巨大发展空间广阔；四是医药饮食业。他认为，确定以上四大门类为少数民族地区重点发展的文化产业，是基于整个少数民族文化产业类的产业基础、发展空间和开发价值等综合视角提出的，具有明显的宏观性和总体性；在具体民族类别、具体区域或具体行业发展的战略研究中，需要具体问题具体分析。他认为可以基于地理和文化特质对少数民族文化产业化开发进行宏观布局：一是东北林海雪原民族风情文化产业区，二是西南少数民族多彩文化产业区，三是青藏高原民族文化产业区，四是西北丝路民族文化产业区，五是内蒙古草原民族风情文化产业区。上述五大少数民族文化产业化开发区域是基于地理特征和文化特质提出的，以期对少数民族文化产业宏观区域特色的把握起到一定的作用。当然，少数民族文化资源产业化开发的产业类型有技术导向型、资本导向型和市场导向型等，其空间布局早已突破区域界线，故在实际应用中根据具体的研究用途和实践导向按实际需要进行划分。少数民族文化资源产业化开发过程中确定其重点发展的类型和领域，可以实现生产资料、生产要素和各类资本的高效利用。少数民族文化早已形成了特定地理范围的区域特色，因此以少数民族文化的区域特色为依托打造区域文化产业是大势所趋，从国家范围内自然地理和文化层面来确定少数民族文化资源产业化开发的总体空间布局具有基础性意义。

丁智才指出，民族文化产业发展是民族特色文化保护的内在需求和重要途径。民族特色文化可持续发展需要适宜的产业化。适宜的产业化在保持民族文化内核的基础上，创新表现形式，融入生产生活，活化特色文化

---

❶ 李松：《少数民族文化产业化开发的战略性思考》，《人民论坛》2013年第8期。

的功能，促进可持续发展；同时通过产业化走向大众，实现规模化发展，扩大其传播力和影响力，唤起社会的广泛认同，增强文化保护的群众基础。民族文化产业通过对民族文化资源适宜的开发利用，既是实现民族文化经济价值的方式，也是传播特色文化的多方面价值的途径。民族文化资源通过适宜的产业化，通过扩大再生产和拓宽消费市场，在与其他文化产品的竞争中，形成自己的价值体系，传承民族传统价值观。❶

王平认为，大力发展民族地区文化产业是调整民族地区经济发展结构、促进民族地区经济建设和文化建设、建设具有少数民族特色城镇的一条重要渠道。民族文化产业的发展要遵循民族特色文化传承与保护和民族地区社会经济文化与生态全面发展相结合的原则。在民族地区新型城镇化建设进程中发展民族地区文化产业的措施与路径有：将民族地区文化产业规划纳入民族地区新型城镇化建设的整体规划之中，制定出符合民族地区实际情况和民族特色相结合的文化产业发展规划；充分挖掘和开发民族地区传统历史文化资源，将保护民族原生态文化和发展民族文化创意产业相结合；发展具有差异性的地区特色优势的传统民族地区文化产业；大力培养民族地区文化产业人才，建立合理的产业人才结构；建立合理的民族地区文化产业结构，大力拓展民族地区文化产品市场；注重民族地区特色文化产业品牌的打造，加强民族地区特色文化产业营销传播；打造民族地区文化产业链，促进民族地区文化产品及服务由低附加值向高附加值转变；建设具有民族特色的文化产业园区和文化生态城区，再造民族地区文化特色的新型城镇。❷

第二节　民族地区扶贫开发与社会保障事业新进展

十八大以来，党和国家特别重视扶贫开发工作。习近平总书记指出，

❶ 丁智才：《民族文化产业视域下边疆民族地区民族特色文化保护探析》，《湖北民族学院院报》2016 年第 4 期。

❷ 王平：《民族地区新型城镇化建设进程中民族文化产业发展的原则及路径探析》，《青海民族大学学报》（社会科学版）2015 年第 41 期。

消除贫困、改善民生、逐步实现共同富裕，是社会主义的本质要求，是我们党的重要使命。要紧紧扭住发展这个促使贫困地区脱贫致富的第一要务，立足资源、市场、人文旅游等优势，因地制宜找准发展路子，既不能一味等靠、无所作为，也不能"捡进篮子都是菜"，因发展心切而违背规律、盲目蛮干，甚至搞劳民伤财的"形象工程"、"政绩工程"；要紧紧扭住包括就业、教育、医疗、文化、住房在内的农村公共服务体系建设这个基本保障，编织一张兜住困难群众基本生活的安全网，坚决守住底线；要紧紧扭住教育这个脱贫致富的根本之策，再穷不能穷教育，再穷不能穷孩子，务必把义务教育搞好，确保贫困家庭的孩子也能受到良好的教育，不要让孩子们输在起跑线上。

一、党和国家高度重视民族地区扶贫开发

（一）领导重视和政策支持

2016 年是中央提出的"五年脱贫攻坚"首战年。这一年，从黄土高坡到雪域高原，从大山深处到棚户陋室，习近平总书记先后深入江西、安徽、宁夏、青海等革命老区和贫困地区视察调研，并召开东西部扶贫协作座谈会，向全党全国发出了打赢脱贫攻坚战的总攻令。在东西部扶贫协作座谈会上，习近平总书记强调，扶贫开发到了攻克最后堡垒的阶段，所面对的多数是贫中之贫、困中之困，需要以更大的决心、更明确的思路、更精准的举措抓工作。要坚持时间服从质量，科学确定脱贫时间，不搞层层加码。要真扶贫、扶真贫、真脱贫。

2016 年，国家层面先后出台《"十三五"脱贫攻坚规划》《西部大开发"十三五"规划》《脱贫攻坚责任制实施办法》《关于进一步加强东西部扶贫协作工作的指导意见》《关于进一步动员社会各方面力量参与扶贫开发的意见》《关于促进电商精准扶贫的指导意见》《"十三五"促进民族地区和人口较少民族发展规划》等一系列扶贫开发政策文件，对全面推进扶贫攻坚、全面建成小康社会做出了科学部署。

关于民族地区的扶贫开发工作，《"十三五"脱贫攻坚规划》指出，要坚持精准扶贫、精准脱贫基本方略，坚持精准帮扶与区域整体开发有机结

合，以革命老区、民族地区、边疆地区和集中连片特困地区为重点，以社会主义政治制度为根本保障，充分发挥政府、市场和社会协同作用，充分调动贫困地区干部群众的内生动力，大力推进实施一批脱贫攻坚工程，加快破解贫困地区区域发展瓶颈制约，不断增强贫困地区和贫困人口自我发展能力，确保与全国同步进入全面小康社会。《"十三五"促进民族地区和人口较少民族发展规划》中指出，由于历史、自然和地理等原因，少数民族和民族地区致贫情况复杂、表现特殊，贫困程度深，脱贫任务重。必须牢固树立科学治贫、精准脱贫理念，把脱贫攻坚作为发展头等大事和第一民生工程，采取超常规硬举措，健全扶贫工作机制，确保如期实现少数民族和民族地区脱贫。按照发展生产脱贫一批、易地搬迁脱贫一批、生态补偿脱贫一批、发展教育脱贫一批、社会保障兜底一批的要求，坚持精准扶贫、精准脱贫基本方略，以民族自治地方、边境地区、人口较少民族地区的贫困地区为主战场，加快解决少数民族和民族地区发展瓶颈，稳定实现农村贫困人口不愁吃、不愁穿，义务教育、基本医疗和住房安全有保障，现行标准下农村贫困人口全部脱贫，贫困县全部摘帽，解决区域性整体贫困，确保少数民族和民族地区与全国同步进入全面小康社会。

（二）中央财政经费保障

根据财政部消息，2016年，财政部认真贯彻落实中央民族工作会议精神，把财政资金支持的重点放在改善民生和推动发展上，重点加大一般性转移支付支持力度，完善差别化支持政策，促进民族地区基本公共服务均等化，增强民族地区自我发展的能力。继续增加民族地区转移支付，中央财政安排民族地区转移支付640亿元，同比增加58亿元，增长10％；促进民族地区基本公共服务均等化，共安排民族八省区均衡性转移支付3395亿元，同比增长14％；将大部分民族地区纳入重点生态功能区转移支付覆盖范围，安排重点生态功能区转移支付202.86亿元；通过边境地区转移支付支持边境少数民族省区加强边境维护和管理、改善边境地区民生、促进边境贸易发展，安排边境少数民族省区转移支付资金104.54亿元，同比增加8.31亿元，增长8.6％。支持民族地区各项民生事业发展，2016年安排民族八省区学前教育、基础教育、职业教育、高等教育等各类教育补助资金

689.15亿元；支持民族地区筑牢社会保障安全网，安排民族八省区社会保障补助资金1302亿元，在基本生活、基本养老、社会救助和医保救助等方面为各族群众提供保障；支持民族地区构建现代公共文化服务体系，安排民族八省区文化体育领域补助资金51.4亿元，用于公益性文化设施免费开放、公共文化服务体系建设、少数民族文化事业和体育事业发展等；支持保障性安居工程建设，安排民族八省区城镇保障性安居工程专项资金330.07亿元，统筹用于发放租赁补贴、城市棚户区改造和公共租赁住房建设；加快改善民族地区基础设施条件，中央基建投资下达边疆少数民族地区发展项目资金304亿元，同比增长10％，主要用于支持人口较少民族发展以及新疆、西藏和四省藏区民生领域项目建设；改善民族地区生产生活条件，安排民族八省区扶贫专项资金279.6亿元（含少数民族发展资金46亿元）、农村综合改革转移支付资金62亿元，由民族省区统筹用于支持扶贫开发工作，并督促相关省区加大对贫困民族地区的支持力度；重视民族地区生态保护，共安排林业改革发展、草原生态保护、水土保持等补助资金486.56亿元，同比增长16％；积极支持民族地区发展特色产业，安排民族八省区现代农业生产发展资金40.59亿元，农作物良种补贴和农机购置补贴41.66亿元，农田水利设施建设相关资金100.87亿元，农业综合开发资金78.54亿元；对民族贸易和民族特需商品定点生产企业给予贴息政策，共安排贴息资金18.2亿元，并对相关企业技术改造予以支持；进民族地区外经贸事业发展，共安排各类外经贸发展促进资金18.8亿元，同比增长1.4％。❶

根据国家发展改革委消息，2016年，中央财政在民族地区安排交通方面中央投资超过223亿元，安排专项建设基金超过201亿元。农林水利方面，安排中央投资超过400亿元。此外，还切块下达中央投资16.27亿元，安排专项建设基金42.38亿元，支持五个民族自治区的城镇污水垃圾处理设施建设及资源节约循环利用重点工程建设。安排中央投资2.6亿元，安排专项建设基金261.83亿元，积极引导民族地区企业突破关键技术瓶颈，提高

---

❶ 《支持民族地区发展，财政部这样做》，资料来源：国家民委微信公共号，2016年12月31日。

创新能力。报请国务院同意批复设立贵州内陆开放型经济试验区，印发试验区建设实施方案。报请国务院批准，新增设广西凭祥重点开发开放试验区。加强少数民族地区人才开发，实施东部城市对口支援西部地区人才培训计划。安排中央投资近 164 亿元，提升教育、医疗、卫生、文化等公共服务能力。积极支持国家民委直属院校的教学楼、学生公寓等项目建设。在扶贫开发上，安排民族地区以工代赈、易地扶贫搬迁等专项扶贫投资 99 亿元，占全国总资金规模的 39%。同时，切块下达易地扶贫搬迁专项建设基金 181 亿元，安排易地扶贫搬迁贴息贷款规模 326 亿元。❶

根据交通部消息，中央财政共安排 8 个主要民族省区公路建设车购税投资 971 亿元，支持建设国家高速公路项目 4700 公里、普通国省道项目 1.6 万公里，新改建农村公路 4.4 万公里，解决了 4300 个建制村不通硬化路问题。❷

根据农业部消息，中央财政安排 5 个民族自治区中央资金 128 亿元，实施退牧还草工程和草原生态保护补助奖励政策，其中草原生态奖补资金占全国总资金规模的 61%。安排中央资金 3.1 亿元支持 5 个民族自治区建设规模化大型沼气和生物天然气工程，支持山区生态循环农业模式，在产业发展中既保住绿水青山又促进农民增收。支持民族地区保护和提升耕地质量，开展增殖放流，保护生物多样性，促进农业可持续发展。在 5 个民族自治区共安排农业基本建设和中央财政资金 395.3 亿元，其中基本建设资金 48.3 亿元、财政专项资金 347 亿元。针对南疆农业结构调整，协调有关部门专门安排 1 亿元支持南疆肉羊良种繁育体系建设。专门安排 6000 万元支持西藏农牧业发展，安排 2000 万元用于西藏农业生产救灾。专门协调财政部安排 1.71 亿元支持内蒙古、新疆、西藏 3 个自治区草原牧区冬季饲草储备调运。❸

根据国务院扶贫办消息，2016 年中央财政安排民族八省区的中央财政

---

❶ 《支持民族地区发展，发改委这样做》，资料来源：国家民委微信公共号，2016 年 12 月 22 日。
❷ 《推进交通扶贫，交通运输部这样做》，资料来源：国家民委微信公共号，2016 年 12 月 29 日。
❸ 《推动民族地区农牧业发展，农业部这样做》，资料来源：国家民委微信公共号，2017 年 1 月 4 日。

扶贫资金达 279.6 亿元，占全国财政扶贫资金的 41.91%，比上年增加 39.8%。初步统计，截至 2016 年 11 月底，东西部扶贫协作框架下，东部省市向民族六省（不含新疆、西藏）安排的政府援助资金达 22 亿元，比 2015 年增长一倍多。❶

二、民族地区大力实施精准扶贫的举措和成效

习近平总书记在中央扶贫工作会议上强调，要解决好"怎么扶"的问题，按照贫困地区和贫困人口的具体情况，实施"五个一批"工程。一是发展生产脱贫一批，引导和支持所有有劳动能力的人依靠自己的双手开创美好明天，立足当地资源，实现就地脱贫。二是易地搬迁脱贫一批，贫困人口很难实现就地脱贫的要实施易地搬迁，按规划、分年度、有计划组织实施，确保搬得出、稳得住、能致富。三是生态补偿脱贫一批，加大贫困地区生态保护修复力度，增加重点生态功能区转移支付，扩大政策实施范围，让有劳动能力的贫困人口就地转成护林员等生态保护人员。四是发展教育脱贫一批，治贫先治愚，扶贫先扶智，国家教育经费要继续向贫困地区倾斜、向基础教育倾斜、向职业教育倾斜，帮助贫困地区改善办学条件，对农村贫困家庭幼儿特别是留守儿童给予特殊关爱。五是社会保障兜底一批，对贫困人口中完全或部分丧失劳动能力的人，由社会保障来兜底，统筹协调农村扶贫标准和农村低保标准，加大其他形式的社会救助力度。要加强医疗保险和医疗救助，新型农村合作医疗和大病保险政策要对贫困人口倾斜。要高度重视革命老区脱贫攻坚工作。

2016 年在中央扶贫开展有关政策支持和指导下，民族地区稳步推进扶贫攻坚工作。

（一）发展生产脱贫一批

广西编制出台《广西"十三五"产业精准扶贫规划》。指导 54 个贫困县（市、区）编制了县级规划。多层级的规划明确了目标方向、重点产业、重

---

❶ 《大力推进民族地区脱贫攻坚，国务院扶贫办这样做》，资料来源：国家民委微信公共号，2017 年 1 月 17 日。

点项目、对策措施。2016 年，安排 3 亿元用于扶贫小额信贷贴息，涉农部门预算 50％以上用于 54 个贫困县。农产品销售给力——在贫困地区推行"空店"为代表的电商营销。"空店"已覆盖 10 个县 156 个贫困村。链接贫困户与社会——形成"企业＋贫困户"，在 54 个贫困县（市、区）引进龙头企业 188 家，平均每个县 3.4 家；"合作社＋贫困户"，预计到 2016 年底，今年脱贫摘帽的 1000 个贫困村实现村村都有农民合作社；"干部＋贫困户"，全区选派 3.574 万名年轻优秀干部驻村帮扶。❶ 宁夏出台《宁夏特色产业精准扶贫规划（2016～2020 年)》。《规划》明确，到 2020 年，通过支持贫困县区特色产业发展实现 30 万人脱贫，贫困县区农民人均特色产业收入达到 4950 元，占农村居民可支配收入的 45％。《规划》提出，宁夏通过支持贫困县区培育优质粮食、草畜、瓜菜、枸杞、葡萄等特色主导产业，推动贫困县区大力发展"一县一业""一村一品""一户一特"的产业扶贫格局。❷ 西藏通过整合涉农资金，计划"十三五"期间安排精准脱贫产业发展资金 200 亿元，其中 2016 年下达 40 亿元，主要用于撬动并放大金融信贷资金，做大产业扶贫项目投资规模。据统计，2016 年七地市计划投入 174 亿元，实施产业扶贫项目 1243 个。截至 9 月底，已到位项目投资 52.7 亿元、开工建设 413 个产业扶贫项目，实际完成投资 18.37 亿元，完工项目 79 个，为顺利完成 2016 年产业精准扶贫、精准脱贫任务奠定了良好基础。❸ 贵州出台《关于扶持生产和就业推进精准扶贫的实施意见》。文件指出，2014 年末，全省农村贫困人口 623 万，其中无业可扶、无力脱贫的"两无"贫困人口 158 万，16～65 岁有劳动能力的贫困人口 310 万人。对于有劳动能力的贫困人口，主要通过积极发展种养业、加工业、旅游业、流通业、劳务经济等五个途径，帮助发展产业和扩大就业，实现增收脱贫奔小康。到 2020 年，种养业吸纳农村贫困家庭劳动力 100 万人，帮助农村贫困人口实现脱贫 147 万人；加工业吸纳农村贫困家庭劳动力就业 30 万人，帮助农村贫困人口实

❶ 农兴：《"十三五"第一年：广西产业扶贫干了啥》，《广西日报》2016 年 12 月 20 日。

❷ 吴宏林：《宁夏特色产业精准扶贫规划出台》，《宁夏日报》2016 年 10 月 26 日第 2 版。

❸ http://www.mzb.com.cn/html/report/161022251-1.htm，资料来源：《西藏生产扶持一批脱贫工作成效显著》，中国民族宗教网，2016 年 10 月 11 日。

现脱贫 44 万人；旅游业吸纳农村贫困家庭劳动力就业 48 万人，帮助农村贫困人口实现脱贫 70 万人；流通业吸纳农村贫困家庭劳动力就业 12 万人，帮助农村贫困人口实现脱贫 17 万人；劳务经济吸纳农村贫困家庭劳动力就业 120 万人，帮助农村贫困人口实现脱贫 187 万人。2016 年，贵州省突出重点发展种养业、农产品加工业、农村流通业、乡村旅游业和劳务经济，全年共有 73.4 万贫困人口实现产业脱贫。❶

（二）易地搬迁脱贫一批

2016 年，宁夏印发《宁夏"十三五"易地扶贫搬迁规划》，《规划》指出，"十二五"期间，全区累计完成投资 123 亿元，通过土地权属处置批准安置区用地 9 万亩，批复建设移民安置区 161 个，建成移民住房 7.75 万套，搬迁安置移民 7.65 万户 32.9 万人。"十三五"期间，统筹推进移民住房、基础设施和公共服务设施建设、技能培训、产业培育等工作，到 2018 年完成 82060 人易地扶贫搬迁，移民安置区基本公共服务达到贫困村脱贫标准，到 2020 年使移民生产生活条件得到明显改善，移民收入接近全区农民收入平均水平，与全区人民一道进入全面小康社会。❷ 内蒙古印发《关于加快推进全区易地扶贫搬迁工作的指导意见》，《意见》指出，"十三五"期间，全区完成 20 万建档立卡贫困人口搬迁安置与脱贫任务。建设期为 2016～2019 年，规划搬迁建档立卡贫困人口 6.9 万户、20 万人；同步搬迁 3.5 万户、10 万人。通过实施易地扶贫搬迁，让建档立卡搬迁人口住房安全得到有效保障，安全饮水、出行、用电、通信等基本生活需要得到基本满足，同时享有便利可及的教育、医疗等基本公共服务，上学难、就医难等突出问题得到有效解决，迁出区生态环境明显改善。安置区特色优势产业快速发展，就业渠道大幅拓宽，收入水平明显提升，全部实现稳定脱贫。❸ 广西 2016

---

❶ http：//www.gov.cn/xinwen/2017-02/11/content_5167248.htm，资料来源：《贵州省强力实施产业扶贫带动群众稳定致富》，中国政府网，2017 年 2 月 11 日。

❷ http：//www.nx.gov.cn/zwgk/gtwj/zcgwj/nzf/130013.htm，资料来源：《自治区人民政府关于印发宁夏"十三五"易地扶贫搬迁规划的通知》，宁夏人民政府网，2016 年 8 月 29 日。

❸ http：//www.nmg.gov.cn/xxgkpt/fpb/xxgkml/201608/t20160817_566302.html，资料来源：《关于印发〈关于加快推进全区易地扶贫搬迁工作的指导意见〉的通知》，内蒙古人民政府网，2016 年 7 月 25 日。

年稳步推进 412 个易地扶贫搬迁项目，搬迁入住 12.2 万人。"十三五"期间，广西将以集中安置为主，分散安置为辅，采取依托县城、重点镇、产业园区、乡村旅游区、中心村和插花安置等安置方式，移民搬迁 110 万人。其中，建档立卡贫困人口 100 万人，同步搬迁的其他农户 10 万人。为扎实推进易地扶贫搬迁工作，广西已制定出台《脱贫攻坚移民搬迁实施方案》《资金筹措使用方案》等政策措施，大力支持企业参与实施易地搬迁。❶ 云南将"挪穷窝"与"换穷业"并举、安居与乐业并重、搬迁与脱贫同步，实施易地搬迁扶贫 19.8 万户 72.3 万人，其中贫困户 12.2 万户 43.5 万人，达年度计划的 107%，建设集中安置点 2940 个，开工率达 92.18%，集中安置比例达 83.8%。❷

（三）生态补偿脱贫一批

2016 年，国务院印发了《关于健全生态保护补偿机制的意见》（以下简称《意见》）。《意见》指出"结合生态补偿推进精准扶贫，对于生存条件差、生态系统重要、需要保护修复的地区，结合生态环境保护与治理，探索生态脱贫新路子"。这是推进生态保护补偿体制机制创新的重要举措，为生态保护补偿推进精准脱贫指明了方向。西藏通过资金补偿方式，陆续建立起森林生态效益补偿、草原生态保护奖励补助、重点生态功能区的转移支付等机制，保护高原生态。湿地生态效益补偿机制的建立，将填补生态保护领域的空白。"十二五"时期，西藏全面实施生态安全屏障保护与建设规划，投入 71 亿元，扎实推进"十大工程"；兑现生态补助、补偿资金 147 亿元。"两江四河"流域造林绿化工程全面推进，全区水、大气、土壤质量优良。❸ "十三五"时期，西藏将自然灾害频发贫困区、高寒纯牧贫困区作为扶贫攻坚的重点区域，将通过生态补偿脱贫一批。争取中央财政逐步扩大对西藏的生态补偿转移支付范围，持续推进西藏生态安全屏障保护建设

❶ http://www.gx.chinanews.com/news/2017/0118/9111.html，资料来源：《广西今年易地扶贫搬迁 48 万人多模式让群众"搬得出能致富"》，中国新闻网，2017 年 1 月 18 日。

❷《回眸 2016 ｜ 云南：脱贫攻坚开局良好》，资料来源：国家民委微信公众号，2017 年 1 月 6 日。

❸ http://news.xinhuanet.com/2016-02/20/c_1118105976.htm，资料来源：《西藏试点湿地生态效益补偿》，新华网，2016 年 2 月 20 日。

规划的实施和"两江四河"造林绿化工程，完成造林绿化 100 万亩，加大贫困地区森林生态效益、草原奖励补助等生态补偿力度，争取提标扩面，优先安排贫困户。开展湿地、自然保护区、水生态补偿试点，2016 年实施仲巴、察雅、安多 3 县水生态试点，建立湿地、水生态补偿机制。切实兑现天然林保护、退耕还林、退牧还草、草原生态等重点生态保护补偿奖励政策，鼓励购买护林、护草等公益性岗位，让有劳动能力的贫困人口就地转成护林员、草原监督员、自然保护区管护员、环境保护监督员等生态保护人员，重点解决困难群体就业和增加贫困群众收入，通过生态环境保护建设与生态补偿最大限度地增加贫困群众收入，确保到 2020 年脱贫 26.2 万人。❶

云南通过探索建立长江流域生态补偿机制，使森林生态效益补偿成为全省林业建设规模最大、投入最多、惠民最广的生态工程和民生工程，有效帮助了 2300 多万名农民脱贫。❷ 2017 年 1 月，云南省出台《关于健全生态保护补偿机制的实施意见》，指出开展贫困地区生态综合补偿试点，优先支持贫困地区开展碳汇交易。国家实施的退耕还林还草、天然林保护、防护林建设、石漠化治理、坡耕地综合整治、退牧还草、水生态治理等重大生态工程和森林湿地管护补助、沙化石漠化土地封禁补助、退耕还林还草补助、营造林投资补助等补贴向贫困地区和建档立卡贫困人口倾斜，把生态保护工程实施与易地扶贫搬迁安置、培育后续产业、增加农民收入结合起来，创新项目资金使用方式，利用生态保护补偿和生态保护工程资金引导当地有劳动能力的部分贫困人口转化为生态保护人员，支持贫困地区发展特色农业，提高贫困人口参与度和受益水平。对在贫困地区开发能源资源的新建设项目，采取资金、资产折价量化为集体股权方式进行补偿。❸

（四）发展教育脱贫一批

习近平总书记指出，治贫先治愚，要把下一代的教育工作做好，特别是要注重山区贫困地区下一代的成长。下一代要过上好生活，首先要有文化，这样将来他们的发展就完全不同。义务教育一定要搞好，让孩子们受

---

❶ 刘倩茹：《西藏拟通过生态扶贫长效机制脱贫 26.2 万人》，《西藏日报》2016 年 3 月 28 日。
❷ 张勇、任维东：《云南森林生态补偿助 2300 万农民脱贫》，《光明日报》2016 年 1 月 23 日。
❸ 薛丹、杨良旺：《云南省探索健全生态保护补偿机制》，《云南日报》2017 年 3 月 25 日。

到好的教育，不要让孩子们输在起跑线上。古人有"家贫子读书"的传统。把贫困地区孩子培养出来，这才是根本的扶贫之策。2016 年，贵州出台《贵州省教育精准脱贫规划方案（2016～2020 年）》（以下简称《方案》）。《方案》指出，从 2016 年起，贵州省将以集中连片特困地区（贫困地区）和建档立卡贫困户为重点，实施八大教育精准脱贫计划：学生精准资助惠民计划、职业教育脱贫富民计划、办学条件扩容改善计划、教育信息化推广计划、教师队伍素质提升计划、农村和贫困地区招生倾斜计划、教育对口帮扶计划、特殊困难群体关爱计划。以学生资助兜底线，全面落实教育精准扶贫学生资助政策，确保贫困家庭子女安心就学，不让一个学生因贫失学，不让一户脱贫户因学返贫。以职业教育为突破，着力加强贫困家庭学生技术技能教育和培训，带动贫困家庭脱贫致富，实现"职教一人、就业一个、脱贫一家"。以改善条件为基础，2018 年底前，全面改善贫困地区中小学、幼儿园基本办学条件，加强乡村教师队伍建设，保障贫困地区适龄少年儿童接受良好基础教育。以教育公平为根本，切实增加贫困地区群众子女接受高等教育机会，深入关爱帮扶特殊困难群体，帮助困难家庭子女不输在人生起跑线上，保障有公平的上升通道和进步的希望。❶

宁夏制定印发了《宁夏教育精准扶贫行动实施方案（2016～2020）》，提出到 2020 年使贫困地区基本公共教育服务水平接近全区平均水平的目标，明确了"普及水平明显提升、教育公平有效保障、基础条件全面改善、贫困学生全部资助"四项举措，确定了 10 项行动计划，将以"建档立卡"为教育精准扶贫的基本出发点，以提升"两个能力"为重点，按照"扶持到校，资助到生"的要求，做到应保尽保，保障教育公平。为保证教育精准扶贫目标任务顺利实现，继续有序推进各项工作，自治区教育厅将瞄准贫困村和建档立卡贫困家庭学生，建立贫困学生动态数据库，列出教育扶贫需求清单，找准需求，精准施策，做到应保尽保，保障每一个学生接受教育的基本权利。同时，全面提高贫困地区群众的文化素质和职业技能，紧盯初、高中毕业后没有升入高中和大学的学生，积极引导其接受适应就业

---

❶ http：//news. xinhuanet. com/politics/2016-02/20/c_128736459. htm，资料来源：《贵州省出台 2016—2020 年教育精准脱贫规划方案》，央广网，2016 年 2 月 20 日。

需求的职业教育和职业培训，培养一批在第二、三产业就业的技术技能人才，提高贫困家庭脱贫致富能力。❶

新疆充分利用全国学生资助管理系统，实现与户籍、扶贫等部门信息系统的对接或信息共享，为各级各类学校学生身份确认、家庭经济困难学生认定等提供技术支持。同时，逐步分类推进中等职业学校教育免除学杂费，率先在建档立卡的家庭经济困难学生中，实施普通高中免除学杂费政策。通过实施各学段差异化资助制度，提升资助工作的精准度，确保年底前实现家庭经济困难学生资助全覆盖。2016年，作为教育民生保障工程的重要内容之一，新疆启动实施教育扶贫专项行动计划，在去年的基础上，国家和自治区加大资金投入，扩大资助覆盖面。目前，新疆现行资助政策体系已涵盖了学前教育至研究生教育阶段，实现了教育阶段的全覆盖。其中，高校建立了国家奖助学金、国家助学贷款、勤工助学、特困补助等资助制度；中职学校实施了国家助学金、"三免一补"；高中学校建立国家助学金资助政策，南疆四地州已实现了高中阶段免费教育；义务教育全面纳入公共财政保障范围，城乡义务教育全面免除学杂费。逐步建立和完善的学生资助体系已成为我区维护教育公平的重要保障，许多家庭困难学生通过助学政策成长成才，实现了人生梦想。❷

（五）社会保障兜底一批

2016年，西藏健全整体攻坚机制，落实精准扶贫举措，提高农村低保标准，发放生活困难残疾人补贴和重度残疾人护理费9100万元；落实贫困家庭高校新生资助资金774万元。❸ 云南加强农村低保制度和扶贫政策衔接，提高农村低保保障水平，旨在确保低保标准、保障范围与经济发展水平、小康社会建设进程相适应，支持精准扶贫行动计划实施。按照计划，持续提高农村低保保障标准，2016年全省农村低保平均保障标准定为每人

---

❶ http：//www.nxdrc.gov.cn/info/1022/9322.htm，资料来源：《我区精准施策全力走活教育"扶贫棋"》，宁夏发改委官网，2016年6月16日。

❷ http：//www.xjedu.gov.cn/xjjyt/jxxw/zhzx/2016/96530.htm，资料来源：《2016年内新疆贫困生资助全覆盖》，新疆教育厅官网，2016年3月14日。

❸ 边巴次仁等：《2016年西藏精准扶贫"组合拳"助13万人脱贫》，《亚太日报》2017年1月14日。

每年 2694 元。"十三五"期间，云南省将加大统筹力度，综合确定全省农村低保指导标准，统一推进提标工作。各地要持续提高农村低保保障标准，到 2018 年实现全省农村低保保障标准与国家扶贫标准"两线合一"（农村居民最低生活保障标准与农村困难群众扶贫标准"两线合一"）。❶

广西加快推进农村低保制度与扶贫开发政策有效衔接，把符合条件的建档立卡贫困户全部纳入农村低保范围；把符合条件的农村低保家庭统筹纳入产业扶持、异地搬迁、生态保护、教育扶持、医疗保障、资产收益以及社会扶贫等政策覆盖范围。同时，通过逐年提高全区农村低保平均标准和补助水平，提高农村低保制度对脱贫攻坚的贡献率，充分发挥农村低保制度对脱贫攻坚的兜底作用。从政策、对象、保障标准、补助水平、管理、工作机制、信息数据和社会力量等八个方面入手，加快推进农村低保制度与扶贫开发政策有效衔接，确保到 2019 年农村低保标准与扶贫标准实现"两线合一"。❷

新疆不断完善城乡医疗救助制度，研究制定了《关于进一步完善医疗救助制度全面开展重特大疾病医疗救助工作的实施意见》，做好与基本医疗保险、大病保险、商业补充保险、慈善救助的有效衔接，全疆已经实现了医疗救助全面覆盖。2016 年支出 7.02 亿元资金用于城乡医疗救助，医疗救助人次达 281 万人次，其中，住院救助 21.2 万人，人均救助 2150 元，全面开展资助救助对象参加城乡居民基本医疗保险，资助 230 万名城乡困难群众参加城乡居民基本医疗保险，人均资助 75 元。城乡医疗救助制度为全区城乡居民最低生活保障对象，特困供养人员，低收入家庭重病患者以及其他特殊困难人员提供基本医疗保障，实现困难群众"病有所医"的目标。❸

贵州实施了《关于进一步完善医疗救助制度全面开展重特大疾病医疗救助工作的实施意见》，以"大扶贫"战略行动为引领，着力完善制度、明确范围、规范管理、提高标准、优化程序，全面开展重特大疾病医疗救助，

---

❶ 郎晶晶：《云南省农村低保平均保障标准提高至每人每年 2694 元》，《云南日报》2016 年 8 月 3 日。

❷ 韦继川：《广西农村低保与扶贫标准将"两线合一"》，《广西日报》2016 年 7 月 24 日。

❸ 任华：《2016 年新疆城乡医疗救助惠及 281 万人次》，《新疆经济报》2017 年 2 月 14 日。

将特困供养人员、家庭经济困难的精神障碍患者、最低生活保障家庭成员等 10 类人员纳入救助范围，同时大病保险、医疗救助实施同步"一站式"即时结报。据省社会救助局初步统计，2016 年，全省共对 365 万人次困难群众实施医疗救助，支出医疗救助资金 10 亿多元。❶

青海不断落实困难群众医疗救助政策，全省 52 万名贫困对象纳入医疗救助范围，困难群众基本医疗得到有效保障。2016 年，共筹集城乡医疗救助资金 40626 万元，全省住院救助 117129 人次，支出住院救助资金 22096 万元，平均每人次住院救助达 1886 元。重特大疾病救助 335 人次，支出资金 787 万元，人均救助 2.35 万元。青海重点救助对象住院救助不设起付线，政策范围内住院医疗费救助比例高于全国平均水平。其中，特困对象给予 100%救助，其他按 80%救助。困难群众住院治疗后政策内医疗费用经基本医疗、大病保险、医疗救助后，政府补偿合计达到 94%～100%。据悉，青海目前共有省、州、县、乡四级 257 家医疗机构开展医疗救助"一站式"信息化即时结算服务。救助对象在定点医疗机构住院登记时，将身份信息与医疗救助数据库信息比对成功后，可直接在定点医疗机构得到救助。❷

按照贫困人口收入和"两不愁、三保障"识别标准，采取"五看法"，通过多轮次拉网式排查，多部门数据信息比对，精准识别贫困人口 16 万户 52 万人，并全部纳入低保救助范围。❸ 内蒙古 2016 年救助重大疾病患者 4664 人次，拨付救助资金 4244.35 万元，发放援助药品价值 8699.19 万元。其中，自治区重特大疾病慈善医疗救助专项基金项目共拨付救助资金 3764.60 万元；"全区贫困家庭儿童重大疾病慈善救助老牛专项基金"项目拨付救助资金 150 万元；"微笑列车"项目为患者减免医疗费用达 17.2 万元；中国移动爱"心"行动——贫困先心病儿童救助计划项目拨付项目手术款 289.35 万元、患儿食宿补助经费 23.2 万元；格列卫、达希纳、易瑞沙、特罗凯、全可利、万他维、多吉美、安维汀、倍泰龙、爱必妥等药品

---

❶ 曾秦：《贵州下拨 2017 年医疗救助预算指标支持医疗救助》，《贵阳晚报》2016 年 12 月 20 日。

❷ 邢生祥：《青海 52 万贫困对象纳入医疗救助》，《工人日报》2017 年 1 月 3 日。

❸ 董铭胜：《青海精准扶贫：不让一个困难群众掉队》，《光明日报》2016 年 7 月 26 日。

援助项目，共计发放了价值 8699.19 万元援助药品。❶

三、民族地区发展社会保障事业的举措和成效

（一）进一步加大民族地区贫困群众的社会救助力度

根据民政部有关资料，截至 2016 年 10 月底，民族地区农村低保平均保障标准和补助水平分别达到每人每年 3050 元和每人每月 152 元，较上年同期分别提高 20％和 13.3％；农村特困人员平均供养标准为集中供养每人每年 6059 元，分散供养每人每年 4812 元，较上年同期分别提高 10.2％和 16.4％；临时救助平均水平为每人每次 876 元，高于全国平均水平。支持民族地区实施医疗救助 855.9 万人次，支出医疗救助金 32.7 亿元。2016 年中央财政对民族地区安排困难群众基本生活救助补助资金达到 643.9 亿元，占全国资金总量的 46.8％。开展"情暖高原、大爱西藏——全国社会组织援助西藏年"等活动。

根据人力资源与社会保障部有关资料，2016 年，民族地区城镇居民医保人均政府补助提高 40 元，达到每人每年 420 元，其中中央财政对民族地区在内的西部地区按照全国最高标准人均 300 元予以补助。

（二）进一步完善民族地区医疗卫生保障体系

根据国家卫生与计划生育委员会（以下简称"国家卫计委"）有关资料，2016 年中央财政安排专项资金 590 亿元，支持民族地区卫生计生事业发展。其中新农合补助金 412.5 亿元，疾病应急救助基金 1.17 亿元，基本公共卫生服务补助金 69.63 亿元，重大公共卫生服务补助资金 43.83 亿元，计划生育项目补助资金 14.3 亿元，基层医疗卫生机构补助资金 14.5 亿元，村卫生室实施国家基本药物制度补助资金 4.78 亿元，医疗补助资金 29.35 亿元。国家卫计委协调国家发展改革委重点加强民族地区地市级医院、县级医院、基层医疗卫生机构等业务用房建设，着力改善民族地区预防保健和看病就医的条件，其中，仅 5 个自治区共安排专项投资 35.99 亿元支持 679 个医疗卫生机构基础设施建设，藏区所有项目建设资金全部由中央财政

---

❶ 张昊文：《2016 年救助重大疾病患者 4664 人次》，《内蒙古晨报》2017 年 2 月 17 日。

安排解决。

在人口健康信息化建设方面，2016 年，民族地区在人口健康信息平台建设、规范远程医疗应用发展和信息系统建设、促进优质医疗资源下沉等方面取得了长足发展。内蒙古、广西、宁夏、新疆等少数民族自治区省级人口健康信息平台已实现联通，内蒙古、广西、新疆等自治区已建立省级新农合业务应用信息平台，并与国家新农合平台实现对接。宁夏、云南、内蒙古、贵州、西藏 5 省区启动远程医疗政策试点，试点省区共有 829 家三级医院、1744 家二级医院开展远程医疗业务。

在对口帮扶援助方面，2016 年，国家卫计委等部门组织全国 889 家三级医院对口帮扶 832 个贫困县（集中连片特殊困难地区县和国家扶贫开发工作重点县）的 1149 家县级医院，包括民族地区所有贫困县。中组部、卫计委、教育部先后从 94 所三级甲等医院选派 143 名医疗专家进藏开展援助工作；从部分省区选派 171 名医疗专家赴疆开展援疆工作。

（三）进一步加强少数民族人才培养与就业创业

根据人力资源社会保障部（以下简称"人社部"）有关资料，2016 年，人社部实施专业技术人才知识更新工程，支持国家民委以及民族八省区举办高级研修班 37 期，培养高层次专业技术人才 260 余名。

开展西藏、新疆特培工作。2016 年选拔 200 名新疆、120 名西藏少数民族专业技术骨干安排到内地有关高等院校、科研院所和企事业单位进行特殊培养；组织 3 期赴新疆、1 期西藏专家服务团活动。

促进少数民族劳动者就业创业。人社部指导各地特别是民族地区将少数民族高校毕业生作为宝贵人才资源加以重视和使用，依托对口支援机制逐步拓宽少数民族毕业生就业创业；通过扶持民族特色产业发展，吸纳少数民族劳动力就近就业。

实施第三轮"三支一扶"计划。从 2016 年至 2020 年，每年选拔 2.5 万名高校毕业生到包括民族地区在内的基层服务，中央财政补助名额向边远民族地区倾斜。

（四）进一步加强民族地区人居保障

根据住房和城乡建设部（以下简称"住建部"）有关资料，2016 年中央安排 123.78 亿元资金支持 136.81 万贫困户改造危房，资金和任务分别占全国总量的 46.38% 和 43.57%。

支持民族地区开展农村危房改造。2016 年，住建部下达少数民族补助资金 538 亿元，占全国中央补助资金总量的 26%；支持民族地区实施棚改 130 万套，占全国棚改总量的 22%。

加大对民族地区乡村规划管理的指导。2016 年，指导民族地区开展 74 个县域乡村建设规划和 194 个村庄规划编制试点。

加大民族地区小城镇建设指导。指导民族地区特色小镇培育，将民族地区 25 个小城镇公布为全国第一批特色小镇，带动民族地区小城镇建设。

加大对民族地区传统村落保护和人居环境改善的支持力度。2016 年，民族地区 487 个中国传统村落列为中央财政支持范围，每个村落给予 300 万元中央补助支持，共计补助 14.61 亿元。

四、推进民族地区扶贫攻坚、全面建成小康社会的几点思考

（一）深刻认识民族地区全面建成小康社会的重大意义

少数民族群众和民族地区是全面建成小康社会的重点、难点和短板。如果民族地区发展差距持续拉大趋势，长期得不到根本扭转，就会造成心理失衡乃至民族关系、地区关系失衡，就会形成民族问题的风险源并影响全面建成小康社会目标的实现。[1]

王延忠认为，民族地区的小康社会建设事关全国小康社会建设成败；加快少数民族与民族地区发展是实现中华民族伟大复兴中国梦的关键；加快少数民族与民族地区发展是新时期做好民族工作的基础和根本任务；加快少数民族和民族地区发展是实现固边睦邻和边疆繁荣稳定的重要支柱。[2]胡鞍钢、温军认为，民族地区全面建设小康社会对于中国繁荣稳定具有深远影响；民族地区全面建设小康社会将对中国现代化建设作出积极贡献。民族地区全面建设小康社会将对中国构建开放型经济大战略做出突出贡献。

---

[1] 李赞：《全面建成小康社会与民族工作》，《中国民族报》2016 年 11 月 4 日。

[2] 王延中等：《加快民族地区小康社会建设的挑战、问题及对策（上）》，《广西民族研究》2015 年第 4 期。

民族地区全面建设小康社会将为世界大多数发展中国家积累重要的经验借鉴。❶ 因此，加快少数民族和民族地区发展、全面建成小康社会，在全国现代化建设全局中无疑具有十分重要的战略地位。

（二）正确认识当前民族地区发展差距的客观现实

新中国成立以来，少数民族和民族地区经济及社会发展虽然取得了很大发展，但从全国范围看，民族地区与中东部地区发展差距依然很大。以经济方面为例，据测算，2012 年民族地区全面建成小康社会的实现程度为66.17%，比全国落后 3 年，比东部地区落后 6 年，比西部地区落后 1 年。目前，民族八省区的 GDP 总和才与广东省大体相当。据国家统计局对全国31 个省（自治区、直辖市）16 万户农村居民家庭的抽样调查，按年人均收入 2300 元（2010 年不变价）的国家农村扶贫标准测算，2015 年民族八省区农村贫困人口为 1813 万人，比上年减少 392 万人。民族八省区农村贫困人口占全国的比重为 32.5%，比上年（31.4%）略有增加，高 1.1 个百分点。民族八省区减贫率为 17.8%，全国同期减贫率为 20.6%，民族八省区减贫速度慢于全国。民族八省区农村贫困人口占乡村人口的比重，即贫困发生率为 12.1%，比全国（5.7%）高 6.4 个百分点。加之自然环境恶劣、历史发展基础薄弱及地处边疆、民族宗教问题复杂等社会因素，导致民族地区还面临一系列特殊困难和问题，这些都加大了民族地区全面建成小康社会的难度。

（三）切实加大民族地区精准扶贫力度

据统计，2016 年，在全国贫困人口大幅减少的情况下，民族八省区贫困人口占全国贫困人口的比重却缓慢上升，从 2011 年的 30.4% 升至 2016年的 32.55%。与此同时，近年来国务院扶贫办在顶层设计、政策协调和资金项目安排等方面，持续对民族地区加大倾斜力度。2016 年，安排民族八省区的中央财政专项扶贫资金达到 279.6 亿元，占中央财政专项扶贫资金总

---

❶ 胡鞍钢、温军：《民族地区全面建设小康社会的战略选择》，中国民族宗教网，2013 年 4 月17 日。

量的 41.9%，比 2015 年增加了 39.8%。❶ 也可以看出在打赢脱贫攻坚战的扶贫开发新阶段，相较于脱贫攻坚战艰巨的扶贫开发任务，中央和地方进一步加大扶贫投入力度，提高资金使用精准度，大力改善民族地区民生事业，加强基础设施建设，推动特色产业发展。国家各部委为加快民族地区跨越式发展制定实施特惠政策或给予政策倾斜。民族地区要按照中央的统一部署安排，因地制宜，通过实施"五个一批"工程（发展生产脱贫一批，易地搬迁脱贫一批，生态补偿脱贫一批，发展教育脱贫一批，社会保障兜底一批），争取到 2020 年完成脱贫。当然我们也要认识到，民族地区的扶贫开发更是一个复杂的系统工程，不单是要收入增加和经济发展，还包括文化发展、法制健全、生态保障以及社会的和谐有序。精准扶贫需要我们更精准的聚焦各类社会现实问题，以更宽广的视野综合施策，既咬定目标苦干实干，又要绵绵用力脚踏实地，真正按照全面建成小康社会的总体要求，实现各民族的共同繁荣发展。❷

第三节 少数民族流动人口与城市民族工作

随着国家大力推进工业化、城镇化、信息化、农业现代化，各地区间人口流动更加频繁，人数也在不断增加。各民族跨区域大流动的趋势越加显著。2015 年以来，我国少数民族流动人口超过 3000 万，超过了全国流动人口的 10%。以往民族工作所依赖的区域格局、人口构成、民族分布等也正在发生重大变化，民族工作的对象正在从西部民族地区扩展到中东部地区，从农牧区扩展到城市，从民族聚居地区的常住少数民族人口扩展到城市的少数民族流动人口。因此，刘延东在 2016 年 1 月 5 日至 6 日的全国城市民族工作会议中强调，进一步做好城市民族工作事关民族工作和城市工

---

❶ 资料来源：《2016 年我国民族八省区 402 万农村贫困人口实现脱贫》，新华网 http://news. xinhuanet. com，2017 年 3 月 17 日。

❷ 马国春：《民族地区更需要精准扶贫》，《中国民族报》2016 年 1 月 15 日。

作两个大局，事关党和国家事业发展全局。❶

一、少数民族流动人口现状

（一）少数民族流动人口基本情况

改革开放以来，我国城乡差别、东西差别逐渐拉大，部分贫困农村尤其是西部民族地区农村的生活水平很低，贫困人口渴望进城寻求新的就业机会、改善经济状况。同时，随着城镇化建设推进，农村人均耕地面积减少，农村人口增多，农村机械化程度提高，农村出现了大量的剩余劳动力。因此，农村剩余劳动力大量进入城市寻找生存机会，成为流动人口。

国家卫生计生委流动人口司发布的《中国流动人口发展报告2016》指出，2015年，我国流动人口规模达2.47亿人，占总人口的18%，相当于每六个人中有一个是流动人口。未来一二十年，我国仍处于城镇化快速发展阶段，按照《国家新型城镇化规划》的进程，2020年我国仍有2亿以上的流动人口，"十三五"时期人口继续向沿江、沿海、沿主要交通线地区聚集，超大城市和特大城市人口继续增长，中部和西部地区省内流动农民工比重明显增加。❷ 据统计，当前少数民族流动人口规模已超过3000万，占我国少数民族总人口的1/4以上，许多城市的少数民族流动人口远远超过当地户籍少数民族人口，城市已逐渐成为少数民族流动人口社会交往的主场域。❸

少数民族流动人口有以下几个特点：（1）少数民族流向城市的数量呈现逐年上升的趋势，如北京、上海、天津、江苏、广东等地，少数民族流动人口数量逐年增多。（2）少数民族流向城市的形式呈现多样化。他们以打工、经商、学习、旅游、婚嫁等多种形式涌入城市。如江苏省自1985年以来，仅从云南、贵州、四川、湖南等省区婚嫁到江苏省的少数民族妇女就有2.2万人，且每年以10%左右的速度增长。（3）少数民族流动人口在

---

❶ 《全国城市民族工作会议在京召开》，《人民日报》2016年1月7日。
❷ 王培安：《中国流动人口发展报告2016》，中国人口出版社2016年版。
❸ 王云芳：《促进城市少数民族流动人口"三交"应重视社会情感因素》，《中国民族报》2015年7月24日。

一些城市少数民族人口中所占比例逐年增高，武汉市 1998 年世居少数民族人口为 4.2 万，同年少数民族流动人口达 7 万人。（4）少数民族流动人口多集中于商业、餐饮业和旅游业，小商小贩占相当比例。（5）少数民族流动人口文化教育水平较低。如江苏省杭州市萧山区截止到 2000 年 6 月的调查，当地少数民族流动人口 2314 人，21 个民族成分。其中具有大中专学历的 56 人（大学 13 人，大专 13 人，中专 30 人），占总数的 2.4%；初中学历的 972 人，占总数的 42%；小学学历的 1286 人，占总数的 55.6%。（6）少数民族流动人口大多生活在城市最低层，生活质量差。（7）少数民族流动人口的居住特点一般是"大分散、小聚居"，且流动性大。❶

（二）少数民族流动人口融入城市的障碍

随着我国各地区间、民族间交往日益频繁，农村的少数民族也同汉族一样大量进入城市。他们与汉族流动人口一样不仅要直面城乡文化的冲突和融合的障碍，突破体制的障碍（如城市户口制度、单位制度等）；而且还要直面其作为少数民族所特有的障碍。少数民族流动人口所具有的特征不仅体现了中国特定的制度背景，而且体现了特定的民族关系和民族文化的背景。

关于少数民族流动人口融入城市的障碍的原因分析时，高向东主持的国家民委民族问题研究项目《少数民族流动人口城市融入及其测量研究》，以上海为例，分析了少数民族人口融入城市的障碍，其成果摘要中有如下阐述。❷

1. 经济融入困难

（1）就业状况。外来少数民族人口在城市中主要从事商业、服务行业，带有鲜明的民族特色。调查显示，从事餐饮服务人员为 43.1%，比例最高；其次是从事商业服务人员为 13.3%。在职业获得途径上，亲缘、地缘、族缘关系网络为主要途径。（2）生活环境。外来少数民族以租住房屋为主，比例为 61.6%；居住环境较差，但比较满足。（3）经济收入状况。来沪的

---

❶ 金春子：《城市少数民族流动人口与城市民族工作》，《中国民族报》2015 年 12 月 18 日。

❷ 高向东：《少数民族流动人口城市融入过程中遇到的问题及对策》，《中国民族报》2016 年 4 月 1 日。

少数民族收入普遍较低，39.5％的人月收入在1000元以下，36.0％的人月收入在1001～2000元之间。（4）消费状况。消费层次低，子女教育费用为重要支出。（5）医疗及社会保障。50.8％的外来少数民族没有参加任何保险，只有25.3％的人参加综合保险。

2. 社会融入困难

（1）人际交往。36.9％的外来少数民族没有上海朋友，25.4％的人只有1～5个上海朋友，只有12.3％的人有5～10个上海朋友；同时多数外来少数民族来到上海，本民族老乡是其主要的交往对象；女性人际交往度高于男性；文化程度越高社会交往度越高，高中学历成为转折。本地居民接纳并已认可外来少数民族。在对上海户籍样本的调查中，85.3％的本地居民愿意与外来少数民族交朋友，且有5人以上少数民族朋友的人占58.3％。（2）闲暇生活。闲暇生活不具备明显的城市生活方式，外来少数民族在空闲时间主要做的事情是在家休息（46.6％），然后依次是亲戚朋友聚会（23.8％）、自学或者培训（9.2％）等，只有7.0％的人参加社区活动。（3）婚恋生活。对族际婚的态度，思想上接受，行动中排斥，维吾尔族、回族比较反对族际婚。（4）子女教育。据对有子女的外来少数民族人口统计，38.3％的人希望自己的孩子将来可以就读国内的重点大学，15.7％的人希望是普通院校，还有7.4％的人希望将来自己的子女可以出国深造。

3. 文化认可困难

（1）民族语言。调查显示，42.3％的外来少数民族用普通话交流，29.7％的人用普通话和家乡话进行交流。（2）风俗习惯。外来少数民族保持的最好的是饮食（73.1％），然后依次是婚嫁、语言、衣着及文字，在服饰及节庆日等方面则保持比较少。（3）宗教信仰。伊斯兰教对清真寺分布的满意度相对来说较低，只有34.2％，"不满意"的比例也最高，达到12.4％。（4）民族感情。49.6％的对自己是少数民族的身份而感到自豪，45.5％的人认为无所谓，只有4.9％的人不希望别人知道自己的民族身份。

4. 心理归属困难

（1）居留意愿。外来少数民族对上海的归属感表现出一种矛盾的心理状态，大部分人想留在上海，但是由于种种原因，在心理上又置身上海之外，85.2%的人对目前的生活状况感到满意和比较满意。（2）偏见与歧视的消除。在调查中，藏族、维吾尔族感到受到的歧视相对较多，26.7%的藏族认为自己在日常生活中因民族因素经常受到不公正待遇；文化程度越高，对偏见和歧视的感受越少，高中学历是分界点；女性对偏见或歧视的感受少于男性，女性中52.7%的人认为从来没有在公共场合受到不公正待遇，比男性要高出9.5个百分点。

另外，陈纪、鲁亚倩也从四个方面进行分析阐述。一是政治参与受限与参与意识淡薄。政治参与意识淡薄既反映了他们在心理层面上不适应城市政治生活，同时也决定着在行为层面上不会主动地关心城市公共事务和相关政治信息，更不会有意识地培养政治参与能力。二是就业环境不理想与就业准备不足。就业准备不足使他们失去从事那些技术含量高、专业性强、收入高的职业的机会，这使他们难以进入城市其他民族所从事的行业，在很大程度上被排斥在城市经济生活之外。少数民族流动人口就业准备不足，易导致就业种类的固化及职业相对单一化，阻碍他们融入城市经济生活。三是文化之间冲突与宗教信仰问题。城市不同类型文化之间冲突在心理上给少数民族流动人口带来强烈的冲击感，在心理和行为层面上引起他们产生种种不适应，由此可能带来的文化守卫心理增强及文化封闭行为的生成，使他们失去了融入城市文化生活的机会。宗教信仰冲突强化少数民族流动人口抗拒心理，抵制或排斥主流文化和城市文化所具有的价值观和行为方式。四是居住相对隔离与浅层次社会交往。少数民族流动人口工作种类及其收入状况决定着多数生活在城市"边缘地带"，表现为"大分散、小聚居"居住状态。居住相对隔离使他们难以对其他民族的社会认知和行为方式这一城市生活环境进行积极的社会适应，反之亦然。这种"双向不适应"意味着两者难以做到相互理解、相互尊重，阻碍少数民族流动人口实现城市融入。❶

（三）少数民族流动人口对城市的影响

少数民族流动人口给城市带来的影响也日益明显。金春子认为主要有

---

❶ 陈纪、鲁亚倩：《少数民族流动人口城市融入中的社会适应问题探讨》，《贵州民族研究》2016年第10期。

以下五个方面，一是对城市经济的发展起到促进作用。二是极大地推动了中国城市多元文化的发展。三是少数民族人口的流动改变了城市人口构成，各城市民族人口的构成也发生了变化，人口流动给城市民族关系带来非常大的影响。四是促进了少数民族流出地即民族地区的政治、经济文化的发展。五是改变了少数民族地区的传统观念，对少数民族的传统文化、民族心理、民族语言等诸多方面都带来了影响。❶

少数民族进城务工经商对增进各民族间相互了解，促进经济文化交流，繁荣城市市场，带动民族地区发展具有积极作用。但由于少数民族在语言、文化、宗教信仰、民族心理和生活习惯上与汉族有着较大差异，缺乏对法律和城市管理制度的了解，由此造成了一系列社会问题，产生了一些矛盾和纠纷，给城市管理带来了相当大的压力和挑战。面对大量涌入的少数民族流动人口，城市民族工作还没有做好相应的心理准备及制度安排。主要表现于：少数民族流动人口管理服务跟不上，不能主动接纳少数民族流动人口；城市相关管理部门或缺乏专业的民族理论素养，或对党的民族宗教政策了解不够全面细致，处理涉及民族因素矛盾纠纷的能力欠缺，存在"但求自保"的现象；西藏"3·14"事件、新疆"7·5"事件后，一些城市表露对相关民族的过度反应，在窗口行业出现变相歧视少数民族成员的现象，伤害了少数民族感情，造成不利影响等。同时，随着少数民族人口大量涌入城市，城市民族工作中的一些问题被凸显。例如，许多城市与民族相关的基础建设滞后，无法满足少数民族群众在民族教育、宗教信仰、风俗习惯等方面的特殊需求；因少数民族身份，城市管理中出现"不敢管、不愿管"现象；个别少数民族流动人口文化素质较低，不遵守城市管理的相关法律法规等。这些现象，一方面增加了城市民族工作的难度，另一方面也使一些城市产生畏难情绪，对少数民族流动人口或采取"关门主义"态度，认为他们"来得越少越好，走得越快越好"，或采取"放任自流"的态度，不注重对少数民族流动人口的调查研究，不清楚少数民族流动人口现状，一旦发生涉及民族因素的问题，就措手不及，无法做到防患于未然。❷

---

❶ 金春子：《城市少数民族流动人口与城市民族工作》，《中国民族报》2015 年 12 月 18 日。

❷ 郑信哲：《试析我国当前城市民族工作发展的理论与实践》，《兰州学刊》2016 年第 5 期。

二、当前城市民族工作的经验做法

全国城市民族工作会议是继中央民族工作会议后,民族工作领域迎来的又一个重大会议。中共中央政治局常委、全国政协主席俞正声对此次会议的召开,作出长达 270 字的批示:要全面贯彻中央民族工作会议和中央城市工作会议精神,坚持中国特色解决民族问题的正确道路,依法管理城市民族事务,以保障各民族合法权益为核心,以做好少数民族流动人口服务管理为重点,以推动建立相互嵌入的社会结构和社区环境为抓手,推进城市民族工作制度化、规范化、精细化,让城市更好接纳少数民族群众、让少数民族群众更好融入城市,切实加强各民族交往交流交融。刘延东强调,搞好流入地和流出地"两头"对接,加强少数民族流动人口服务管理。创新方式载体,推动民族团结进步宣传教育和创建活动向纵深发展。强化社区建设,建立相互嵌入式的社会结构和社区环境。同时要依法处置涉及民族宗教因素的矛盾纠纷,加强城市公共安全防范等工作。要加强党对城市民族工作的领导,完善领导和工作机制,加强城市民族干部队伍建设,广泛动员全社会力量共同参与,努力开创我国城市民族工作新局面。

为贯彻落实中央民族工作会议、全国城市民族工作会议精神,深入开展少数民族流动人口服务管理工作,切实维护城市少数民族流动人口的合法权益,经相关省级民族事务部门推荐,并综合统筹各地工作实际和地域分布因素,国家民委先后确定了两批共 12 个城市为"少数民族流动人口服务管理示范城市"。各地主要围绕做好少数民族流动人口服务与管理加强城市民族工作。在建立少数民族流动人口服务站、抓好流入地与流出地两头对接、做好法制宣传与法律服务、加强社区民族工作等方面做了许多工作,创造积累了不少经验。

上海市针对少数民族流动人口不断进入城市的状况,将城市民族工作重心下移,强化街道、乡镇一级政府在城市民族工作中的主体责任,进一步凸显社区平台,并依托社区"三个实有"管理平台(实有人口、实有房屋、实有单位),将少数民族群众有机纳入社区综合管理体系中,努力推动少数民族群众管理网络化。如今,上海市大部分社区已把少数民族群众基础数据纳入社区信息管理平台，实现与相关部门专业数据库互联互通，与应急管理系统互联互动，做到对社区内少数民族群众底数清、情况明。

深圳市坚持促进交往交流交融作为加强民族团结的根本途径，大力倡导"来了就是深圳人"的观念，搭建多层次促进民族交流平台，深圳锦绣中华、民俗文化村每年举办民族风采联欢。同时，注重扩大公共服务供给，特别是土地资源异常紧缺的情况下，投资建设了3300平方米的回民公墓，在原有建成使用的3500平方米清真寺基础上，财政补贴3900万元，重新规划7000平方米土地建设新的清真寺，同时启动清真屠宰场建设，以更好地满足少数民族群众的特定需求。

成都市认真推进少数民族流动人口服务管理，组成了由市领导牵头的少数民族流动人口服务管理联席会议制度，专项建立了少数民族交通事故处置协作机制、"12315"少数民族消费维权服务站，横向构建了跨区域联动平台，实现与少数民族人口流出地工作对接，建立"一市三州"（成都市、甘孜州、阿坝州、凉山州）、"一局三办"（成都市民宗局和甘孜州、阿坝州、凉山州驻榕办）等联席协作机制。同时，将少数民族流动人口服务管理工作统筹纳入全市社区网络化管理体系，依托各区（市）县"办、站、网、点"四级网格及流动人口协管员、流动人口数据采集点，建立全市少数民族流动人口综合信息系统。

天津市做好为城市少数民族服务工作，每年安排500万元少数民族专项资金用于全市少数民族经济社会事业发展工作，2015年投资600万元整修了回民公墓。继续沿用对少数民族考生的优惠政策，中考加5分，高考降5分提档，市属院校降5分录取等，在全市高等院校和职业院校均设立了清真食堂（灶），在清真餐需求学生较多的中学也开设了清真食堂，车站、机场也设立清真食品餐饮服务单位，天津滨海国际机场还专门配备了相关少数民族语言工作人员。把城市民族事务的服务管理纳入全市统一的服务平台8890电话服务热线，为少数民族群众提供不间断的社会服务，制定了《关于进一步加强少数民族流动人口服务管理的意见》，建立少数民族流动人口管理机制。

广州市积极推动"党委统一领导、党政齐抓共管、民族宗教部门综合协调、各部门密切配合、全社会广泛参与"的民族工作格局，市、区政府设立民族工作机构，各街（镇）设立分管民族工作的统战委员或专（兼）职民族宗教干部，将城市民族工作纳入全市社会建设评价体系和创建全国文明城市测评体系，设立"城市民族工作指数"和"民族团结进步"项目，加强了工作考核，促进民族工作发展。2015年6月初，广州市委、市政府召开全市民族工作会议，就做好民族工作进行全面部署，推动民族工作创新发展。广州市还将"加强城市民族工作"写入市委第十届六次全会报告和2015年《政府工作报告》，把"广州新回民公墓建设"列入市政府重点民生工程。同时，借"海上丝绸之路"申遗契机，由市财政投入4500万元，计划于2016年底建成"广州光塔民族文化风情街"，打造城市民族工作新亮点。为推动新形势下广州城市民族工作的创新发展，大力改善城市少数民族流动人口服务管理工作，广州市于2017年1月出台了《关于进一步加强和改进城市民族工作的意见》。

南宁市加强城市民族工作，针对少数民族流动人口流动性强、文化程度低、法律意识薄弱、社交圈子窄等问题，坚持以人为本、服务为先理念，按照"公平对待、合理引导、完善管理、搞好服务"的原则，探索了一条民族地区服务管理少数民族流动人口的新途径，成功构建"13456"立体服务平台。"1"是成立全国首家地市级少数民族流动人口服务中心，统筹推进1个市级技能培训基地、两个清真食品供应点、4条少数民族创业街、29个创业孵化站和20个示范社区服务站、53个服务点的服务工作；"3"是构建市、区、社区三级服务网络体系，成立市、区级少数民族流动人口建设试点领导小组，实现民族、公安、城管、民政、司法、流动办、劳动、共青团等部门联动服务。全市39个街道（乡镇）建立了流动人口服务中心，332个社区（村）建立了流动人口服务站，组建1100人的协管员队伍，为流动人口实行一站式服务；"4"是建立完善工作准则、队伍建设、结对帮扶、法律援助四项基本服务制度；"5"是成立民族干部骨干、少数民族联谊会会员、社区"民族之家"成员、志愿者以及民族工作信息员、协调员、专家顾问五支共800多人的服务队伍；"6"是整合推进外来经商就业、住房租赁、子女入学、法律援助、困难补助、清真食品六大服务。南宁市以此构建立体全方位服务平台，推动公共服务均等化，让外来少数民族进得来、留得住、有发展。

西安市将社区作为城市民族工作的重点和基点，利用社区"离民近、情况熟"特点，探索推行民族工作为平台的"3＋3"工作模式，一是建立完善了区、街、社区三级民族工作网络，二是组成民族工作联络员、街道社区公益性岗位协理员、少数民族居民楼栋长三支民族团结进步骨干力量进入民族社区，三是搭建社区民族培训学习、民族团结服务、民族文化交流三个平台，深入社区，做好城市民族工作。❶

三、现阶段做好城市民族工作面临问题与对策

现阶段城市民族工作面临问题

尽管各地在加强城市民族工作的实践中不断创新工作方法，取得了很大成绩，目前看来但仍然面临不少问题与困难。郑信哲认为主要表现在以下方面：

第一，实践中仍然存在认识不到位、思想有偏差的问题。人口跨城乡、跨区域、跨行业大流动，各民族交往交流日趋频繁，是经济社会发展的大势所趋。大量人口不断进入城市，这里包含许多少数民族人口，但一些人认为少数民族人口进了城，就要适应城市，不能搞特殊；有认为少数民族进城再多也只是小部分，没有必要小题大做；还有一些城市把少数民族进城当麻烦，或明或暗地设置"门槛"，使少数民族难以进入城市或进城也待不下。从现实看，这种倾向很有市场，可见这种思想认识上的"疙瘩"解不开，城市民族工作就不会得到重视，更谈不上做好城市民族工作。

第二，城市民族工作部门处于"边缘化"地位，无法发挥城市民族工作的主体作用。随着城市居民多民族现象日显，城市民族工作重要性也日益凸显。城市民族宗教部门作为城市民族工作主体，应发挥更加重要的作用。但从目前看，城市民族宗教部门被处于"边缘化"，认为可有可无，许多地方在机构改革中民族宗教部门被弱化，存在机构不全、队伍不强、经

---

❶ 资料来源：关于各地城市民族工作实践及经验资料均出自《全国城市民族工作会议发言材料》《全国城市民族工作会议交流材料汇编》（上、下册），全国城市民族工作会议秘书组，2016 年 1 月。

费不足等问题，制约了城市民族工作的顺利开展。

第三，社区民族工作力量薄弱，无法应对城市民族工作重心下移趋势。社区作为城市最基本生活单元，随着少数民族人口大量进入城市，城市民族工作重心逐渐下移至社区，社区民族工作日显重要。然而，社区民族工作得不到重视度，普遍存在缺人员、缺经费、缺场地等现象，许多社区民族工作处于无人管、无力管的境地。

第四，城市民族工作缺乏顶层设计，相关法规建设滞后。随着城市化进程加快，少数民族人口大量居住城市，城市民族工作在民族工作的分量越来越重。但是，城市民族法治建设比较滞后，针对城市民族工作出现的新情况、新问题，没有及时制定出台相关法律法规，而计划经济时代制定的法制法规缺乏可操作性。特别是，对城市少数民族的特殊需求和特殊问题缺乏顶层设计，地方无法遵循而消极等待倾向较浓，影响城市民族工作的权威性和实效性。

第五，少数民族流动人口服务管理薄弱，权益保障问题难以落实。城市少数民族流动人口迅速增多，给城市民族工作带来许多新情况、新问题。然而，在城市普遍存在少数民族人口不适应城市，城市不适应少数民族的"两个不适应"问题，少数民族难以融入城市，城市没有做好接纳少数民族的充分准备，缺乏对少数民族流动人口的服务管理机制，城市政府对少数民族流动人口的服务管理工作多仍停留于事后调节和应付上，无法全面保障少数民族流动人口权益，少数民族流动人口在生活、就业、子女就学等方面的特殊需求难以得到满足。

方壮重点分析了少数民族流动人口社会治理的"碎片化"难题。他认为少数民族流动人口社会治理的"碎片化"主要表现在：（1）城市社会治理的无序性对少数民族流动人口，有的城市采取"关门主义"的态度，有的城市则采取放任自流的态度，呈现出城市社会管理无序的局面。（2）行政体制上的条块分割。一些城市和社区的管理主体仅从维护社会稳定的角度对外来少数民族流动人口进行常规登记，少数民族流动人口难以获得与城市户籍居民同等的市民待遇，他们原来在民族地区享有的教育、医疗卫生、社保等公共政策几乎很难与流入城市对接。此外，我国城市民族工作部门等相关职能部门在行政职权边界上不能直接为少数民族流动人口提供公共服务，也不拥有执法权，通常处于被动协调的地位。（3）族际交往中的社会原子化，这种类似于原子"大离散、小聚居"的居住状态不利于城市社会融合，也妨碍民族关系的和谐稳定。

当前，我国正处于改革发展的攻坚期、深水区，民族工作的环境发生了重要变化。形象地说，就是"民族工作'进城'了，工作重点从边疆和农村牧区延伸到城市和东部地区；民族工作'下海'了，体制环境从计划经济变为市场经济；民族工作'入世'了，国际因素与国内因素密切交织在一起；民族工作'上网了'，网络世界对民族关系的影响日益增大；民族工作'升级'了，各族群众的民主意识、法制意识、维权意识不断提高"❶。所以，我国城市民族工作也应及时作出相应调整，创新城市民族工作的内容、体制机制及方式方法。

一是加速城市民族工作法治化进程。要不断完善城市民族工作的法律法规，使城市民族工作有法可依。及时修订1993年出台实施的《城市民族工作条例》，删除一些过时的、实操性差的条款，增加符合时代性、具有时效性的内容；尽快出台有关保障城市少数民族权益的相关法规，如《清真食品管理条例》。少数民族流动人口的服务管理工作已经成为城市民族工作的重心，应该尽早出台加强有关城市少数民族流动人口服务管理的相关法规，明确规定城市民族工作相关职能部门的职责，城市少数民族流动人口的权利与义务，处理涉及民族性因素事件的处罚范围及程序等。

二是加快城市民族工作信息化建设。在当前大数据背景下，流入地与流出地要建立并不断完善流动人口统计与信息管理系统，实时掌握包括少数民族流动人口的来源地、人数、受教育程度、从事行业等信息，做到信息及时更新与共享。城市政府加快民族工作信息化建设，建立流动人口官方微信平台或官方微博，把信息服务与管理、民族团结教育等送到少数民族流动人口那里，引导少数民族流动人口尽快适应与融入城市。

三是构建城市民族工作合力化格局。做好城市民族工作关乎社会稳定、

---

❶ 王正伟：《关于民族工作贯彻群众路线的思考》，《人民日报》2014年2月26日。

民族团结，要构建城市民族工作合力化格局，动员全社会力量合力做好民族工作。从中央层面上，应该加快完善相关法律法规建设，实现民族事务法治化，平等保障各民族合法权益；城市民族工作部门要加强服务管理意识，创新工作方式和手段，不断提高工作水平；着力社区民族工作，除了引进专门的社区民族工作者，还要对他们进行民族理论、民族宗教政策培训，加强社区民族工作力量；对城市居民加强马克思主义民族观和党的民族政策教育，加大民族团结创建活动的宣传力度，营造积极主动接纳少数民族流动人口的社会氛围；加大对少数民族企业家的扶持力度和倾斜政策，发挥少数民族精英在城市民族工作中的重要作用。

第四节　巩固和发展民族团结进步事业的新成效

我国是一个统一的多民族国家，长期以来，各族人民在经济上互通有无，在情感上唇齿相依，在文化上兼收并蓄，共同创造了祖国的锦绣河山和灿烂文化。习近平总书记指出："民族团结是我国各族人民的生命线，做好民族工作，最关键的是搞好民族团结，最管用的是争取人心。要加强各民族间的交流交融，尊重差异，包容多样，让各民族在中华民族大家庭中手足相亲、守望相助。"❶ 因此，巩固和发展民族团结进步事业，对祖国的团结统一和社会主义各项事业的蓬勃发展具有重要意义。

一、巩固和发展民族团结进步事业的重要意义

（一）巩固和发展民族团结进步事业是国家团结统一的重要保证

当前，我国正处于民族复兴的关键阶段，伴随着改革的不断深化，各类问题也不断涌现，特别是存在着一些影响民族团结的因素。民族平等是我国民族关系的重要组成部分，但由于历史、地理、社会等多方面的原因，

---

❶ http：//www. seac. gov. cn/art/2014/9/30/art_8012_215537. html，资料来源：《中央民族工作会议暨国务院第六次全国民族团结进步表彰大会在京举行》，国家民委门户网站，2014 年 9 月 30 日。

民族地区与东部发达地区相比，经济发展还有较大的差距；国际上的反华势力对我国进行渗透，制造民族矛盾；西方敌对势力利用民族、宗教问题极力挑拨少数民族与汉族的关系，破坏我国的民族团结和国家统一。稳定是大局，维护民族团结和社会稳定是各族人民的共同愿望和根本利益所在。历史和现实的经验告诉我们，维护国家团结、国家统一和社会稳定，必须坚定不移地巩固和发展民族团结进步事业。

（二）巩固和发展民族团结进步事业是社会和谐稳定的重要前提

民族团结进步为社会和谐稳定创造基础。"利莫大于治，害莫大于乱"，这既是中华民族从历史教训中得到的珍贵启示，也是新形势下强化巩固自身走向世界的唯一正确选择。历史的经验告诉我们，只有民族团结，才有国家统一，才能为社会的和谐稳定创造基础。各民族相互了解、相互尊重、相互包容、相互欣赏、相互学习、相互帮助，像石榴籽那样紧紧抱在一起，才有整个社会的稳定和发展。对民族团结进步事业的破坏就是对社会和谐稳定因子的消解。受西方敌对势力的渗透和挑拨，我国曾发生过几次涉民族的暴恐案件，给少数民族地区的经济和社会事业发展造成了巨大损失。历史和现实告诉我们，维护国家的和谐稳定，首先要旗帜鲜明地维护民族团结，反对民族分裂。

（三）巩固和发展民族团结进步事业是国家各项事业蓬勃发展的重要保障

巩固和发展民族团结进步事业有助于发展少数民族地区经济。我国许多少数民族地区具有丰富的自然资源，巩固和发展民族团结进步事业，一方面有利于结合地域特色发展当地经济，另一方面有利于提供和谐稳定的社会环境引导各族群众一心一意谋发展。同时，许多少数民族地区因为其独特的历史传统和民族习惯，形成了独具特色的民族文化，吸引大批游客前来驻足游览。旅游业的发展能够带动餐饮、住宿、交通等一系列行业的发展，对搞活当地经济、提升人民福祉具有重要意义。

巩固和发展民族团结进步事业有利于发展少数民族特色文化。不同的民族具有不同的文化传统和文化特色，而不同民族的文化汇聚在一起则构成了整个国家的文化传统和历史积淀。让各民族的文化和谐共处而不是相互独立，唇齿相依而不是彼此对立，对于发展少数民族文化，传承中华文明具有重要意义。

巩固和发展民族团结进步事业有利于提升综合国力和国际竞争力。当前的国际竞争，是经济的竞争，是科技的竞争，也是文化的竞争，而民族团结正是让我国在国际文化竞争中更具竞争力。同时，我们应该清醒地认识到，无论是经济实力、科技实力还是文化实力，没有民族凝聚力的贯穿，终究形成不了合力。民族团结是中华民族凝聚力的重要内核，只有巩固和发展民族团结进步事业，才能形成强大的合力，实现建设更加繁荣富强的国家的美好愿景。

二、巩固和发展民族团结进步事业的主要举措与成效

（一）推进民族团结进步事业发展的政策保障更加有力

1. 近年来巩固和发展民族团结进步事业有关政策

党中央、国务院高度重视民族团结进步事业的巩固和发展，着力加强相关顶层设计，出台了一系列法律法规。2014 年 7 月，国家民委出台的《关于推动民族团结进步创建活动进机关、企业、社区、乡镇、学校、寺庙的实施意见》，2014 年 12 月，中共中央、国务院印发的《关于加强和改进新形势下民族工作的意见》，与此同时，党中央、国务院组织召开了一系列大会、座谈会和研讨班，主要包括中央民族工作会议暨国务院第六次全国民族团结进步表彰大会，第二次中央新疆工作座谈会，第六次西藏工作座谈会，全国城市民族工作会议，省部级干部民族工作专题研讨班等。

2016 年 12 月 24 日，国务院印发《"十三五"促进民族地区和人口较少民族发展规划》，对深入开展民族团结进步活动进行了细化要求。一是要促进各民族交往交流交融。二是要推进民族团结进步创建示范区（单位）建设。三是要加强民族团结进步宣传教育。要培育中华民族共同体意识。四是要完善民族团结进步创建支撑体系。❶

---

❶ http：//www.gov.cn/zhengce/content/2017-01/24/content _ 5162950.htm，资料来源：《"十三五"促进民族地区和人口较少民族发展规划》，中华人民共和国中央人民政府门户网站，2017 年 1 月 24 日。

2. 各省区配套政策相继出台实施

在中央的正确领导下，各级地方也结合区域经济状况和社会发展实际，进行了区域内的立法工作，通过完善顶层设计巩固和发展民族团结进步事业：西藏自治区 2016 年出台《关于贯彻落实〈中共中央、国务院关于加强和改进新形势下民族工作的意见〉的实施意见》；2016 年 5 月，黑龙江省制订了《民族团结进步模范集体和模范个人评选制度》；2016 年 2 月，四川省人民政府确立《2016 年民族地区帮扶工程工作目标》；2016 年 4 月，广西壮族自治区民委下达了 2016 年民族团结进步模范区建设和民族团结进步创建活动项目 650 万元；2016 年 9 月内蒙古自治区党委办公厅、自治区人民政府办公厅转发了《自治区民委关于 2016 年开展全区民族团结进步活动月工作的意见》；2016 年初，贵州省颁布的《贵州省民族团结进步模范评选表彰办法》已开始实施；2016 年 11 月，宁夏回族自治区党委办公厅、政府办公厅联合下发通知，将《宁夏回族自治区民族团结进步创建活动"十三五"规划》印发各市、县（区）、各部门贯彻执行；2016 年，云南省编制了《云南民族团结进步示范区建设规划（2016～2020 年）》；2015 年底，青海省出台了《关于进一步深入推进民族团结进步先进区建设的实施意见》；2016年，《新疆维吾尔族自治区民族团结进步工作条例》在全区范围内全面实施。

（二）民族团结进步教育宣传活动更加丰富

党中央、国务院高度重视民族团结进步教育宣传活动的开展。结合国庆节、庆祝自治区成立周年庆典等节点，民族团结进步示范区评选、先进个人表彰和典型事迹宣讲等形式，各类民族团结进步文艺体育活动等渠道，开展一系列民族团结进步教育宣传活动。

1. 充分利用自治地方成立周年庆典宣传展示国家民族团结进步成果

2016 年 9 月 1 日，吉林省唯一的蒙古族自治县——前郭尔罗斯蒙古族自治县成立六十周年庆祝大会暨第十八届那达慕大会开幕式在前郭全民健身中心隆重举行。60 年来，前郭县始终致力于民族团结和文化繁荣，不断为各族群众的文化发展与和谐生活作出应有贡献。前郭尔罗斯蒙古族自治县，将民族因素与区域因素、政治因素与经济因素相结合，对民族自治和地方自治区域的发展提供宝贵经验。既有利于国家统一、社会稳定和民族团结，又有利于实行自治的民族的发展和进步，有利于国家的建设。

2. 充分利用新媒体平台开展民族团结进步教育宣传

在开展民族团结进步教育宣传活动过程中充分运用"互联网＋"思维，借助电视、网络、微信、微博等舆论阵地，形成话题效应，传达了许多民族团结进步政策方针、讲述了许多民族团结进步典型故事、推出了许多民族团结进步文化产品、抓住了许多民族团结进步关键少数，取得良好成效，如央视、央视网、国家民委微信公众平台等共同推出的"习近平总书记给库尔班大叔的后人的回信"。国家民委在微信平台开辟访谈、讲述、驻村故事、文明家庭故事等专栏，通过《阿苏，杰克，一点点长大的凉山村小》《他们早已是相信相爱的一家人》《行走天山脚下的塔塔尔人》等有思想、有温度、有品质的推送作品，使得民族团结进步意识深入人心。

3. 通过开展主题教育活动推进民族团结进步教育宣传

近年来，新疆维吾尔族自治区各级党委、政府全面贯彻党的民族政策，深入开展爱国主义和民族团结宣传教育，大力表彰民族团结进步模范，有力促进各民族交往交流交融。紧紧抓住建党节、建军节、国庆节等重大节庆节点，充分利用博物馆、军史馆、党史馆等爱国主义教育基地，深入开展中国梦主题教育、爱国主义教育、民族团结教育等，推进民族团结教育进机关、进农牧区、进社区、进学校、进企业、进军营、进寺庙，引导各族人民不断增进各族群众对伟大祖国、中华民族、中华文化、中国共产党、中国特色社会主义的认同。广西全面贯彻落实党的民族政策，不断发展民族团结进步事业，在制度建设、科学发展、改善民生、法制建设等方面进行了卓有成效的探索和实践。从全局和战略的高度，全面部署和深入开展民族团结进步事业。利用重大活动集中强化宣传教育。在自治区、自治县、享受自治县待遇县、民族乡成立逢 10 周年庆典活动中，在重要会议和每年的民族团结宣传月活动中集中宣传党和国家民族政策取得的伟大成就，凸显民族区域自治制度的优越性，坚定广大干部群众维护民族团结、创建和谐社会的信心和决心。广西还充分支持各少数民族举办各种传统节庆活动，通过召开座谈会、研讨会、联谊会等形式加强对不同群体的宣传教育，形成各族人民讲团结、讲和谐，共同发展进步的思想共识。

4. 开展民族团结进步宣传月

2016 年，山东省迎来了第 16 个民族团结进步宣传月，山东省部署开展了以"交往交流交融凝心聚力、团结和谐奋进共同发展"为主题的民族团结进步宣传月活动。各地各有关部门充分利用报刊、广播、电视、网络、手机短信、LED 显示屏等媒体和广场日、主题活动、农村大集等途径，面向社会广泛宣传党和国家的民族理论、民族政策、民族法律法规及民族基本知识。枣庄、东营、临沂、滨州等地在市级主流报纸上开辟民族团结进步宣传专栏，烟台、潍坊等市在民宗局网站开辟民族团结进步宣传专栏，青岛、潍坊、威海、莱芜等地编印了民族团结进步宣传手册，济宁、泰安等地高规格打造了民族文化宣传长廊，德州为全市民族村统一设计制作了以"中华民族一家亲、同心共筑中国梦"为主题的宣传展板。此外，各市还结合实际，积极开展文艺演出、知识竞赛、演讲征文、民族服装服饰展示、民族歌舞展演、清真美食节等群众喜闻乐见的活动，进一步交流、培养、融洽了各族群众感情，营造了各民族团结进步、和谐发展的良好氛围。

辽宁省的宣传月活动以"中华民族一家亲、同心共筑中国梦"为主题，营造了民族团结的和谐氛围。沈阳市民委着力推动一县（区）一场大型活动，通过民族文艺展演、社区民族互动、民族特色比赛，以及民族学校校园文化节等系列活动，将民族团结宣传工作融入各族居民的生活中，拉近了少数民族流动人口与市民之间的距离，增进了了解与信任。丹东市民委在《丹东日报》、丹东广播电视台开设了专版专栏，对"民族团结进步宣传月"系列活动，以及近年来丹东民族团结进步创建活动成果、先进典型事迹进行了专题报道。丹东还利用丹东民族宗教杂志、市民委官方网站、民族工作移动信息平台、民族团结公共微信平台等，大力开展民族团结宣传教育活动，在全市上下形成了"人人知晓民族团结、人人参与民族团结、人人维护民族团结"的良好氛围。阜新市、朝阳市借助纪念成吉思汗诞辰854 周年，开展了一系列具有浓郁地方特色和民族特色的纪念活动，不但给各族群众带来鲜明民族特色的视听盛宴，而且集中展示了各族群众团结互助、手足相亲、和衷共济的社会主义民族关系。❶

---

❶ http://www.mzzjw.cn/zgmzb/html/2016-11/08/content_116743.htm，资料来源：《让民族团结之花美丽绽放——各地创新开展民族团结进步宣传教育活动》，《中国民族报》2016 年 11 月 8 日。

（三）民族团结进步示范区创建和示范个人评选更加典型

1. 国家民委出台相关政策支持民族团结进步示范区的创建与评选

为全面发展民族团结进步事业，国家民委办公厅下发通知创建全国民族团结进步创建示范州（地、市、盟）。2014 年中央民族工作会议以来，民族团结进步创建活动在全国不断深入开展，各地积极争创示范的热情日益高涨，特别是部分州（地、市、盟）提出努力争创全国民族团结进步示范区的目标。

（1）国家民委推进示范州（地、市、盟）创建工作纳入常态化管理。2013 年 9 月，国家民委确定新疆伊犁哈萨克自治州等 13 个州（地、市、盟）作为"全国民族团结进步创建活动示范州（地、市、盟）"试点，经三年的不懈努力，截至 2016 年底已完成试点工作并命名。按照中央民族工作会议关于"全面深入开展民族团结进步创建活动"的要求，示范州（地、市、盟）创建从试点转为全面推进阶段。国家民委重点指导民族地区开展示范州（地、市、盟）创建，将其纳入"全国民族团结进步创建示范区（单位）"评审命名范围。示范区包括示范州（地、市、盟）、示范县（旗、市、区）、示范乡（镇、街道）、示范村（社区），示范单位包括机关、学校、企业、宗教活动场所、景区等。

（2）明确"国家支持、省负总责、市县落实、分级联创、分类推进"的工作方针。各省（区、市）负责统筹规划市州级示范区创建，并对日常工作予以指导和督促，实行年度报告制度。各省（区、市）可根据国家民委对示范州（地、市、盟）测评指标结合本地实际，制定省级示范州（地、市、盟）测评指标，并报国家民委备案。示范州（地、市、盟）创建工作重点在民族地区，中东部散杂居地区创建活动工作重点在县级以下基层。

（3）规范示范州（地、市、盟）推荐。相关州（地、市、盟）经 2～3 年创建期，由省（区、市）进行初评，经省（区、市）人民政府审批同意后，省级民族工作部门每年年初向国家民委推荐。国家民委按照着力培育基层示范典型、严格掌握示范州（地、市、盟）命名数量的原则，不再分配推荐名额。推动各地结合实际，积极推荐创建工作扎实、体制机制健全、各族群众公认、示范作用明显的州（地、市、盟）。国家民委适时组织验收，按程序报委务会研究确定。

（4）加强对已命名的示范州（地、市、盟）的巩固提升。发挥已命名的示范州（地、市、盟）的良好示范引领作用，推广示范经验做法，激励其他地方以示范为榜样，因地制宜开展创建工作。与此同时，加强监督检查，组织开展"回头看"，督促示范州（地、市、盟）不断提升创建工作水平。2012年至今，国家民委已命名了四批"全国民族团结进步创建活动示范单位"，五批"全国民族团结进步创建活动教育基地"。2013年至今，国家民委积极进行"全国民族团结进步创建活动示范州"的验收工作。❶

2. 民族地区民族团结进步示范区的创建和示范个人的评选

（1）云南省。目前，云南省正通过示范区建设，力争在民族经济发展、民生改善保障、民族文化繁荣、民族教育振兴、生态文明建设、民族干部培养、民族法制建设、民族理论研究、民族工作创新、民族关系和谐10个方面作出示范，让少数民族和民族地区发展、民族团结进步事业和边疆繁荣开放实现新跨越。❷

（2）西藏自治区。西藏各级党委、政府深入开展民族团结进步模范单位、示范点、示范校园创建活动，培育人人争当民族团结模范、人人为民族团结作贡献的良好风尚。创新寺庙管理服务机制，全面落实党的宗教政策，完善寺庙僧尼公共服务，把寺庙基础设施完善纳入经济社会发展规划，使所有寺庙实现"九有"；把在编僧尼全部纳入社保体系，为他们办理医疗、养老、低保、人身意外伤害保险并免费进行健康体检；加强对寺庙僧尼的教育引导，深入开展和谐模范寺庙暨爱国守法先进僧尼创建评选等活动。近年来，西藏各级党委、政府每年召开民族团结进步表彰大会，对民族团结进步的集体和个人进行表彰。截至2015年底，西藏自治区共表彰民族团结模范集体1202个、民族团结先进个人1843名。2015年，西藏共有116个单位、159名个人被国务院评为全国民族团结进步模范，民族团结光

---

❶ http://www.seac.gov.cn/art/2016/3/23/art_144_250241.html，资料来源：《国家民委办公厅关于开展全国民族团结进步创建活动示范州（地、市、盟）试点考核验收工作的通知》中华人民共和国国家民族事务委员会官网，2016年3月23日。

❷ http://yn.xinhuanet.com/topic/2015-01/16/c_133924618_2.htm，资料来源：《同心共筑红土高原多彩梦——云南省民族团结进步工作综述》，新华网，2015年1月16日。

荣已经成为各族干部群众的共同认识。❶

（3）广西壮族自治区。广西壮族自治区各级党委、政府机关深入开展民族团结进步创建活动，不断巩固广泛的群众基础。2013 年，广西南宁被确定为第一批创建全国民族团结进步示范市（地、州、盟）。以此为切入点，广西各级党委、政府开始更加注重引导民族团结进步创建活动进机关、进企业、进社区、进学校、进乡村、进军营活动，使之成为开展创建活动的主阵地、主渠道，通过开展"团结聚力量、和谐促发展"的主题宣传教育活动、民族团结进步主题实践活动、"民族团结一家亲"结对帮扶活动等形式多样、内容丰富的创建活动，在全社会形成促进民族团结进步的良好氛围，在全社会唱响民族大团结的主旋律。

（4）宁夏回族自治区。2016 年是贯彻落实中央和宁夏全区民族工作会议精神的重要一年，也是宁夏民族团结进步创建工作取得丰硕成果的一年。全区各地、各部门认真贯彻落实《自治区党委、人民政府关于深入开展民族团结进步创建工作的意见》（宁党发〔2015〕13 号）和《自治区民族团结进步创建活动"十三五"规划》，涌现出了一批民族团结进步创建活动示范单位。为树立典型，充分发挥示范单位的辐射带动和先进引领作用，增强做好促进各民族交往交流交融工作的水平，经各市、县（区）和区直有关部门层层组织推荐，宁夏民委评审，并会同自治区党委统战部等部门现场验收，决定对银川市金凤区北京中路街道办事处等 9 个乡镇（街道办）等50 个单位命名为第六批全区民族团结进步创建活动示范单位，分别给予"以奖代补"资金 5 万元，专项用于开展民族团结进步创建工作。❷

（5）青海省。2016 年 3 月 10 日，习近平总书记参加十二届全国人大四次会议青海代表团审议时指出，多民族是我国一大特色，是我国发展的一大有利因素。要着力增强民族地区自我发展能力和可持续发展能力，尊重民族差异、包容文化多样，让各民族在中华民族大家庭中手足相亲、守望

❶ http://www.china.com.cn/cppcc/2016-08/24/content_39155138.htm，资料来源：《西藏民族团结进步事业焕发勃勃生机》，中国政协网，2016 年 8 月 24 日。

❷ http://www.seac.gov.cn，资料来源：《宁夏民委评选命名第六批民族团结进步创建活动示范单位》，国家民委官方网站，2017 年 1 月 19 日。

相助、团结和睦、共同发展。2016 年，青海全省共打造民族团结教育基地 16 个，村社、学校等示范点 335 个。年内表彰民族团结进步先进集体 168 个，先进个人 266 名。❶

（6）内蒙古自治区（呼和浩特）。呼和浩特回民区全面启动创建全国民族团结进步示范地区活动以来，紧紧围绕"共同团结奋斗、共同繁荣发展"民族主题，以"民族团结进步创建活动进学校"为载体，展示民族风采、传承民族文化，积淀民族精神，在教育阵地绽放民族之花。2016 年回民区以宣传贯彻党的十八届六中全会精神和习近平总书记系列重要讲话精神为主题，注重将党的民族理论、民族政策、民族基本知识及爱国主义的宣传教育引入校园，移植课堂，形成了独特的民族教育特色，营造出良好的民族宣传教育氛围。

（7）甘肃省（临夏州）。甘肃省临夏州把民族团结创建工作作为重中之重来抓，着重突出各民族"共同团结奋斗、共同繁荣发展"的民族工作主题，不断巩固发展平等、团结、互助、和谐的社会主义民族关系，为全市民族团结、社会和谐营造了良好的氛围。在临夏州创建全国民族团结进步示范州考核中，临夏市按照国家、省、州考核标准，高标准完成了大型户外宣传、编印典型事迹汇编、示范点打造等方面考核验收准备工作，着力培育和树立了 22 个民族团结进步示范点、5 个重点民族团结进步示范点。在创建全国民族团结进步示范州考核中，该市被命名为全国民族团结进步示范市（试点）。

三、巩固和发展民族团结进步事业的经验与展望

（一）巩固和发展民族团结进步事业的主要经验

1. 推进民族团结进步事业，要坚持党的领导，坚持民族区域自治制度

习近平总书记强调："只要我们牢牢坚持中国共产党的领导，就没有任何人任何政治势力可以挑拨我们的民族关系，我们的民族团结统一在政治上就是有充分保障的。"因此，做好民族团结进步工作，必须突出核心，始

---

❶ 徐顺凯：《青海：向民族团结进步大省转变》，《西宁晚报》2017 年 3 月 12 日。

终坚持中国共产党的领导、坚持中国特色社会主义道路的政治方向，始终坚定不移地贯彻党的民族政策、民族区域自治制度，始终高扬"各民族共同团结奋斗、共同繁荣发展"的旗帜，始终坚持正面教育、尊重包容；必须强化统筹，始终坚持城市乡村、机关企业、学校军营及宗教活动场所等全方位统筹，政策牵引、典型引领、载体创新、宣传教育、融情实践、成果共享、氛围营造等方法统筹，各族群众在活动中精神受益、文明素质提升、团结友谊增进与扶贫开发、技能提升、就业致富、民生改善相统筹，抓实载体，丰富内涵；必须坚实保障，始终把抓好民族团结进步工作作为政治任务，坚持党委统一领导、政府全面负责、民族事务部门指导协调、各部门配合实施、社会各界广泛参与；必须深入持久，始终把民族团结进步工作作为战略性、基础性、长远性工作来抓，做到组织领导压实责任、持续推进，落实举措由浅入深、引领推动，宣传教育由表及里、层层深入，融情实践由点到面、综合发力，群众工作有真挚情感＋优良作风＋群众工作能力，真正使民族团结意识深植社会每个细胞，让团结之花持续艳丽盛开、进步之树永结累累硕果。

2. 推进民族团结进步事业，要坚持改善民生和脱贫攻坚

就如何帮助少数民族和民族地区加快发展，习近平总书记提出，一是民族地区必须实现跨越式发展。在 2014 年 9 月的中央民族工作会议上，总书记指出，民族地区"同全国一道实现全面建成小康社会目标难度较大，必须加快发展，实现跨越式发展"。二是物质文明与精神文明两手都要硬，要把建设各民族共有精神家园作为战略任务来抓。针对一些地方的民族工作重物质轻精神的倾向，总书记鲜明指出民族工作见物更要见人。在中央民族工作会议上，他指出，"解决好民族问题，物质方面的问题要解决好，精神方面的问题也要解决好"，"加强中华民族大团结，长远和根本的是增强文化认同，建设各民族共有精神家园，积极培养中华民族共同体意识"。三是要促进各民族跨区域流动。改革开放以来特别是进入新世纪后，少数民族人口大规模向东部和内地城市流动，内地人口向民族地区及不同民族之间大规模流动，这一新形势要求我们更新理念，积极促进。在 2014 年 5 月的第二次中央新疆工作座谈会上，总书记明确指出，要有序扩大新疆少

数民族群众到内地接受教育、就业、居住的规模，促进各族群众在共同生产生活和工作学习中加深了解、增进感情。在 2014 年 9 月的中央民族工作会议上，习近平同志深刻指出，少数民族同胞进入城市，是历史发展的趋势，带动了民族地区发展，也有利于民族团结。同时也存在"三个不适应"：进城的少数民族群众对城市的生活和管理方式、城市居民对他们的某些生活和行为方式以及我们的工作方式和管理机制等都不能很好适应。他强调，要重视做好城市民族工作，对少数民族流动人口不能采取"关门主义"的态度，也不能采取放任自流的态度，而是要持欢迎的心态。❶

3. 推进民族团结进步事业，要充分发挥文化育人功能，增强各族群众对民族团结的认同感和自觉地遵守感

刘延东指出，要扎实推进民族团结宣传教育和创建活动的人文化、大众化、实体化。要树立人文化的理念，运用大众化的方式，打造实体化的载体，让民族理论政策、民族常识和民族元素进入宣传主渠道，提高实效性、时代性、吸引力和覆盖面。要找准与社会心理的契合点、与民族情感的共鸣点、与各族群众切身利益的结合点，打造更多各族群众喜闻乐见的平台和作品。现在是信息化迅猛发展和个性化日益彰显的时代，要改变单一的"大水漫灌式"，多采取"滴灌"方式，对不同受众群体量身定制有针对性的方式载体，开展多渠道、全方位、灵活多样的宣传教育和创建活动。要在各族群众中弘扬中华优秀文化，大力培育社会主义核心价值观，让中华民族共同体意识在各族群众心中牢牢扎根，增强对伟大祖国、对中华民族、对中华文化、对中国特色社会主义道路的认同。❷

（二）对巩固和发展民族团结进步事业的展望

1. 加强顶层设计完善法律法规，为民族团结进步事业提供制度保障

完善民族法律法规体系，既是促进少数民族和民族地区经济社会发展的法治基础，也是推进民族团结进步的重要保障。我国目前正处于高速发

---

❶ http://news. enorth. com. cn/system/2015/08/24/030465980. shtml，资料来源：《习近平的民族观：民族工作具有重大意义》，北方网，2015 年 8 月 24 日。

❷ http://www. seac. gov. cn，资料来源：《围绕"四个全面"战略布局促进民族团结进步和共同繁荣发展》，国家民委官网，2015 年 6 月 18 日。

展时期，针对日新月异的经济状况、社会环境和民族关系，各级机关应因地制宜因时制宜地完善相关法律法规，提高立法质量，推进法律实施，为民族团结进步事业保驾护航。

2. 推进民族地区经济发展，为民族团结进步事业提供物质支持

当前，我国中西部地区和东部沿海地区之间经济发展仍存在一定差距，因此应采取一系列措施，推进民族地区发展步伐。一是大力加强少数民族地区基础设施建设，全方位提升当地居民生活水平；二是结合民族地区自然情况，加强少数民族地区生态建设，改善当地生态环境；三是进一步加强少数民族地区扶贫力度，全力改善当地贫困群众的生产生活条件。只有少数民族同胞的"钱袋子"鼓起来了，生活富起来了，各民族间的相处才能更融洽、更和谐；只有加快少数民族地区发展，缩小区域经济差距，才能真正实现各民族的"平等，团结，共同繁荣"。

3. 加强少数民族干部队伍建设，为民族团结进步事业提供组织保障

推进民族团结进步事业，需要少数民族干部和不同领域少数民族人才的积极贡献。少数民族干部对本民族风俗习惯和区域历史传统有着更为深入了解，在推进民族团结的进程中能发挥不可替代的重要作用。重视少数民族人才的培养，加大少数民族干部培养力度，鼓励各类人才投身民族地区建设，为少数民族地区发展、各民族共同繁荣提供高素质、强有力的人才支持。

4. 加强民族团结教育，增强各族同胞对民族团结的信仰、信心和信赖

民族团结教育，是民族团结进步事业的重要内容和思想保证，是推进民族团结进步事业的重大举措。随着我国城市化进程的逐步加快，大量少数民族人口从聚居地进入城市，民族人口散居化成为我国社会发展的一大特征。人口流动性增强加之信息网络化的发展，使各民族之间交流更加频繁。在这样的大背景下，通过结合时间节点，营造舆论氛围，树立模范典型，对加强民族团结宣传教育具有重要意义。

参考文献

[1] 国务院办公厅关于印发少数民族事业"十二五"规划的通知 [J]. 中华人民共和国

国务院公报，2012.

［2］中华人民共和国国务院新闻办公室．国家人权行动计划（2012~2015 年）实施评估
　　报告［N］．光明日报，2016-06-15（010）.

［3］王正伟．民族地区要在服务"一带一路"战略大局中大有作为［J］．求是，2015
　　（14）：3-5.

［4］郝时远．文化多样性与"一带一路"［N］．光明日报，2015-05-28（11）.

［5］王延忠．中国民族发展报告（2016）［M］．北京：社会科学文献出版社，2016.

\\\ 第七章 \\\

科技进步与民族发展

2016 年，党中央召开全国科技创新大会，吹响了建设世界科技强国的号角。科技进步对我国少数民族地区来说具有重要意义，它是推动少数民族经济发展的内在动力，是传承少数民族传统文化的重要载体，是维护民族地区社会发展的有效途径，是促进民族地区生态文明建设的有力支撑。本章主要以民族八省区为例，总结了 2016 年来少数民族地区科技进步与民族发展工作上所取得的成绩，梳理了民族地区科技发展中存在的问题，并总结了学界对解决此问题的对策与建议。

第一节 党和政府高度重视少数民族地区科技发展

党和政府一贯高度重视少数民族和民族地区的科技工作，采取了一系列的措施给予大力支持。2016 年，不管是中央主要领导人对民族地区科技工作的阐述还是国务院印发的相关规划，都进一步明确了民族地区实施创新驱动发展战略的方向。

一、中央主要领导人对民族地区科技工作的阐述

2016 年 7 月 20 日，习近平总书记在宁夏考察时强调："越是欠发达地区，越需要实施创新驱动发展战略。欠发达地区可以通过东西部联动和对口支援等机制来增加科技创新力量，以创新的思维和坚定的信心探索创新驱动发展新路。"

2016 年 12 月 23 日，李克强总理主持召开会议，审议通过《西部大开

发"十三五"规划》，部署进一步推动西部大开发工作。他指出："西部开发在加大中央和东中部支持的同时，根本上要依靠改革开放创新增强内生动力。……全面提升对内对外开放水平，发挥好自贸试验区示范引领作用，使西部由'跟跑'开放成为新的开放前沿。多方调动人的积极性，鼓励大众创业、万众创新，依托'互联网＋'等发展新技术、新产业、新业态、新模式。在有条件的领域，力争在培育新动能上与东部比翼齐飞。……壮大医药、传统手工艺等民族特色产业。"

二、国务院印发的相关规划中对民族地区科技发展的意见

2016年2月22日，国务院发布了《中医药发展战略规划纲要（2016～2030年）》，其中特别提到要促进民族医药的发展和加强民族医药人才建设，具体内容为："（1）促进民族医药发展。将民族医药发展纳入民族地区和民族自治地方经济社会发展规划，加强民族医医疗机构建设，支持有条件的民族自治地方举办民族医医院，鼓励民族地区各类医疗卫生机构设立民族医药科，鼓励社会力量举办民族医医院和诊所。加强民族医药传承保护、理论研究和文献的抢救与整理。推进民族药标准建设，提高民族药质量，加大开发推广力度，促进民族药产业发展。（2）加强中医药人才队伍建设。……鼓励有条件的民族地区和高等院校开办民族医药专业，开展民族医药研究生教育，打造一批世界一流的中医药名校和学科。健全国医大师评选表彰制度，完善中医药人才评价机制。建立吸引、稳定基层中医药人才的保障和长效激励机制。"

2016年7月28日，国务院发布了《"十三五"国家科技创新规划》，其中指出要打破区域体制机制障碍，促进创新资源流动，实现东中西部区域协同发展。具体内容如下："（1）加快面向中西部地区的创新基地优化布局，发展特色优势学科和产业。加强对西部区域和欠发达地区的差别化支持，紧密对接革命老区、民族地区、边疆地区、贫困地区科技需求，加大科技援疆、援藏、援青以及对口支援力度，为跨越式发展和长治久安提供有力支撑。支持中西部地区结合发展需求探索各具特色的创新驱动发展模式，支持和推进甘肃兰白科技创新改革试验区、贵州大数据产业技术创新

试验区、四川成都中韩创新创业园、云南空港国际科技创新园、宁夏沿黄经济带科技创新改革试验区等建设，优化创新创业环境，聚集创新资源，示范引领区域转型发展。深化部省会商机制，加大中央和地方科技资源的集成与协调。（2）加大科技扶贫开发力度。围绕打赢脱贫攻坚战，强化科技创新对精准扶贫精准脱贫的支撑作用，大力推进智力扶贫、创业扶贫、协同扶贫。推动科技人员支持边远贫困地区、边疆民族地区和革命老区建设，在贫困地区、革命老区转化推广一大批先进适用技术成果。加强科技园区和创新创业孵化载体建设，引导资本、技术、人才等创新创业资源向贫困地区集聚，鼓励和支持结合贫困地区资源和产业特色的科技型创业。支持做好片区扶贫，完善跨省协调机制。结合贫困地区需求，强化定点扶贫，实施'一县一团''一县一策'，建设创新驱动精准脱贫的试验田和示范点。发挥科技在行业脱贫中的带动作用，重点扶持贫困地区特色优势产业发展壮大。（3）加强与"一带一路"沿线国家的合作研究。积极开展重大科学问题和应对共同挑战的合作研究。加强在农业、人口健康、水治理、荒漠化与盐渍化治理、环境污染监控、海水淡化与综合利用、海洋和地质灾害监测、生态系统保护、生物多样性保护、世界遗产保护等重大公益性科技领域的实质性合作，推动在中医药、民族医药等领域开展生物资源联合开发、健康服务推广。在航空航天、装备制造、节水农业、生物医药、节能环保、新能源、信息、海洋等领域加强合作开发与产业示范，提升我国重点产业创新能力。加强"一带一路"区域创新中心建设，支持新疆建设丝绸之路经济带创新驱动发展试验区。"

2016 年 11 月 23 日，国务院印发了《"十三五"脱贫攻坚规划》，其中特别指出要支持民族医药事业的发展。具体内容为："支持中医药和民族医药事业发展。加强中医医院、民族医医院、民族医特色专科能力建设，加快民族药药材和制剂标准化建设。加强民族医药基础理论和临床应用研究。加强中医、民族医医师和城乡基层中医、民族医药专业技术人员培养培训，培养一批民族医药学科带头人。加强中药民族药资源保护利用。将更多具有良好疗效的特色民族药药品纳入国家基本医疗保险药品目录。"

2016 年 12 月 30 日，国务院发布《"十三五"国家知识产权保护和运用规划》，其中指出："做好知识产权领域扶贫工作。加大对边远地区传统知识、遗传资源、民间文艺、中医药等领域知识产权的保护与运用力度。利用知识产权人才优势、技术优势和信息优势进一步开发地理标志产品，加强植物新品种保护，引导注册地理标志商标，推广应用涉农专利技术。开展知识产权富民工作，推进实施商标富农工程，充分发挥农产品商标和地理标志在农业产业化中的作用，培育一批知识产权扶贫精品项目。支持革命老区、民族地区、边疆地区、贫困地区加强知识产权机构建设，提升知识产权数量和保护水平"。

2017 年 1 月 24 日，国务院印发了《"十三五"促进民族地区和人口较少民族发展规划》，其中提到"强化创新驱动发展"，专门就科技创新促进民族地区经济跨越发展进行了规划，并确定了各自负责部门。主要内容有："（1）提升科技创新能力。发挥科技创新对民族地区发展的引领作用，加强科技基础条件建设，推动产业创新发展。结合推进创新驱动发展战略，实施一批科技创新项目，加强重点实验室、工程（技术）研究中心、高新技术产业园区和农业科技园区等科技创新基地平台建设。推进特色高水平大学和科研院所建设，鼓励企业开展基础性前沿性创新研究。强化企业技术创新主体地位，加快培育壮大创新型企业。鼓励企业提升技术中心创新能力，构建产业技术创新战略联盟。实施'互联网＋'行动计划，发展物联网技术和应用，促进互联网与经济社会融合发展。（2）支持产业技术创新。完善民族地区技术创新公共服务平台，加快建立以企业为主体、市场为导向、产学研相结合的技术创新体系。支持开展农产品精深加工与储运、农业农村信息化、智能农机装备等领域先进技术研发与应用推广。加快矿产资源、民族医药等特色优势产业关键技术攻关与应用示范。实施科技创业者行动，培育创新型产业，发展创业孵化载体，构建一批众创空间，加强创业投资支持。加强疾病防控、防灾减灾、生态保护等领域科技创新。继续实施国家文化科技创新工程西部行动。（3）积极开展科普服务。加强民族地区科技服务，推进'科技列车行''科技大篷车'等科技服务。深入开展科普活动，推进'科普大篷车''流动科技馆'等设施建设。加强双语科普资源开发，建设双语科普基地，培养双语科普人才。开展'科普文化进万家'活动,建设科普中国乡村 e 站和社区 e 站"。

科技部、中国科学院、中国工程院、国家自然科学基金委员会、中国科学技术协会、西藏自治区人民政府联合编制印发了《"十三五"科技援藏规划》。明确了以问题为导向,聚焦西藏特色资源利用和经济社会发展重大需求,充分调动全国科技力量,健全科技援藏协同机制,推进先进适用科技成果在西藏的落地转化。到 2020 年建成 2~3 个高原特色学科领域科研基地和平台,建成 3~5 个特色产业科技成果转化基地,推动高原特色优势产业科技水平和竞争力大幅增强;探索形成组团式科技援藏模式,科技创新引领发展的作用更加凸显,有力支撑西藏经济社会发展、生态安全建设和全面建成小康社会。❶

第二节 民族地区科技发展取得的成绩

2016 年是"十三五"规划开局之年,是全面贯彻全国科技创新大会精神、深入实施创新驱动发展战略的关键之年。一年来,民族地区科技工作深入贯彻新发展理念,全面落实创新驱动发展战略,取得一系列突破性进展,呈现出崭新的气象。

一、强化顶层设计,科技创新布局基本形成

(一)系统规划科技创新战略

习近平总书记提出"创新是引领发展的第一动力",创新驱动就是将创新作为引领发展的第一动力,推动以科技创新为核心的全面创新,党的十八届五中全会对以科技创新为核心带动全面创新作出重要部署。对此,民族地区主动服务和融入国家战略,制定和出台了一系列的科技创新发展规划:

---

❶ http://www.tibetsti.gov.cn/article.aspx? id=5615,资料来源:赤列旺杰在 2017 年自治区科技工作会议上的报告——《全面落实创新驱动战略部署开创科技改革发展新局面》,西藏自治区科技厅网站,2017 年 3 月 7 日。

早在 2014 年 5 月，新疆维吾尔自治区便启动了《自治区"十三五"科技规划》编制工作。2016 年 10 月 18 日，新疆维吾尔自治区出台了《关于贯彻落实〈国家创新驱动发展战略纲要〉的实施意见》，成为继 2013 年《关于实施创新驱动发展战略加快创新型新疆建设的意见》之后又一个指导新疆维吾尔自治区科技改革发展的纲领性文件。

2016 年 6 月，西藏自治区编制了《西藏自治区"十三五"科技创新规划》。为了进一步加强西藏自治区创新驱动发展顶层设计，研究起草了《西藏自治区实施创新驱动发展战略方案》（送审稿），提出把创新驱动发展作为自治区的优先战略。

2016 年 7 月 12 日，云南省编制了《云南省"十三五"科技创新规划》，并于 2017 年 1 月 19 日正式发布。2016 年 8 月 3 日，中共云南省委、云南省人民政府制定了《关于贯彻落实国家创新驱动发展战略的实施意见》。

2016 年 9 月 13 日，青海省发布了《青海省"十三五"科技创新规划》，确定了"到 2020 年具有青海特色优势的区域创新体系建设取得重大进展，初步进入创新型省份行列"这一总体目标。

2016 年 9 月 19 日，广西壮族自治区印发了《广西科技创新"十三五"规划》；2016 年 9 月 20 日，出台了《广西加快科技创新平台和载体建设实施办法》。

2016 年 11 月 15 日，宁夏回族自治区出台了《宁夏科技创新"十三五"发展规划》。2016 年 12 月，宁夏回族自治区又出台了《关于深入实施创新驱动发展战略加快推进科技创新的若干意见》。

（二）稳步推进创新试验区建设

《国家创新驱动发展战略纲要》提出"构建各具特色的区域创新发展格局，打造区域创新示范引领高地"，按照纲要要求，在各区域进行特色发展的同时，要跨区域整合创新资源，推动区域间共同设计创新议题、互联互通创新要素、联合组织技术攻关。

2016 年 10 月 18 日，新疆维吾尔自治区人民政府、科技部、深圳市、中科院四方共同研究试验区建设，汇聚力量推动新疆创新发展，共同签署《推进丝绸之路经济带创新驱动发展试验区建设合作备忘录》，组织部署

"丝绸之路经济带创新驱动发展试验区"建设。通过编制完成《试验区总体规划纲要》、《试验区建设方案》，创建科技部、中科院、深圳市、新疆"四方合作、联合共建"的区域协同创新模式。目前，"丝绸之路经济带创新驱动发展试验区"建设得到区内外社会各界的积极响应和高度关注，已成为新疆践行"以科技创新为核心的全面创新"战略部署的靓丽名片。

从 2015 年开始，宁夏回族自治区开始谋划建设宁夏沿黄科技创新改革试验区，并于 2016 年写入"十三五"国家科技创新规划。目前，《宁夏沿黄科技创新改革试验区建设总体方案》已编制完成，将于 2017 年启动沿黄科技创新改革试验区建设。为确保试验区建设工作顺利进行，2017 年至 2020 年，宁夏回族自治区财政每年安排专项资金支持试验区建设，以 2017 年 2 亿元为基数，以后逐年增加，计划到 2020 年，专项资金总数达 14 亿元。

二、强化体制改革，科技创新环境进一步优化

（一）科技法律政策不断完善

国家于 2015 年修订了《中华人民共和国促进科技成果转化法》，2016 年 3 月 3 日，国务院印发了《实施〈中华人民共和国促进科技成果转化法〉若干规定》，进一步明确了重要政策规定和操作性措施，为民族地区科技人员创新、创业、创富提供了法律和政策保障。

2016 年 5 月 30 日，内蒙古自治区修订出台了《内蒙古自治区促进科技成果转化条例》。2016 年 12 月 9 日，宁夏回族自治区修订出台了《宁夏回族自治区科学技术奖励办法》，这是继《新疆维吾尔自治区科技进步条例》《新疆维吾尔自治区科学技术普及条例》《新疆维吾尔自治区专利促进与保护条例》《贵州省专利条例》《贵州省科学技术奖励办法》《西藏自治区科学技术奖励办法》《西藏自治区科学技术奖励办法实施细则》《云南省科学技术奖励实施细则》《云南省科技报告管理办法（暂行）》等之后出台的重要的民族地方性法规。此外，少数民族人口较多的甘肃省也于 2016 年 4 月 1 日修订发布了《甘肃省促进科技成果转化条例》；2016 年 7 月 23 日，四川省修订出台了《四川省科学技术进步条例》，对四川省内从事科学研究、技术创新与服务、科学技术成果转化与推广、科学技术普及与交流等活动进

行了规定。贵州出台中国首部大数据地方法规。这是贵州省首部大数据地方法规，同时也是中国首部大数据地方法规。❶ 在这一系列法律法规的保驾护航下，为科技创新改革的顺利开展提供了法律保障。

（二）系统推进科技体制改革

习近平总书记指出，在科技驱动发展战略中，一个是科技创新的轮子，一个是体制机制创新的轮子，两个轮子共同转动，才能推动经济发展方式根本转变。2016 年，少数民族地区不断推陈出新，紧紧围绕科技体制改革，创建适应民族地区经济社会发展的科技创新环境。

新疆维吾尔自治区研究制定了《自治区深化科技体制改革实施方案》，在 9 个方面系统部署 31 项改革举措 119 个政策点，确定了科技体制改革任务落实的总体施工图。先行先试科技计划管理体系改革，制定实施《自治区科技计划体系改革方案》，将区内原有 18 类科技计划按"5＋1"模式优化为 10 类计划和基金的格局，改革步伐走在了全国前列。❷

2016 年 2 月 1 日，云南省开始实施《关于深化科技体制改革的意见》，明确了 2017 年和 2020 年的阶段性目标。从建立技术创新市场导向机制、建设新型科技创新服务体制机制、推进科技管理体制创新、完善科技人才发展和激励机制等四个方面明确了具体改革任务及政策措施。❸

2016 年年初，贵州省出台《科技创新供给侧结构性改革实施方案》，提出加快转变职能等 8 个方面 35 条具体措施，针对贵州发展"五大新兴产业"进行机构改革。❹

（三）多措并举激励科技成果转化

2016 年，民族八省区积极破除科技成果转移转化中的体制机制障碍，

---

❶ 曾帅：《2016 年贵州科技创新十大新闻揭晓》，《贵州日报》2017 年 1 月 19 日。

❷ http://www.xjkjt.gov.cn/xjzzqkjt/xwzx/kjtgz/2017/882160.htm，资料来源：新疆维吾尔自治区科技厅厅长张小雷在 2017 年自治区科技工作电视电话会议上的报告——《深化体制改革 强化科技供给 开启建设科技强区新征程》，新疆维吾尔自治区科技厅网站，2017 年 1 月 17 日。

❸ http://www.most.gov.cn/dfkj/yn/zxdt/201603/t20160315_124692.htm，资料来源：《〈中共云南省委云南省人民政府关于深化科技体制改革的意见〉正式印发实施》，科技部网站，2016 年 3 月 16 日。

❹ 杨春凌：《聚焦聚势聚力——2016 年贵州科技工作回顾》，《贵州日报》2017 年 1 月 11 日。

探索促进科技成果转化、激励知识产权创造的新举措，取得了良好成效。

西藏自治区研究起草了《西藏自治区促进科技成果转移转化行动实施方案》（送审稿），提出科技成果转让净收入不低于60％用于奖励成果完成团队或个人，允许科研人员到企业和其他科研机构、高校、社会组织等从事兼职工作并取得合法收入等。深入实施国家知识产权战略，结合西藏知识产权工作实际，制定印发了《西藏自治区人民政府关于加强知识产权工作的若干意见》，完善职务收益分配制度，深化知识产权处置权和收益权改革，提高骨干团队、主要发明人收益比重。❶

新疆维吾尔自治区联合有关部门出台了《关于激发科研机构和科研人员创新活力促进科技成果转化的若干政策》，首次从科技成果处置权下放、收益分配权改革、科技成果股权交易等9个方面，提出了具体改革举措，其中科技人员成果转化收益分配比例不低于70％。自治区累计投入近2亿元支持推动科技与金融深入结合，"中科援疆创新创业基金"加快发展壮大，13家单位共同出资4.6亿元，首期对5家科技型企业完成投资5660万元。自治区正式设立"新疆科技成果转化投资引导基金"，落实启动资金6000万元，加快推动科技成果转化和产业化发展。❷

云南省发布了《云南省促进科技成果转移转化实施方案》，对坚持市场导向，发挥企业家整合技术、资金、人才的关键作用，推进产学研协同创新，大力发展技术市场等内容进行了明确。❸

2016年12月，青海省科学技术厅与陕西、甘肃、宁夏、新疆等省、区科技厅共同组建了西北技术转移联盟，拟建设国家技术转移西北中心，促

---

❶ http：//www.tibetsti.gov.cn/article.aspx? id=5615，资料来源：赤列旺杰在2017年自治区科技工作会议上的报告——《全面落实创新驱动战略部署开创科技改革发展新局面》，西藏自治区科技厅网站，2017年3月7日。

❷ http：//www.xjkjt.gov.cn/xjzzqkjt/xwzx/kjtgz/2017/882160.htm，资料来源：新疆维吾尔自治区科技厅厅长张小雷在2017年自治区科技工作电视电话会议上的报告——《深化体制改革 强化科技供给 开启建设科技强区新征程》，新疆维吾尔自治区科技厅网站，2017年1月17日。

❸ http：//yn.yunnan.cn/html/2017-03/08/content_4751610.htm，资料来源：《云南：加快科技成果转移转化为跨越发展提供有力支撑》，云南网，2017年3月8日。

进区域科技成果转移转化，助力区域经济社会发展。❶

广西壮族自治区自 2015 年出台了《广西科技成果转化大行动实施方案》后，2016 年印发了《广西壮族自治区人民政府办公厅关于印发广西进一步强化企业创新主体地位实施办法的通知》，制定了《广西企业购买科技成果转化后补助暂行管理办法》，明确了支持类型和补助标准，积极支持企业实施科技成果转移转化。

2017 年 1 月 17 日，内蒙古自治区政府对外发布《内蒙古自治区促进科技成果转移转化八项措施》，将科技成果转化纳入国民经济和社会发展规划，将科技成果转化能力和实施效果列入对盟市、部门的年度考核内容。❷

（四）"大众创业、万众创新"快速发展

自"大众创业、万众创新"成为中国的国家战略之后，从中央到地方陆续出台一系列优惠政策支持创业创新，掀起了一股创业创新的风潮，民族地区也多措并举，成效显著。

新疆维吾尔自治区启动实施"天山众创行动"，第一批备案确定自治区众创服务机构 42 家，其中 16 家众创空间共设立创业投资种子基金 1600 余万元，孵化创业团队近 300 个，在孵初创企业 300 余家，创业辅导培训累计逾万人，有 14 家众创空间进入国家科技企业孵化器管理服务体系。对接专家深入开展服务基层活动，累计服务企业 200 余家，解决了一批制约企业发展的技术难题。❸

西藏自治区出台了《关于推进西藏科技长足发展促进大众创业万众创新的意见》，积极引导众创空间、科技企业孵化器、加速器建设。截至 2016 年底全区共建成众创空间 5 个、科技企业孵化器 2 家，正在筹建的众创空间 4 家、科技企业孵化器 2 家、加速器 1 家。目前，5 家众创空间吸纳创客 136 名，其中毕业大学生创客 58 名；注册成立企业 21 家，其中年销售收入

---

❶ http://www.chinanews.com/cj/2016/12-16/8096076.shtml，资料来源：《青海与西北省区开启促进科技成果转移转化工作》，中国新闻网，2016 年 12 月 16 日。

❷ 胡左：《内蒙古：八项措施促科技成果转化》，《科技日报》2017 年 1 月 20 日。

❸ http://www.xjkjt.gov.cn/xjzzqkjt/xwzx/kjtgz/2017/882160.htm，资料来源：新疆维吾尔自治区科技厅厅长张小雷在 2017 年自治区科技工作电视电话会议上的报告——《深化体制改革 强化科技供给 开启建设科技强区新征程》，新疆维吾尔自治区科技厅网站，2017 年 1 月 17 日。

100 万元以上的企业 6 家。西藏（成都）科技企业孵化器和达孜工业园科技企业孵化器场地面积达到 3.4 万平方米，累计孵化企业 93 家，毕业 54 家，培育国家级高新技术企业 13 家、上市企业 1 家。2016 年 36 家在孵企业累计实现销售收入 26 亿元、上缴税收 2.7 亿元。❶

广西壮族自治区出台了《关于印发大力推进大众创业万众创新实施方案的通知》，目前广西已认定的 30 家科技企业孵化器共有在孵企业 1400 多家，提供就业岗位 2 万多个，在已认定的 30 家孵化器中，综合类科技企业孵化器 18 家，专业型孵化器 12 家。从产业发展的角度来看，南宁、柳州，桂林 3 个区域初具孵化器产业集群雏形，孵化器服务链逐步形成。❷

为推动众创空间发展，2015 年，内蒙古自治区印发了《内蒙古自治区人民政府办公厅关于加快发展众创空间的实施意见》，先后两批认定众创空间试点 70 家、试点培育 23 家，涵盖自治区 12 个盟市、3 所高校、2 个国家级高新技术产业开发区。自治区还成立了众创空间联盟，有效地激发了全社会的创新创业热情。2016 年，自治区安排科技专项资金 500 万元，支持包头稀土高新区创业中心、众创空间联盟等 20 家单位，目前已累计补助资金 700 万元。❸

2016 年 10 月，云南省人民政府发布了《关于推进大众创业万众创新政策措施的实施意见》，通过进一步简政放权、放管结合、优化服务，增强创业创新制度供给，降低创业创新门槛，完善扶持政策和激励措施，营造均等普惠环境。加快推进大众创业万众创新，全省众创空间面积达 20 余万平方米，服务创业团队 1100 余个，服务的团队和企业获得投资累计超过 1 亿元。❹

---

❶ http：//www.tibetsti.gov.cn/article.aspx? id＝5615，资料来源：赤列旺杰在 2017 年自治区科技工作会议上的报告——《全面落实创新驱动战略部署开创科技改革发展新局面》，西藏自治区科技厅网站，2017 年 3 月 7 日。

❷ http：//www.gxnews.com.cn/staticpages/20161110/newgx58247775-15650570.shtml，资料来源：《广西多措并举推进大众创业万众创新》，广西新闻网，2016 年 11 月 10 日。

❸ 苏永生：《内蒙古：大众创业万众创新打造发展新引擎》，《内蒙古日报》2016 年 10 月 13 日。

❹ 季征、施铭：《全省科技工作会议强调不断提高科技创新支撑引领能力》，《云南日报》2017 年 2 月 16 日。

贵州省也于 2016 年 10 月发布了《关于大力推进大众创业万众创新的实施意见》，从营造宽松便捷的市场环境、建立健全创业创新机制、加强创业创新平台建设、培育各类创业创新主体、优化创业创新支持政策、多渠道推进创业创新、营造创业创新服务环境 7 个方面，提出 24 项具体措施。❶目前全省已有 14 家国家级众创空间、40 家省众创空间，入住团队 800 余支。2016 年在大数据领域立项支持的众创空间、孵化器（大学科技园），分别占立项数的 80%、62.5%。❷

宁夏回族自治区也于 2016 年 10 月印发《加快构建大众创业万众创新支撑平台实施方案》，旨在营造有利于创业创新的制度环境、扶持体系、成长空间，实施自治区"双创"百亿元行动计划，着力推动大众创业、万众创新。❸

（五）持续壮大科技创新人才队伍

在国家"千人计划""万人计划"等重大人才工程推动下，少数民族地区也持续加大了对科技人才的支持力度，特别是推行了边远贫困地区、边疆民族地区和革命老区人才支持计划、科技人员专项计划。

新疆维吾尔自治区与国家自然科学基金委签订第二期合作协议，共安排 4 亿元经费资助新疆优秀青年科技人才的基础研究工作。优化自治区联合基金合作模式，筹集社会资金 2000 余万元，共支持近 400 名青年科技人员开展科学研究。深入实施自治区青年科技创新人才培养工程，优化完善科技人才评价、管理体系。通过科技项目的引导支持，涌现出一批高层次中青年科技领军人才，9 人入选第二批国家"万人计划"科技创新领军、科技创业领军人才。❹

---

❶ 《贵州下发关于大力推进大众创业万众创新实施意见》，《贵阳晚报》2016 年 10 月 29 日。

❷ http://www.most.gov.cn/dfkj/gz/zxdt/201702/t20170208_130809.htm，资料来源：《2017 年贵州省科技和知识产权工作会议召开》，科技部网站，2017 年 2 月 8 日。

❸ http://www.nxnews.net/yc/jrww/201610/t20161013_4140022.html，资料来源：《宁夏构建大众创业万众创新支撑平台》，宁夏新闻网，2016 年 10 月 14 日。

❹ http://www.xjkjt.gov.cn/xjzzqkjt/xwzx/kjtgz/2017/882160.htm，资料来源：新疆维吾尔自治区科技厅厅长张小雷在 2017 年自治区科技工作电视电话会议上的报告——《深化体制改革 强化科技供给 开启建设科技强区新征程》，新疆维吾尔自治区科技厅网站，2017 年 1 月 17 日。

2016 年，西藏自治区有 2 人入选国家"创新人才推进计划"，6 人入选国家"万人计划"，1 人获"何梁何利基金科学与技术创新奖"；建成了国家科技领军人才创新驱动中心（西藏）和 4 个院士工作站。❶

内蒙古自治区强化人才培育，2016 年，5 人分别入选"万人计划"中青年科技创新领军人才和科技创新创业人才。同时，内蒙古自治区还组织"草原英才"申报工作，2016 年度科技厅申报入选"草原英才"个人 18 名、占全区总数的 23%，团队 16 个、占全区总数的 22.2%，基地 3 个。在搭建人才引进培育平台方面，2016 年，内蒙古自治区共批准建立 33 家院士专家工作站，柔性引进院士 35 名（其中中科院 13 人、工程院 15 人、蒙古国籍院士 6 人、俄罗斯外籍院士 1 人）。2016 年，建站单位与入站院士专家团队联合开展科技合作攻关项目共计 56 项，预期项目研究经费投入近 3.6 亿元，取得了良好的社会效益和经济效益。❷

2016 年，贵州省依托创新平台引进和培养高端人才，通过实施优秀青年科技人才培养、科技创新人才团队、院士工作站建设等计划，加大柔性引进院士及其团队力度，大力培养引进科技创新人才，在大数据领域柔性引进院士 10 名。❸

三、强化技术创新，持续增强科技支撑引领能力

（一）科技促进特色优势产业创新发展

1. 支持现代农业科技创新

云南省通过实施"奶业现代化关键技术集成与产业化"、"云南高原粳稻种业产业化关键技术研究及应用"、"互联网＋花卉关键技术集成创新与产业化示范"等重大专项，实现奶牛平均年单产达 7.2 吨、较全省平均水平

---

❶ http：//www.tibetsti.gov.cn/article.aspx? id=5615，资料来源：赤列旺杰在 2017 年自治区科技工作会议上的报告——《全面落实创新驱动战略部署开创科技改革发展新局面》，西藏自治区科技厅网站，2017 年 3 月 7 日。

❷ http：//www.nmkjt.gov.cn/kjtnews/nmkjtlist.asp? tbid＝28973&tdid＝334，资料来源：《深入实施人才强区工程建设各类人才平台载体——2016 年自治区科技厅人才工作亮点纷呈》，内蒙古科学技术厅，2017 年 3 月 2 日。

❸ 杨春凌：《聚焦聚势聚力——2016 年贵州科技工作回顾》，《贵州日报》2017 年 1 月 11 日。

增长 20%；获得授权花卉新品种 9 个、登记保护新品种 9 个；育成水稻新品系 9 个、获国家植物新品种权 2 个；常规粳稻年生产繁种面积从 1.2 万亩提高到 2 万亩、生产良种数量从 700 万公斤提高到 1200 万公斤。❶

新疆加快构建具有新疆特色的现代产业体系。新疆农科城加快发展，新入驻企业 383 家，在优势特色产业领域引进新品种、新技术 751 项，推动农村一二三产业融合发展成效明显。伊犁国家农业科技园顺利通过验收，塔城地区新建成 2 个自治区农业科技园。❷

西藏自治区支撑特色农牧业发展。依托青稞、牦牛、绵羊、藏猪、林果等特色资源开展特色饮品、冷鲜产品、护肤产品、保健食品和休闲食品研发，开发特色农产品 9 个，带动项目实施区农牧民每户增收 2000 元。"藏青 2000"推广 100.55 万亩，亩均增产 25 公斤，总增产 2500 万公斤，新增经济效益 2.25 亿元。❸

宁夏回族自治区在"1+4"特色农业育种体系建设取得积极进展，突破了农业资源圃建设、核心种质基因测定、高抗高产新品种筛选。在中部干旱带集成创新了 8 种国内领先的农机农艺节水一体化生产技术模式，将在全区推广。❹

内蒙古自治区 2016 年启动"百万头肉牛"种子工程，大力扶持"繁育推一体化"企业，利用现代生物克隆技术培育了超细型绒山羊，这是世界首例以扩繁生产超细型白绒山羊为目的的体细胞克隆白绒山羊。

2. 支持民族医药产业发展

西藏自治区组织编制"十三五"科技创新藏医药重大专项规划，启动

---

❶ http://www.ynstc.gov.cn/kjxx/201702210009.htm，资料来源：《云南科技创新支撑产业转型发展》，云南省科学技术厅，2017 年 2 月 16 日。

❷ http://www.xjkjt.gov.cn/xjzzqkjt/xwzx/kjtgz/2017/882160.htm，资料来源：新疆维吾尔自治区科技厅厅长张小雷在 2017 年自治区科技工作电视电话会议上的报告——《深化体制改革强化科技供给　开启建设科技强区新征程》，新疆维吾尔自治区科技厅网站，2017 年 1 月 17 日。

❸ http://www.tibetsti.gov.cn/article.aspx?id=5615，资料来源：赤列旺杰在 2017 年自治区科技工作会议上的报告——《全面落实创新驱动战略部署开创科技改革发展新局面》，西藏自治区科技厅网站，2017 年 3 月 7 日。

❹ http://www.nxnews.net/yc/jrww/201701/t20170120_4205164.html，资料来源：《2017年全区科技工作会议召开》，宁夏新闻网，2017 年 1 月 20 日。

实施"藏医药特色药食两用植物调查研究与品种名录"、"藏药对照药材标准及标定研究"等项目，开展藏药新剂型新工艺开发、藏药材质量标准化、藏医特色诊疗研究、藏药炮制技术及炮制品质量标准和藏药饮片加工生产等共性关键技术研究，取得一批研究成果。❶

广西壮族自治区一直非常重视民族医药建设，曾制定了《广西壮族自治区壮瑶医药振兴计划（2011～2020 年)》，2016 年 7 月 28 日，成立了广西国际壮医医院，集医疗、保健、预防、康复、教学、科研和国际交流为一体，以壮瑶等民族医药为特色，中医药为基础，现代诊疗技术为支撑，壮族文化底蕴浓厚。

新疆维吾尔自治区非常重视民族医药继承创新与人才培养，开办了中医学、维吾尔医学普通高中"杏林实验班"。2016 年 10 月 19 日，自治区政府还颁布了《新疆维吾尔自治区中药民族药资源保护与产业发展规划（2016～2020 年)》。同时印发的还有《中国·新疆丝绸之路经济带核心区医疗服务中心—中医民族医药发展规划（2016～2020 年)》，提出将新疆规划建设成为丝绸之路经济带核心区中医民族医药国际医疗服务中心、药物研发中心、传统医学教育中心、药材资源开发中心、中药民族药产业发展中心和中医民族医药交流协作中心。❷

2016 年 11 月，贵州省政府办公厅下发《关于促进医药产业健康发展的实施意见》，提出要把该省建成全国重要的民族医药产业集聚区。2016 贵州还成立了苗医药研究院、苗医药博物馆。

2016 年 9 月 9 日，内蒙古自治区政府印发了《蒙医药中医药发展战略规划纲要（2016～2030 年)》《蒙医药中医药健康服务发展规划（2016～2020 年)》《蒙医药中医药"十三五"发展规划》，形成了中长期发展的政策框架，目标、原则、任务更加明确。建成基层医疗卫生机构"蒙医馆"、"中医馆"273 个，启动蒙医中医特色优势重点专科建设 132 个。完成 4 部、

---

❶ http://www.tibetsti.gov.cn/article.aspx? id=5615，资料来源：赤列旺杰在 2017 年自治区科技工作会议上的报告——《全面落实创新驱动战略部署开创科技改革发展新局面》，西藏自治区科技厅网站，2017 年 3 月 7 日。

❷ 晁瑾：《新疆民族药产业步入发展"快轨"》，《新疆日报》2017 年 2 月 14 日。

启动 6 部蒙医药标准的制修订工作，制定 9 个蒙医优势病种诊疗指南。❶

（二）科技进步惠及民生福祉

贵州投入专项资金支持 20 个极贫乡镇开展科技扶贫。选派 1688 名科技特派员，到全省乡镇推广先进适用技术。启动草海治理关键技术等 10 项科技重大专项。针对农村宽带"户户用"的短板，实施"农户三网融合"重大科技专项，以网络扶贫为切入点推进农村信息化示范省建设；针对易地扶贫搬迁，实施"农村民居工厂化建造"重大科技专项，为群众提供建造速度快、成本低、宜居性高的民宅。❷

新疆结合"访惠聚"活动在和田地区组织实施了一批科技惠民项目，通过与企业合作建立电子商务平台等方式，积极探索农业科技示范园建设、"林下养鸡"产业等可持续发展模式，有力提升了村集体和村民自我发展能力。深化科技特派员农村创新创业行动，选派 550 名科技人员到贫困县市和乡镇开展科技服务，为贫困县市发展提供人力和智力支持。❸

广西壮族自治区推出了"四个一"工程，即一粒种子，针对农业供给侧改革，培育选育出更多更好的优良品种；一套体系，构建农业科技创新体系特别是农业推广体系，提高农业科技成果转化率；一个园区（农业科技园区），全区布局 41 个自治区级农业科技园区，用高新技术嫁接改造农业传统，扩容增效；一批创新创业平台，在农村建立创业创新基地。广西科技厅以市场机制为依托、以科技成果与技术的集成应用等手段，摸索出"空店科技精准扶贫模式"，在农村与城市间搭建"空中农贸市场"。❹

2016 年，宁夏回族自治区继续组织实施科技惠民计划、"三区"人才计

---

❶ http://www.nmgwjw.gov.cn/doc/2017/01/27/104255.shtml，资料来源：《内蒙古蒙医药中医药事业取得新突破》，内蒙古自治区卫生和计划生育委员会网站，2017 年 1 月 27 日。

❷ http://www.most.gov.cn/dfkj/gz/zxdt/201702/t20170208_130809.htm，资料来源：《2017 年贵州省科技和知识产权工作会议召开》，科技部网站，2017 年 2 月 8 日。

❸ http://www.xjkjt.gov.cn/xjzzqkjt/xwzx/kjtgz/2017/882160.htm，资料来源：新疆维吾尔自治区科技厅厅长张小雷在 2017 年自治区科技工作电视电话会议上的报告——《深化体制改革强化科技供给 开启建设科技强区新征程》，新疆维吾尔自治区科技厅网站，2017 年 1 月 17 日。

❹ http://www.most.gov.cn/dfkj/gx/zxdt/201610/t20161025_128363.htm，资料来源：《广西科技厅抓牢精准扶贫牛鼻子在广西首创"空店科技精准扶贫模式"促进贫困地区增收脱贫》，科技部网站，2016 年 10 月 25 日。

划等专项，安排了 3600 多万元，面向基层着力推广应用了 50 多项先进适用技术成果，在中南部 100 个重点贫困村实施技术集成示范项目 102 项，选派800 名科技特派员进村驻村，围绕贫困村特色产业发展、科技示范、技术推广等方面提供定向服务。大力培育科技示范户带动农民学科技、用科技、依靠科技增收致富，2016 年共培育农业科技示范户 1951 个。加强科技培训服务，全年累计培训专业技术人员、科技特派员、农民 835 人次。积极推广应用电商等技术，依托"三农呼叫服务中心"组织开展了"农村电商专业技能培训月"，累计培训农民 3.45 万人次。❶

围绕大扶贫战略，贵州省科技厅支持 20 个极贫乡镇开展科技扶贫，投入资金 2100 万元，启动草海治理关键技术等 10 项科技重大专项；选派近1100 余名科技特派员在全省 588 个乡镇推广先进适用技术。针对农村宽带"户户用"的短板，实施"农户三网融合"重大科技专项，以网络扶贫为切入点推进农村信息化示范省建设；针对易地扶贫搬迁，实施"农村民居工厂化建造"重大科技专项，为群众提供建造速度快、成本低、宜居性高的民宅。❷

（三）科技进步支撑生态环境建设

民族八省区建成 26 个国家可持续发展实验区，探索经济、社会和资源环境协调发展机制。

西藏自治区国家重点研发计划项目——"典型脆弱生态修复关键技术研究"获批立项实施。"西藏特大型多金属矿高效开发利用关键技术研究"通过验收，在高寒高海拔生态脆弱地区资源高效、绿色、安全开发利用方面发挥了重要的引领和示范作用。"拉萨机动车尾气排放对环境空气质量影响研究"为控制机动车污染提供了数据支撑。❸

新疆维吾尔自治区"乌鲁木齐及周边地区大气污染治理技术开发""纺

---

❶ http：//www. most. gov. cn/dfkj/nx/zxdt/201701/t20170123_130722. htm，资料来源：《宁夏 2016 年科技精准脱贫攻坚扎实推进》，科技部网站，2017 年 1 月 24 日。

❷ 杨春凌：《聚焦聚势聚力——2016 年贵州科技工作回顾》，《贵州日报》2017 年 1 月 11 日。

❸ http：//www. tibetsti. gov. cn/article. aspx? id=5615，资料来源：赤列旺杰在 2017 年自治区科技工作会议上的报告——《全面落实创新驱动战略部署开创科技改革发展新局面》，西藏自治区科技厅网站，2017 年 3 月 7 日。

织火电行业水资源高效循环与资源回用技术及示范""新疆干旱区盐碱地生态治理关键技术研究与集成示范"和"天山北坡退化野果林生态保育与健康调控技术"等项目的实施，加快了发展资源环境保护与开发技术，推动了该地区生态文明基础研究和创新发展。❶

青海省科技厅围绕三江源地区、青海湖流域、祁连山地区、柴达木地区、湟水河流域，积极开展生态系统演化机理、生态环境监测、畜牧业优化升级等关键技术攻关和集成示范。已经繁育出三江源生态治理适宜栽培草种，研究提出了退化草地治理模式，并在三江源地区推广适宜草种和治理技术分别达到 30 万亩和 520 万亩，彻底破解了三江源地区"黑土滩"治理的难题。❷

2016 年，贵州成为国家首批生态文明示范区，出台并大力实施绿色贵州建设 3 年行动计划、林业产业 3 年倍增计划、环境污染治理设施建设 3 年行动计划和大气、水污染防治行动计划。

为建设好祖国北方生态安全屏障，内蒙古近年来通过加大科技创新力度，以技术攻关来推进草原的保护与建设，现在内蒙古自治区有 36 家国家级的生态修复研究站、试验站、示范站，通过多年实践，各生态修复区农牧民年收入普遍提高 20％以上。❸

四、强化科技交流，内外合作进一步深化

（一）对外科技合作取得新进展

2016 年，民族八省区新增了 2 个国际联合研究中心和 5 个国家国际科技合作基地，分别是光电子能源材料国际联合研究中心（云南省）、先进柴油机国际联合研究中心（云南省），药用植物资源保护与可持续利用国际科技合作基地（广西壮族自治区）、伊利集团国际科技合作基地（内蒙古自治

---

❶ 周伶：《科技惠民增进我区民生福祉》，《新疆科技报》2017 年 3 月 2 日。

❷ http://www.qh.xinhuanet.com/20170106/3611063_c.htm，资料来源：《青海省科技厅厅长解源：科技创新支撑青海绿色发展》，新华网，2017 年 1 月 6 日。

❸ http://china.cnr.cn/news/20161005/t20161005_523177189.shtml，资料来源：《科技引领草原保护内蒙古打造祖国北疆生态安全屏障》，央广网，2016 年 10 月 5 日。

区）、绵羊遗传改良国际科技合作基地（新疆维吾尔自治区）、煤炭转化与化工过程国际科技合作基地（新疆维吾尔自治区）、中亚民族药创新药物研发国际科技合作基地（新疆维吾尔自治区）。民族八省区发挥区位优势，立足国内，内引外联，在与国内强科技省份加强合作的同时，也加强了面向南亚、东南亚、中亚、东北亚国家的科技合作。

新疆维吾尔自治区围绕"中国—中亚科技合作中心"建设，正式启动"上海合作组织科技伙伴计划"。编制完成《关于加快推进丝绸之路经济带核心区文化科教中心（科技中心）建设的实施意见》。成功举办"第五届中国—亚欧博览会科技合作论坛"，促成签约 18 项、金额 250.6 亿美元。全国科技援疆不断深化，全面启动阿合奇等 11 县市科技综合服务中心能力建设，与云南签署"一带一路"滇疆科技合作协议，推动四川省、克拉玛依市签订科技合作协议，重庆市科技援助乌鲁木齐市不断拓展深化。吐鲁番市与湖南省共建亚欧水资源中心吐鲁番分中心。❶

宁夏回族自治区成立首家与阿曼等阿拉伯国家联合共建的重点实验室——"宁夏（中阿）旱区资源评价与环境调控重点实验室"，这是落实国家"一带一路"倡议部署和促进中阿科技合作的重要举措。实验室建成后，将通过新技术、新装备的研究，在水、土、气污染控制与防治等方面实现理论突破和技术转移，对推动阿曼等阿拉伯国家资源环境优化调控具有重要意义。❷

云南主办了"第二届中国—南亚技术转移与创新合作大会"，促进区域技术转移与创新合作及协同发展，不断加强与南亚各国科技交流与合作，新签订中国—南亚技术转移中心两个分中心共建及 4 项重大项目合作协议，成功举办中国—印度技术转移对接活动，顺利实现点对点个性化考察交流。云南继与老挝、斯里兰卡、巴基斯坦等国科技主管部门建立科技合作关系

---

❶ http：//www.xjkjt.gov.cn/xjzzqkjt/xwzx/kjtgz/2017/882160.htm，资料来源：新疆维吾尔自治区科技厅厅长张小雷在 2017 年自治区科技工作电视电话会议上的报告——《深化体制改革 强化科技供给 开启建设科技强区新征程》，新疆维吾尔自治区科技厅网站，2017 年 1 月 17 日。
❷ http：//www.most.gov.cn/dfkj/nx/zxdt/201609/t20160912_127549.htm，资料来源：《宁夏首家与阿拉伯国家共建重点实验室获批组建》，科技部网站，2016 年 9 月 12 日。

之后，又与尼泊尔达成科技合作意向。❶

广西壮族自治区成功举办了"第4届中国—东盟技术转移与创新合作大会"，深度挖掘技术创新活力，拓宽企业合作渠道，提升科技合作层次。目前，中国—东盟技术转移协作网络成员数已达2053家，其中国内1474家，东盟国家579家，协作网络成员已覆盖国内主要省市和东盟各国。在国内外举办30余场技术转移活动（其中在东盟国家举办16场），组织约900多项技术进行展示、对接，超过1500多家企业和机构参加（东盟国家600多家），促成中国与东盟国家企业签署合作协议393项，协议金额超过6亿元人民币。❷

（二）科技推进援疆援藏援青取得新成效

全国科技援疆援藏援青工作不断深化。科技部等国家部委进一步加大科技支援项目支持力度，地方也在人才机制上积极探索柔性引进机制，充分发挥援疆援藏援青干部在科技咨询、科技管理和科研一线的重要骨干作用。如西藏自治区举办"科技兴藏人才培养工程"西藏科技管理培训班。充分发挥援藏干部人才加大"三区"人才支持力度，2016年增加300人，指导西藏培养壮大基层科技人员队伍，带动农牧民增收致富。1123名组团式援藏医务人员和教师奉献边疆。❸

全国科技援疆工作取得较大进展，全面启动阿合奇等11县市科技综合服务中心能力建设，与云南签署"一带一路"滇疆科技合作协议，推动四川省、克拉玛依市签订科技合作协议，重庆市科技援助乌鲁木齐市不断拓展深化。❹各对口省市积极落实科技援藏项目，加大对地市科技援藏工作力度。七地市科技局聚焦特色产业、区域经济、生态保护等重点领域，从项目、

---

❶ http://www.most.gov.cn/dfkj/yn/zxdt/201609/t20160923_127873.htm，资料来源：《第二届中国—南亚技术转移与创新合作大会取得圆满成功》，科技部网站，2016年9月26日。

❷ 江东洲：《深化科技合作助力打造中国—东盟协同创新共同体——访广西壮族自治区科技厅党组书记、厅长曹坤华》，《科技日报》2016年9月8日。

❸ 洛桑江村：《政府工作报告——2017年1月10日在西藏自治区第十届人民代表大会第五次会议上》，《西藏日报》2017年2月13日。

❹ http://www.xjkjt.gov.cn/xjzzqkjt/xwzx/kjtgz/2017/882160.htm，资料来源：新疆维吾尔自治区科技厅厅长张小雷在2017年自治区科技工作电视电话会议上的报告——《深化体制改革强化科技供给 开启建设科技强区新征程》，新疆维吾尔自治区科技厅网站，2017年1月17日。

人才、技术、资金等方面加强与对口省市科技部门对接，落实对口援藏合作项目 26 项，资金 5845 万元。一批特色产业发展援藏科技项目已经落地。❶

自 2014 年启动科技援青工作以来，已初步建立了国家支持、对口支援和促进技术转移"三位一体"有机结合的科技援青机制。形成了"5（科技部、中国科学院、中国工程院、国家自然科学基金会、青海省政府）＋6（六个对口省市）＋6（新增六省）"的科技援青格局。2016 年，科学技术部、中国科学院、中国工程院、国家自然科学基金委员会、青海省人民政府联合发布了《"十三五"科技援青规划》，国家自然科学基金委员会与青海省共同出资设立了 1 亿元的"柴达木盐湖化工科学研究联合基金"，吸引全国力量开展盐湖资源基础研究。❷

第三节 民族地区科技发展中存在的问题

一、数据分析

科技进步不仅指科技活动水平的提升，还包括科技促进经济社会发展作用的增强，是科技实力、竞争能力、研发能力、创新能力在经济社会发展中的集中体现。要对民族地区科技进步水平和自主创新能力做出切合实际的评价，最客观科学的方法就是引进定量指标，其中，综合科技进步水平指数最能揭示近年来民族地方科技发展的整体水平、基本走向和内在规律。❸ 本部分根据《2015 全国及各地区科技进步统计监测结果》（2016 年 6

---

❶ http：//www.tibetsti.gov.cn/article.aspx? id＝5615，资料来源：赤列旺杰在 2017 年自治区科技工作会议上的报告——《全面落实创新驱动战略部署开创科技改革发展新局面》，西藏自治区科技厅网站，2017 年 3 月 7 日。

❷ http：//www.qh.gov.cn/dmqh/system/2016/08/10/010227350.shtml，资料来源：《〈"十三五"科技援青规划〉发布》，青海省人民政府网站，2016 年 8 月 11 日。

❸ 综合科技进步水平是反映一个国家或地区科技资源总量和科技创新基础能力的主要指标。作为综合科技进步水平指数的支撑，科技进步监测体系设有五个一级指标，即科技进步环境指数，科技活动投入指数，科技活动产出指数，高新技术产业化指数和科技促进经济社会发展指数。每个一级指标分别由下设的 2～3 个二级指标加权综合而成。

月 30 日公布）和《2015 年全国科技经费投入统计公报》（2016 年 11 月 10 日发布），在对 2010～2015 年民族地区科技进步统计监测结果的评价与比较分析的基础上，从四个方面分析了民族地区科技进步与创新所面临的主要制约因素，以便于我们对民族地区科技发展进步状况有一个全面客观的认识。

（一）科技进步与创新基础薄弱

根据科学技术部发展计划司所公布的《2015 全国及各地区科技进步统计监测结果》，全国 31 个省级行政区的综合科技进步水平共分为五类（见图 7-1）。第一类为综合科技进步水平指数高于全国平均水平（66.49%）的地区，包括上海、北京、天津、江苏、广东和浙江。第二类为综合科技进步水平指数低于全国平均水平（66.49%），但高于 50% 的地区，包括山东、重庆、陕西、湖北、辽宁、四川、福建、黑龙江、安徽、湖南和山西。第三类为综合科技进步水平指数在 50% 以下，但高于 40% 的地区，包括甘肃、吉林、河南、宁夏、江西、内蒙古、河北、广西、海南和青海。第四类为综合科技进步水平指数在 40% 以下，但高于 30% 的地区，包括云南、新疆和贵州。第五类为综合科技进步水平指数在 30% 以下的地区，只有西藏。

从 2015 年与 2014 年监测数据比较分析，内蒙古、宁夏、青海、广西、云南、新疆、贵州、西藏民族八省区的综合进步水平指数排名靠后，特别是云南、新疆、贵州、西藏四省区，处于末四位。与上年比较，全国综合科技进步水平指数比上年提高了 2.94 个百分点，湖南、河南、重庆、湖北、山东、安徽和江苏 7 个地区高于这一增幅。西藏、海南、内蒙古、云南和青海 5 个地区低于上年水平（见图 7-2），位次上升较快的地区是山东、广西和重庆，均比上年上升 2 位。位次下降较快的地区是内蒙古、辽宁和青海，均比上年下降 3 位。由此可见，除了广西比上年有进步之外，其他的民族地区均不同程度地有所下降，反映出民族地区科技创新基础仍然较差，对推动民族地区经济与社会协调发展的作用不是很明显。

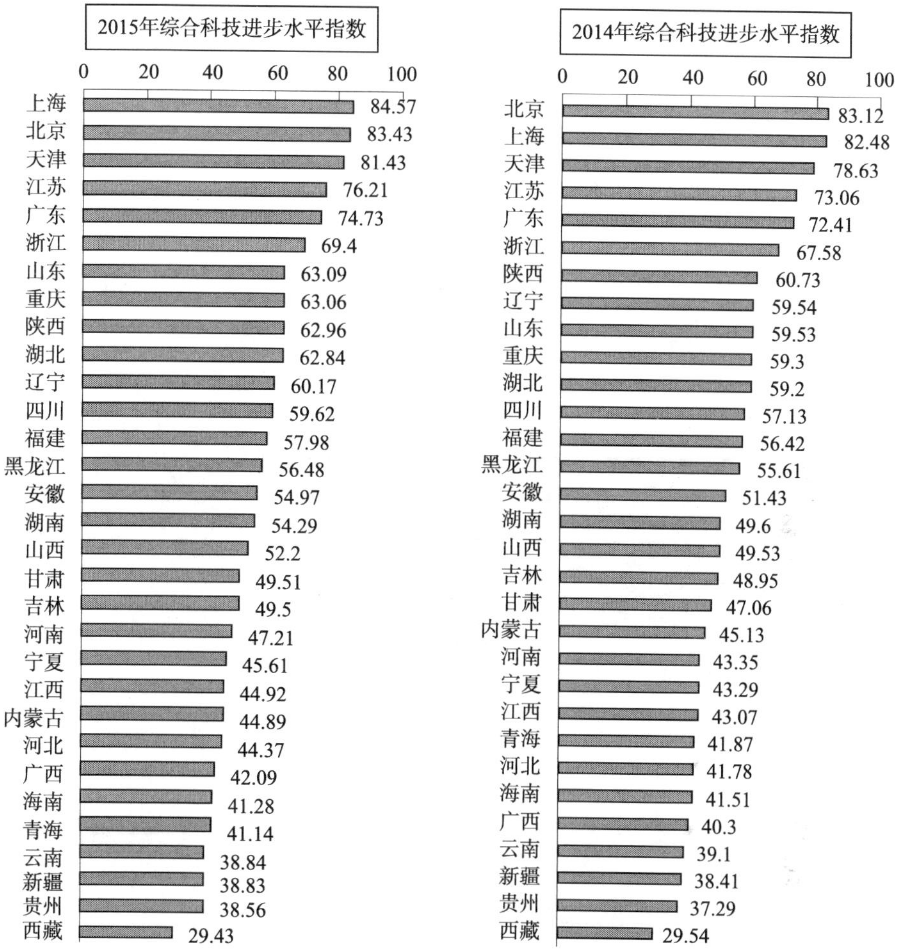

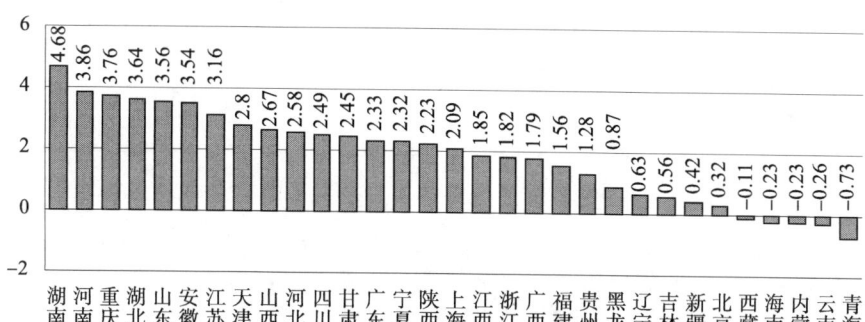

2015年综合科技进步水平指数
0
20
40
60
80
100
上海 84.57
北京 83.43
天津 81.43
江苏 76.21
广东 74.73
浙江 69.4
山东 63.09
重庆 63.06
陕西 62.96
湖北 62.84
辽宁 60.17
四川 59.62
福建 57.98
黑龙江 56.48
安徽 54.97
湖南 54.29
山西 52.2
甘肃 49.51
吉林 49.5
河南 47.21
宁夏 45.61
江西 44.92
内蒙古 44.89
河北 44.37
广西 42.09
海南 41.28
青海 41.14
云南 38.84
新疆 38.83
贵州 38.56
西藏 29.43
2014年综合科技进步水平指数
0
20
40
60
80
100
北京 83.12
上海 82.48
天津 78.63
江苏 73.06
广东 72.41
浙江 67.58
陕西 60.73
辽宁 59.54
山东 59.53
重庆 59.3
湖北 59.2
四川 57.13
福建 56.42
黑龙江 55.61
安徽 51.43
湖南 49.6
山西 49.53
吉林 48.95
甘肃 47.06
内蒙古 45.13
河南 43.35
宁夏 43.29
江西 43.07
青海 41.87
河北 41.78
海南 41.51
广西 40.3
云南 39.1
新疆 38.41
贵州 37.29
西藏 29.54

图 7-1　各地区综合科技进步水平指数排序图

6
4
2
0
−2
湖南 4.68
河南 3.86
重庆 3.76
湖北 3.64
山东 3.56
安徽 3.54
江苏 3.16
天津 2.8
山西 2.67
河北 2.58
四川 2.49
甘肃 2.45
广东 2.33
宁夏 2.32
陕西 2.23
上海 2.09
江西 1.85
浙江 1.82
广西 1.79
福建 1.56
贵州 1.28
黑龙江 0.87
辽宁 0.63
吉林 0.56
新疆 0.42
北京 0.32
西藏 −0.11
海南 −0.23
内蒙古 −0.23
云南 −0.26
青海 −0.73

图 7-2　各地区综合科技进步水平指数提高百分点排序图

（二）科技投入与研发经费短缺

科学研究与试验发展（Research and Development，英文缩写为R&D）包括基础研究、应用研究和试验发展三类活动。❶ 一般来说，R&D经费支出及其占国内生产总值的比例，是国际上通用的衡量一个国家或地区科技活动规模、科技投入水平和科技创新能力的主要指标，也是体现一个国家或地区经济发展方式的重要内容。研究与试验发展（R&D）经费支出指统计年度内全社会实际用于基础研究、应用研究和试验发展的经费支出（见表7-1）。

表 7-1　2015 年各地区研究与试验发展（R&D）经费支出情况

地区	R&D经费支出（亿元）	R&D经费投入强度（%）
全国	14169.9	2.07
北京	1384.0	6.01
天津	510.2	3.08
河北	350.9	1.18
山西	132.5	1.04
内蒙古	136.1	0.76
辽宁	363.4	1.27
吉林	141.4	1.01
黑龙江	157.7	1.05
上海	936.1	3.73
江苏	1801.2	2.57
浙江	1011.2	2.36
安徽	431.8	1.96
福建	392.9	1.51
江西	173.2	1.04
山东	1427.2	2.27
河南	435.0	1.18

---

❶ 基础研究指为了获得关于现象和可观察事实的基本原理的新知识（揭示客观事物的本质、运动规律，获得新发展、新学说）而进行的实验性或理论性研究，它不以任何专门或特定的应用或使用为目的。应用研究指为了确定基础研究成果可能的用途，或是为达到预定的目标探索应采取的新方法（原理性）或新途径而进行的创造性研究。应用研究主要针对某一特定的目的或目标。试验发展指利用从基础研究、应用研究和实际经验所获得的现有知识，为产生新的产品、材料和装置，建立新的工艺、系统和服务，以及对已产生和建立的上述各项作实质性的改进而进行的系统性工作。

续表

地区	R&D 经费支出（亿元）	R&D 经费投入强度（%）
湖北	561.7	1.90
湖南	412.7	1.43
广东	1798.2	2.47
广西	105.9	0.63
海南	17.0	0.46
重庆	247.0	1.57
四川	502.9	1.67
贵州	62.3	0.59
云南	109.4	0.80
西藏	3.1	0.30
陕西	393.2	2.18
甘肃	82.7	1.22
青海	11.6	0.48
宁夏	25.5	0.88
新疆	52.0	0.56

资料来源：国家统计局、科学技术部、财政部于 2016 年 11 月 10 日发布的《2015 年全国科技经费投入统计公报》。其中 R&D 经费投入强度是指当年投入的 R&D 经费占国内生产总值的比重。

从横向比较，2015 年，全国共投入研究与试验发展（R&D）经费 14169.9 亿元，比上年增加 1154.3 亿元，增长 8.8%。2015 年研究与试验发展（R&D）经费支出最多的 6 个省（市）为江苏（占 12.7%）、广东（占 12.7%）、山东（占 10.1%）、北京（占 9.8%）、浙江（占 7.1%）和上海（占 6.6%），其数值占比与去年基本相同。而该年度内蒙古、广西、云南、贵州、新疆、宁夏、青海、西藏等民族八省区的 R&D 经费支出分别排名第 21、24、23、26、27、28、30、31 名，除海南和甘肃外，基本排在最末几位；民族八省区的 R&D 经费支出加起来共有 505.9 亿元，虽然比上年的 465.2 亿元有所增加，但经费支出占比仍然太少，仅相当于江苏省 1801.2 亿元的 28.1%，且 R&D 经费投入强度全部低于全国平均水平。

从纵向比较，在 2011 年至 2015 年这五年间，民族八省区的研究与试验发展（R&D）经费支出呈逐年上升趋势，分别从 2011 年的 320.7 亿元上升到 2015 年的 505.9 亿元，但与全国总支出增长量相比较，分别占全国总支出的 3.69%，3.71%，3.67%，3.57%，3.57%，就是与 R&D 经费支出最大的省份江苏省相比较，其经费支出也只占江苏省的 30.1%，29.7%，29.2%，28.1%，28.1%。同时，从近五年的研究与试验发展（R&D）经费投入强度（与地区生产总值之比）来看，民族八省区各自的经费投入强度基本保持在一个稳定的比率，但都没有突破 1，不仅远低于北京等发达地区，甚至年年低于全国平均水平且处于全国末端（见表 7-2、表 7-3）。

表 7-2　研究与试验发展（R&D）经费支出　　单位：亿元

	2011 年	2012 年	2013 年	2014 年	2015 年
全国	8687.0	10298.4	11846.6	13015.6	14169.9
江苏	1065.5	1287.9	1487.4	1652.8	1801.2
内蒙古	85.2	101.4	117.2	122.1	136.1
广西	81.0	97.2	107.7	111.9	105.9
贵州	36.3	41.7	47.2	55.5	62.3
云南	56.1	68.8	79.8	85.9	109.4
西藏	1.2	1.8	2.3	2.4	3.1
青海	12.6	13.1	13.8	14.3	11.6
宁夏	15.3	18.2	20.9	23.9	25.5
新疆	33.0	39.7	45.5	49.2	52.0
民族八省区	320.7	381.9	434.4	465.2	505.9

表 7-3　研究与试验发展（R&D）经费投入强度　　单位：%

	2011 年	2012 年	2013 年	2014 年	2015 年
全国	1.84	1.98	2.08	2.05	2.07
北京	5.76	5.95	6.08	5.95	6.01
内蒙古	0.59	0.64	0.70	0.69	0.76
广西	0.69	0.75	0.75	0.71	0.63
贵州	0.64	0.61	0.59	0.60	0.59
云南	0.63	0.67	0.68	0.67	0.80
西藏	0.19	0.25	0.29	0.26	0.30
青海	0.75	0.69	0.65	0.62	0.48
宁夏	0.73	0.78	0.81	0.87	0.88
新疆	0.50	0.53	0.54	0.53	0.56

（三）科技人力资源和高端人才严重不足

据《中国科技统计年鉴 2016》统计数据显示，2015 年全国共有研究与开发机构（R&D）3650 个，其中，东部地区❶共有 1443 个，占到全国总机构数的 40%，民族八省区的研发机构共 577 个，占到全国总机构数的 16%。与 2014 年相比，全国研发机构减少了 27 个，民族八省区减少了 1 个。2015 年，全国研发人员共 436284 人，其中东部地区共有 233427 人，占到全国数的 54%，民族八省区的研发人员为 26876 人，虽然与 2014 年相比较增加了 2117 人，但只占到全国研发人员数的 6%，数据表明一半以上的研发人员在东部地区，民族八省区的研发人员严重匮乏。

此外，从不同学历研发 R&D 人员的比例来看，2015 年全国拥有博士学历的研发人员共 73416 人，比 2014 年增加了 5714 人，增长了 8.4 个百分点。其中东部地区拥有 51119 人，比 2014 年增加了 3223 人，增长了 6.7 个百分点；民族八省区拥有 3412 人，比 2014 年增加了 502 人，增长了 17.3 个百分点。这说明民族八省区拥有博士学位的研发人员虽然在总数增加上不及东部地区，但是在增长率上却远远高于东部地区，甚至高过全国水平。但是从横向比较，东部地区拥有博士学位的研发人员占全国总数的 70%，民族八省区只占总数的 4.6%。

2015 年全国硕士毕业的研发人员共有 146329 人，比 2014 年增长了 6.2 个百分点，其中，东部地区有 80901 人，比 2014 年增长了 3.9 个百分点，占全国数的 55%，民族八省区共有 8532 人，比 2014 年增长了 9.9 个百分点，占全国数的 5.8%，比 2014 年的占全国比 9% 少了 3.2%。这说明民族八省区虽然在增长率上也超过了东部地区和全国水平，但是占全国比却降低了。

2015 年全国本科毕业的研发人员共有 148892 人，比 2014 年增加了 2006 人，增长了 1.3%，与去年变化不大。其中东部地区有 72911 人，比 2014 年增加了 153 人，增长了 0.2%，占全国数的 49%。民族八省区共 10995 人，比 2014 年增加了 511 人，增长了 4.9%，占全国数的 7.3%。这

---

❶ 按照《中国科技统计年鉴 2016》的分类，东部地区主要包括北京、天津、河北、上海、江苏、浙江、福建、山东、广东和海南 10 省市。

说明全国研发机构对本科毕业人员的需求量是最少的，但是民族八省区研发人员本科毕业人数的增长率远远高于东部地区。

从以上对研发机构和研发人员学历情况的对比分析可知：一方面，民族八省区的研发人员数量有了大幅增长，且高学历人员也在不断增加；另一方面，一半以上的研发人员集中在东部地区，民族八省区研发人员仍然严重不足。同时，从研发人员的学历来看，拥有博士学历和硕士学历的研发人员多集中在东中部地区，一些民族地区稀缺高端人才，如西藏拥有博士学历的仅15人，比2014年还减少了2人；青海拥有博士毕业研发人员2014年还有249人，到了2015年竟然只有230人。高端人才"东南飞"，目前在民族八省区表现得格外突出（见表7-4、表7-5）。

表7-4　各地区研究与开发机构 R&D 人员（2014年与2015年）

	机构数（个）		R&D 人员合计（人）	
	2014年	2015年	2014年	2015年
全国	3677	3650	423079	436284
东部地区	1451	1443	229577	233427
内蒙古	97	97	3097	3513
广西	121	120	5163	5250
贵州	79	81	3305	3451
云南	110	110	7552	8289
西藏	17	17	428	554
青海	24	23	943	894
宁夏	21	21	610	626
新疆	109	108	3661	4299
民族八省区	578	577	24759	26876

表7-5　各地区不同学历 R&D 人员（2014年与2015年）

	不同学历 R&D 人员（人）					
	博士毕业		硕士毕业		本科毕业	
	2014年	2015年	2014年	2015年	2014年	2015年
全国	67702	73416	137812	146329	146886	148892

续表

	不同学历R&D人员（人）					
	博士毕业		硕士毕业		本科毕业	
	2014 年	2015 年	2014 年	2015 年	2014 年	2015 年
东部地区❶	47896	51119	77890	80901	72758	72911
内蒙古	235	253	882	1026	1374	1528
广西	366	404	1690	1799	2207	2188
贵州	342	517	876	893	1597	1556
云南	1054	1256	2222	2530	3257	3434
西藏	17	15	113	137	192	221
青海	249	230	309	264	265	273
宁夏	26	26	249	277	247	216
新疆	621	711	1420	1606	1345	1579
民族八省区	2910	3412	7761	8532	10484	10995

（四）科技成果转化程度不高

根据 2015 年新修订的《中华人民共和国促进科技成果转换法》第二条的规定，科技成果转化，是指为提高生产力水平而对科学研究与技术开发所产生的具有实用价值的科技成果所进行的后续试验、开发、应用、推广直至形成新产品、新工艺、新材料，发展新产业等活动。近年来，我国少数民族地区在国家鼓励技术交易等政策措施的推动下，科技成果转化不断提速，虽然得到前所未有的发展，但从总体上看，民族地区的科研与经济发展联系深度不够、科技成果转化程度不高。

技术市场是科技资源优化配置、加速知识流动和技术转移的服务载体，技术合同成交情况是反映一个地区的科技成果转化情况的重要指标。据科学技术部火炬高技术产业开发中心发布的全国技术合同交易情况数据（见表 7-6）显示，2016 年全国共成交技术合同 320437 项，成交金额为 11406.98 亿元，分别比上年增长了 4.3％和 16％。其中北京共成交 74965

---

❶ 按照《中国科技统计年鉴 2015》的分类，东部地区主要包括北京、天津、河北、上海、江苏、浙江、福建、山东、广东和海南 10 省市。

项，成交额为 3940.80 亿元，分别比上年增长了 3.7％和 14.1％。民族八省区共成交 8716 项、7686 项，成交额为 195.2 亿元、187.07 亿元，分别比上年增长了 13.4％和 4.3％，这说明民族八省区的技术合同交易项数虽然有了大幅度增长，但是交易额增长缓慢，产出效率低。此外，民族八省区的技术合同成交项和成交额分别只占全国的 2.7％和全国成交额的 1.7％，甚至只占北京的 11.6％和成交额的 5.0％。

表 7-6　2015 年、2016 年全国技术合同交易情况对比表❶　　单位：项、亿元

地区	项数		成交额		其中：技术交易额		排名	
	2015 年	2016 年	2015 年	2016 年	2015 年	2016 年	2015 年	2016 年
合计	307132	320437	9835.79	11406.98	7511.46	8485.73		
北京	72272	74965	3452.57	3940.80	2767.83	2919.26	1	1
民族八省区	7686	8716	187.07	195.2	59.58	99.56		
内蒙古	504	611	46.90	13.8	6.70	7.78	22	27
广西	1577	1832	7.31	34.14	6.32	19.24	27	25
贵州	654	980	26.02	22.39	5.55	21.39	26	26
云南	2680	2610	52.82	58.37	20.19	28.07	19	22
西藏			—	—	—	—	—	—
青海	953	986	46.95	56.92	13.90	13.78	21	23
宁夏	662	992	3.54	5.30	3.45	5.17	28	28
新疆	656	705	3.53	4.28	3.47	4.13	29	29

由此可见，民族地区科技成果转化程度不高，特别是与发达地区相比差距还非常大。由于科技成果转化带有显著的地域性，长期来发达城市对外开放力度较大，在吸纳国际领先水平技术方面具有绝对优势，同时享有国家较多的税收优惠政策，因此科技成果转化能力明显强于民族地区，民族地区的科技成果转化动力明显不足。

❶ 2015 年与 2016 年数据均来源于科学技术部火炬高技术产业开发中心公布的数据，其中 2016 年数据网址：http://www.chinatorch.gov.cn/kjb/tzgg/201702/4689092dd7814689a3ac0426 bcc6bd6b.shtml，根据《关于印发 2016 年度全国技术市场合同交易情况的通知》（2017 年 2 月 8 日）整理而成。

二、学界探讨[1]

（一）科技体制机制改革滞后，配套法律政策不完善

西藏自治区科学技术厅厅长赤列旺杰在 2017 年科技工作会议上指出，有一些问题制约着全区科技创新、科技进步。其中之一是科技体制机制改革滞后，有效整合区内外创新资源的思路不宽、力度不够。此外，激发科技人员创新创业积极性的政策措施落实不到位，与实施创新驱动发展战略的总体部署和要求不相适应。[2]

赵云平、曹永萍[3]以内蒙古自治区为例，认为造成内蒙古自治区区域创新能力低下的主要原因是体制机制障碍。一方面，由于目前科研管理体制机制的束缚，科研经费申请难和使用难的问题始终是困扰科研人员的一大难题；另一方面，目前高校和科研院所的评价机制侧重于科研课题的立项级别、学术论文的发表数量和级别，而企业在协同创新活动中则更加侧重于科技成果的转化、应用和创造效益的情况，科研人员开展科技成果转化的工作不被现有评价体系重视，容易挫伤科研人员协同创新的积极性。此外，科技成果处置权和收益权管理上的一些局限，特别是科技成果转化收益分配机制不合理，造成科技转化率低。路战远[4]以内蒙古自治区为例，也提出了类似的情况。

许大英[5]从科研体制改革的角度，对 2000 年以来贵州省出台的 30 项科研经费管理政策内容进行分析，并运用 DEA 理论模型，评价 2014 年九个市（州）科研经费使用效率，发现本应处于科研投入规模效益递增阶段的

---

[1] 本部分主要收集了 2016 年有关民族地区科技发展的研究成果。

[2] http://www.tibetsti.gov.cn/article.aspx? id＝5615，资料来源：赤列旺杰在 2017 年自治区科技工作会议上的报告——《全面落实创新驱动战略部署开创科技改革发展新局面》，西藏自治区科技厅网站，2017 年 3 月 7 日。

[3] 赵云平、曹永萍：《人才、投入、平台、体制四管齐下合力推动内蒙古科技创新》，《北方经济》2016 年第 11 期。

[4] 路战远、程玉臣、庞杰：《内蒙古自治区农牧业科技发展成就与对策建议》，《北方农业学报》2016 年第 6 期。

[5] 许大英：《科技改革背景下科研经费管理政策研究——以贵州省为例》，贵州大学硕士学位论文，2016 年。

贵州，大部分市（州）反而存在不同程度的投入冗余现象，根源是疏于对科研经费全过程规范化管理，经费管理顶层设计不完善，缺乏配套的科研经费管理政策。

钟会超❶以广西中医药民族医药为例，指出其科技创新过程中存在宏观管理不完善和微观运行创新能力不足等问题。其中宏观管理不完善主要体现在战略规划与顶层设计缺乏，部门联动作用有待强化，体制屏障有待进一步消除，资源未能得到整合与优化配置，创新资源和力量分散，未形成竞争合力。

安耀华、乌兰❷认为，财政支持科技创新政策有待进一步完善：一是财政科技投入需要进一步加大力度，二是支持科技创新的税收优惠政策不够完善，三是支持科技创新的政府采购政策功能有限。

李志刚❸通过对内蒙古自治区科技法律政策的梳理，指出尽管内蒙古自治区已经构建了较为完善的区域性科技政策法规体系，但与其他省份相比仍存在科技政策法规环境不足的缺陷，主要表现在：科技政策法规、规定等总体数量相对较少，对中央级和省级科技法规政策的配套规定、制度性文件不足，对不同政策作用对象的单独规定与其他省份具有很大差距，总体上而言，科技政策法规体系缺乏层次性、动态性以及改进机制。

周莹❹以《贵州省民营科技企业条例》为例，指出该条例有效地鼓励和扶持了民营科技事业的发展，推动科技与经济的有机结合，但该条例仍存在一些不尽完善之处。科技企业评审标准不够明确；对科技企业鼓励措施较弱；法律责任内容较少，强制执行力不强。

夏劲钢❺则分析了少数民族传统知识被开发利用中缺乏法律保护的问题。他认为随着城镇化进程的加快，少数民族传统知识被开发利用的速度

---

❶ 钟会超：《关于广西中医药民族医药科技创新发展的几点思考》，《中国中医药信息杂志》2016 年第 5 期。

❷ 安耀华、乌兰：《促进内蒙古科技创新的财税政策建议》，《中国财政》2016 年第 10 期。

❸ 李志刚：《内蒙古科技人力资本创新效率研究》，北京科技大学博士学位论文，2016 年。

❹ 周莹：《论民营科技企业立法的完善——以贵州民营科技企业立法为例》，《安徽警官职业学院报》2016 年第 1 期。

❺ 夏劲钢：《城镇化视角下贵州少数民族传统知识产权保护探究》，《贵州师范大学学报（社会科学版）》2016 年第 4 期。

越来越快，由于现有法律制度不够完善，"剽窃"传统知识现象屡见不鲜，保护少数民族传统知识迫在眉睫。

（二）科研人才缺乏，科技投入不足

冀梦旭❶以青海省为例，认为社会 R&D 经费投入强度低，限制科技能力提升；科技人才严重匮乏，科技创新体制需改进；科技平台建设相对滞后，科研条件有待进一步提高。

宋繁❷则是以四川省凉山州为例，认为凉山州科研技术人才缺乏、科技投入少造成科技发展滞后。

张立琴等❸通过对云南省主要科技指标的分析，指出我国科技创新长期依赖低廉的人力成本，这在一定程度上制约了创新绩效的提高。

路战远等❹以内蒙古自治区科技人才队伍和科技投入为例，指出科技人员数量严重不足，科技人才队伍结构不合理。全区现有涉农科研机构 22 个、科技从业人员 1700 余人，受体制、机制制约，单位和人员分散，未能形成强大的创新合力。同时，科研机构普遍存在着科技人员学历水平偏低、平均年龄偏大、领军青年科技人员和科辅人员青黄不接等突出问题。截至 2016 年，全国"千人计划"6200 多人，内蒙古涉农领域无一人入选；全国"万人计划"2500 多人，内蒙古涉农领域仅有 7 人入选；全国有"两院"院士 1605 人，内蒙古涉农领域无一人入选。

张宏伟、刘宇航❺看到，虽然少数民族地区的教育培训水平得到了较大提高，但在农业技术培训领域，由于民族地区经济水平、教育观念、师资水平相对落后，严重制约了农业科技培训工作的深入开展。主要体现在：

---

❶ 冀梦旭：《民族地区科技资源配置探析——以青海省为例》，《青海民族研究》2017 年第 1 期。

❷ 宋繁：《科技进步与民族地区经济社会可持续发展研究——以四川凉山州为例》，成都理工大学硕士学位论文，2015 年。

❸ 张立琴、欧阳聪权、王前文：《从主要科技指标看云南的创新与发展》，《云南科技管理》2016 年第 3 期。

❹ 路战远、程玉臣、庞杰：《内蒙古自治区农牧业科技发展成就与对策建议》，《北方农业学报》2016 年第 6 期。

❺ 张宏伟、刘宇航：《互联网时代少数民族地区农业科技培训支持服务体系创新与实践研究》，《黑龙江民族丛刊》2016 年第 2 期。

创新农技培训理念树立不够，开展农技培训工作投入不足，参与农技培训的师资力量薄弱。

（三）科技成果转换率低，科技合作深度不够

西藏自治区科学技术厅厅长赤列旺杰认为，西藏自治区存在科技有效供给不足、科技成果转化率低等问题。❶

路战远等❷认为，科技成果转化率低的原因在于没有稳定的经费支持。他根据最新的内蒙古自治区统计局统计报告，指出 2016 年内蒙古自治区涉农涉牧科研推广经费总和不足 1 亿元，距离全国平均推广经费的要求相差甚远，而且主要科技推广经费分布在财政和科技部门，农业部门技术推广经费少，推广工作主要依赖中央和自治区项目，没有稳定的经费支持，严重影响了科技成果转化和技术推广工作的开展。以内蒙古自治区农牧业科学院为例，每年审（认）定新品种转化率和专利技术转化率只有 30% 左右，大量的成果因为没有经费支持，不能很好地发挥作用。

王云美等❸分析了云南农业科技成果转化中存在的主要问题，一是总量不足，支撑不力。云南省特色农业发展迅猛，成果超前研究与储备不足，同时，科技与经济、科研与生产脱节。二是成果转化体制机制不完善。一方面，云南产业科技推广体系不健全，推广人员专业结构不合理，服务内容单一；另一方面，云南农业产业化水平低，社会组织对农业科技成果转化能力弱，多元化的农业科技成果推广体系尚未形成。三是政府部门支持力度与引导不足。目前，农业科技工作存在资金投入不足、政策支持力度不够、动力活力不强等问题，成果转化、推广过程中存在队伍建设不完善、生产项目补助不匹配和社会服务化体系不健全等问题。

---

❶ http://www.tibetsti.gov.cn/article.aspx?id=5615，资料来源：赤列旺杰在 2017 年自治区科技工作会议上的报告——《全面落实创新驱动战略部署开创科技改革发展新局面》，西藏自治区科技厅网站，2017 年 3 月 7 日。

❷ 路战远、程玉臣、庞杰：《内蒙古自治区农牧业科技发展成就与对策建议》，《北方农业学报》2016 年第 6 期。

❸ 王云美、杨顺安、李祖翠、张素芳：《加快云南农业科技成果转化应用的研究》，《农业科技管理》2016 年第 1 期。

刘玲❶从国际科技合作中人才交流的角度进行了探讨，她认为新疆与中亚的科技合作迫切需要培养一支具有高素质、复合型的科技人才队伍。目前，新疆与中亚国家的科技人员主要通过科技互访、项目合作、参加培训等方式进行合作交流，但是科技人员的合作交流中还存在合作基础薄弱、引进和培养支持力度不足、合作方式单一等问题，因此需要采取一系列措施加强新疆与中亚科技合作中的科技人才队伍建设。

（四）科普滞后制约科学技术推广

戴慧琦、熊坤新❷分析了我国当前少数民族地区科普工作中存在的主要问题。一是少数民族地区科普政策的制定与当地实际需求契合度不高。基层政府较少考虑民族地区科普工作的特殊性，没有发挥科普政策需要因地制宜、因民族制宜的原则，忽视地方性知识在科普工作中的价值与意义。二是少数民族地区科普模式较为单一，完全以政府引导为主，科普方式的守旧，使得科普工作不能充分地调动当地居民参与科普活动的积极性。三是少数民族地区基层科普"空心化"。基层科普工作者通常是兼职，无法全身心投入，活动经费不充分，导致科普设施落后，科普活动难以为继。四是科普工作忽视民族文化差异的影响。

代瑾❸以甘肃阿克塞哈萨克自治县为例，分析了科普工作种存在的问题，主要有科普资金有限、来源单一；科普人员匮乏、水平有限；科普活动形式不够丰富、效果欠佳。

刘昱均❹也同样提到了科普工作中存在的一些问题，如一些干部对于科普工作的内容及内容重要性认识得还不够全面；对于科普工作中的协调机制制定得不够完善；在各少数民族地区投入的科普经费不足，并且投入的人员不够均衡；对于科普场馆设施建设较为滞后，所需要的设施不健全，

---

❶ 刘玲：《丝绸之路经济带建设中新疆与中亚科技合作人才队伍建设的思考》，《当代经济》2016 年第 10 期。

❷ 戴慧琦、熊坤新：《少数民族地区科普工作探析》，《黑龙江民族丛刊》2016 年第 1 期。

❸ 代瑾：《甘肃民族地区推进科普工作的重要意义及障碍破除——以阿克塞哈萨克自治县为例》，《创新科技》2016 年第 4 期。

❹ 刘昱均：《少数民族地区科普工作的现状及发展研究——以提高云南少数民族地区科学素质为例》，《科技传播》2016 年第 23 期。

总量不足；在对科普场所和教育基地的管理欠缺，缺少相应的管理运行机制，并且对于自身所发挥的作用也有所欠缺；在整个少数民族地区所体现的科技服务能力较为薄弱，对于科普工作的创新性不足，缺乏对于科普资源的整合和规划，涌现的科普作品不足，并且整体的科普服务团队素质相对偏低，一些少数民族所处的位置比较偏远，进行科学技术学习的难度比较大等。

此外，宋繁❶以四川凉山彝族自治州为例，认为影响其科技发展，除了来自科技本身外，还来自少数民族文化、产业结构、人口、生态环境等方面。如彝族传统文化的宗法礼教、家族群体本位、封闭性和保守性造成的影响也比较大，宗法礼教对科学精神的疏离，家族群体本位对科技创新意识的抑制，封闭性和保守性束缚了科技进步；产业结构不合理造成科技投入不足、劳动力科技素质不高，低端产业和资源型产业比重大造成资源消耗高、环境污染大，给科技进步带来巨大的压力；人口的过快增长造成教育资源紧张，缺少科学教育，人民的整体科学素质不高，难以满足科技发展的需要；生态的破坏和环境污染促使企业进行排放达标改造，而未将人力、财力投入到节能减排技术和高新技术的研发上，阻碍了科技进步。

第四节　促进民族地区科技进步的对策与建议

科技进步为民族地区的发展提供源源不断的动力，2017年将召开党的十九大，是推进供给侧结构性改革的深化之年，还是实施"十三五"规划的重要一年，应大力推动民族地区科技进步，促进民族地区发展。2016年，有关学者围绕科技进步与民族发展问题进行了相关研究，其主要建议如下。

一、推动体制机制改革，完善配套法律政策

习近平总书记在全国科技创新大会的讲话中指出："创新是一个系统工

---

❶　宋繁：《科技进步与民族地区经济社会可持续发展研究——以四川凉山州为例》，成都理工大学硕士学位论文，2015年。

程，科技创新、制度创新要协同发挥作用，两个轮子一起转。"科技创新需要良好的体制环境涵养和重大政策牵引，推动科技创新的首要任务是扫除阻碍科技创新能力提高的体制障碍，让一切创新源泉充分涌流。❶

赵云平、曹永萍❷建议，应尽最大限度给科技管理和运行机制进行松绑，真正激发科研人员和科研主体持久的创新动力。一是优化科技管理体制。建立个性化、多元化的科研人员管理体制，给科技工作者更大自由度和创新空间，加强自主决策和自我管理。二是改革经费报销制度。大幅提高人员费、劳务费比例，建议把承担项目人员的人力资源成本费的比例调至40％以上，对于以人力投入为主的社科类项目，可以将该比例进一步上调到70％。精简科研项目管理程序和手续，方便科研人员把更多精力投放在科研工作上。三是改革科技评价体系。建立以科技创新质量、贡献、绩效为导向的分类评价体系，引导社会评价注重科技成果转化的实际应用价值。四是健全科技成果转化的激励和扶持机制。出台相关政策鼓励科研人员创办科技型企业并持有股权，提高科研人员成果转化收益分享比例，建议出台推进科研机构科技成果转化和产业化的意见，将科技成果转化收益中对科研人员的奖励比例提高至70％以上，激发科研人员创新创业的积极性。

李志刚❸从内蒙古自身科技创新角度出发，提出改善科技创新投资环境、加强科技资金投入和财政监管以及改革和创新现有科技创新体制和机制等三个方面提升科技创新技术效率。

钟会超❹认为，中医药民族医药科技创新是一项系统工程，政府管理部门要着力于中医药民族医药科技创新的制度机制顶层设计，以加强对研发技术等科技创新平台建设和计划专项支持为切入点，为培养和造就中医药民族医药科技创新人才和团队提供条件保障。

---

❶ 赵云平、曹永萍：《人才、投入、平台、体制四管齐下合力推动内蒙古科技创新》，《北方经济》2016 年第 11 期。

❷ 同上。

❸ 李志刚：《内蒙古科技人力资本创新效率研究》，北京科技大学博士学位论文，2016 年。

❹ 钟会超：《关于广西中医药民族医药科技创新发展的几点思考》，《中国中医药信息杂志》2016 年第 5 期。

周莹❶从完善《贵州省民营科技企业条例》的角度提出，一是在《贵州省民营科技企业条例》中增加实质性的保障条款，明确优惠与鼓励的具体措施，主要包括：税收（利润）优惠、财政及资金扶持措施、人才鼓励措施、生产设施及原材料支持措施、产品销售扶持措施。二是细化认定标准，加强企业认定管理工作。三是加强对民营科技企业的监督管理，进一步明确企业的法律责任，规定民营科技企业年检制度。

龙云峰❷从化解科技企业研发创新风险的角度，提出科技保险工作中要：一是引导支持保险公司着力研究开发科技保险产品，二是进一步明确科技保险保费补助对象，三是省级有关主管部门要进一步加强管理。

夏劲钢❸认为，随着城镇化的推进和旅游业的蓬勃发展，少数民族传统知识的价值得以凸显。应加强对少数民族传统知识的产权保护研究，细化少数民族传统知识的产权属性，结合当地城镇化和旅游发展状况，推动少数民族传统知识产权的保护进程，促进少数民族传统知识的传承和发展。

二、加强人才引培力度，夯实科技创新根基

我国民族地区科技人才欠缺，应大力引进和培养科技人才，通过采取强有力的政策措施，优化科技人才结构，提升科技人才素质，人才资源是助推民族地区科技进步的核心资源。

赵云平、曹永萍❹建议，一是实行更加开放的人才引进政策。实施高层次人才引进培养计划，在实验室建设和科研经费方面给予比其他地区更为优越的条件。二是建立更为灵活的人才流动机制。鼓励机关事业单位之间、公办及民企之间的人才合理流动。三是建立更加科学的人才评价激励机制。制定分类推进人才评价机制改革实施意见，对从事教学、基础研究、应用

❶ 周莹：《论民营科技企业立法的完善——以贵州民营科技企业立法为例》，《安徽警官职业学院报》2016年第1期。
❷ 龙云峰：《云南科技保险工作初探》，《云南科技管理》2016年第5期。
❸ 夏劲钢：《城镇化视角下贵州少数民族传统知识产权保护探究》，《贵州师范大学学报（社会科学版）》2016年第4期。
❹ 赵云平、曹永萍：《人才、投入、平台、体制四管齐下合力推动内蒙古科技创新》，《北方经济》2016年第11期。

研究和成果转化的不同工作进行分类考核评价。

李志刚❶分析了影响内蒙古科技人力资本创新效率的主要原因，从人力资本存量、结构配置、人力资本流动和人力资本建设等四个角度提出提升内蒙古自治区科技人力资本质量的对策建议。

三、加大经费投入力度，增强科技创新保障

赵云平、曹永萍❷建议，要进一步增加财政对科技创新的投入力度，在此基础上，还要优化财政对科技创新的支持方式，提高财政资金对科技创新的投入效果。一是集中财力办大事，优先保障重大创新功能型平台建设，以及自治区重大战略项目实施和重大基础工程布局，重点支持基础前沿和重大共性关键技术研究等公共科技活动。二是完善稳定支持和竞争性支持相协调的机制，对基础前沿类研究要加大稳定性、持续性支持力度。三是改进和完善财政资金投入方式，根据不同类型的科技项目采取不同的支持方式。

冀梦旺❸以青海省为例，认为要提高民族地区科技资源配置效率，应树立协同创新的理念。一是保证科技财力投入稳定增长，同时，最大限度地利用民族地区的特色资源，引进科技投入，用科技手段催生特色资源开发。二是制定差别化政策，改善科技人力资源生态环境。三是大力开发推广生态农牧业科学技术。

张立琴等❹认为，我国科技创新长期依赖低廉的人力成本，这在一定程度上制约了创新绩效的提高。一是提高基础研究经费投入水平。基础研究经费长期偏低是制约原始创新能力提高和影响科技论文质量的重要因素。因此，建议在加大对基础研究支持力度的同时，制定相应的政策措施，进

---

❶ 李志刚：《内蒙古科技人力资本创新效率研究》，北京科技大学博士学位论文，2016年。

❷ 赵云平、曹永萍：《人才、投入、平台、体制四管齐下合力推动内蒙古科技创新》，《北方经济》2016年第11期。

❸ 冀梦旺：《民族地区科技资源配置探析——以青海省为例》，《青海民族研究》2017年第1期。

❹ 张立琴、欧阳聪权、王前文：《从主要科技指标看云南的创新与发展》，《云南科技管理》2016年第3期。

一步拓宽经费来源渠道，鼓励高校自筹经费和社会资金投入基础研究，引导行业领先企业和设立重点实验室的企业加大对基础研究的重视与投入。

李英勤❶则认为，要抢抓科技发展机遇，用足用好各项政策和各方资源；加大科技财力投入和科技推广应用力度，处理好经济发展与科技进步相互促进的关系。

四、促进平台共建共享，深化国际科技合作

科技创新平台是科技创新体系的重要支撑，深化国际科技合作是提高科技创新的有效途径。要促进科技进步与民族发展，需要加快创新平台建设，深化国际科技合作，这样才能更好地加快技术研究及产业化转变步伐，切实增强民族地方的核心竞争力。

路战远等❷以内蒙古自治区为例，认为要结合内蒙古自治区特色优势产业发展需要，综合考虑学科布局、产业特点和区域特色，加强学科实验室和工程技术研究中心的建设，打造一批具有鲜明地区特色的农牧业园区，延长农牧业产业链，发挥"一二三"产业融合的乘数效益。同时，积极落实国家"一带一路"倡议和农业"走出去"的总体部署，特别是要加大与蒙古、俄罗斯两国间的科技交流与合作力度。通过加强"一带一路"沿线国家农牧业国际科技合作，促进区域内农牧业科技创新要素跨境流动，在不同国家建立一批联合研发、技术转移、示范服务平台，推动农牧业技术产品全球化应用和人才队伍国际化发展。

刘玲❸提出新疆与中亚的科技合作迫切需要培养一支具有高素质、复合型的科技人才队伍。一是要加强统筹协调和顶层设计。进一步加大政府间的统筹和协调力度，建立和完善有效的协调沟通机制；加强顶层设计，有组织、有计划地推动与中亚的科技合作和科技人员的交流。二是要设立中

---

❶ 李英勤：《民族自治州科技发展的 SWOT 分析及对策——以贵州省三个民族自治州为例》，《黔南民族师范学院学报》2015 年第 1 期。

❷ 路战远、程玉臣、庞杰：《内蒙古自治区农牧业科技发展成就与对策建议》，《北方农业学报》2016 年第 6 期。

❸ 刘玲：《丝绸之路经济带建设中新疆与中亚科技合作人才队伍建设的思考》，《当代经济》2016 年第 10 期。

亚科技合作人才培养计划，建立中亚科技人才培养的长效机制。设立中亚科技合作人才培养工程；实施中亚科技人才双向培养计划，建立科研院所、企业科技人才双向交流培养制度。三是要推进中亚科技人才培养基地建设，在乌兹别克斯坦和新疆共同建设中亚国际科技合作学院，同时积极争取国家和援疆省市的支持。四是利用新疆高校教育资源，开展面向中亚的学科教育。五是开展对中亚科技人才的输出，制定"中亚科技人才输出计划"。

王云美等❶对如何促进云南农业科技成果转化应用提出了自己的看法，她认为：一是要加强农业科技创新，为全省农业发展提供支撑和引领；二是要加大对农业科技成果转化的支持力度，引导社会资金注入，搭建成果转化平台和载体；三是创新农业科技成果转化体制机制，增强成果转化动力；四是加强农业科技人才队伍管理创新，释放农业科技成果转化活力。

五、加强民族地区科技普及，提高科技素质

科技的创新需要科学技术的普及，民族地区群众科学素质的提高，因此，科技进步与科学普及有着深刻的关联性。

戴慧琦、熊坤新❷认为，民族地区的科普工作由于历史、宗教、文化、地域等因素，具有长期性、迫切性、复杂性等特征。因此，促进我国少数民族地区科普工作的开展，一是大力培养少数民族科普工作人员，这是促进少数民族和民族地区科普事业发展的关键。二是科普工作的开展必须尊重少数民族的风俗习惯和宗教信仰。三是加强少数民族语言文字科普资料的编辑与出版工作。四是增加对少数民族地区科普工作的经费投入。

刘昱均❸以云南少数民族地区为例认为，一是营造科普工作良好氛围。应该对科普工作的推进加以重视。二是促进科普发展机制。创造良好的学习交流、经验分享、项目合作等有利的区域性科普平台。三是加大科普基础设施建设，特别是具有鲜明的少数民族特色的科普场馆。四是强化科普

---

❶ 王云美、杨顺安、李祖翠、张素芳：《加快云南农业科技成果转化应用的研究》，《农业科技管理》2016 年第 1 期。

❷ 戴慧琦、熊坤新：《少数民族地区科普工作探析》，《黑龙江民族丛刊》2016 年第 1 期。

❸ 刘昱均：《少数民族地区科普工作的现状及发展研究——以提高云南少数民族地区科学素质为例》，《科技传播》2016 年第 23 期。

人才队伍培养。五是提高科普文艺创作能力。此外，在互联网新时代，应利用"科普信息化工程"，通过"在线教育"等方式提高群众的科学素质。

张宏伟、刘宇航❶以实际案例分析了"互联网＋"时代对科普工作的机遇。他们认为，随着少数民族和民族地区经济的加快发展，网络基础设施和家用电脑的普及，少数民族地区农民坐在家里通过互联网接受培训的机会应该大大增加，构建一个基于大数据和互联网的让广大农民共享的现代农业科技培训体系和互动平台，必将有效提升基层农业技术人员和广大农民的技术水平和素质能力，为少数民族地区社会经济的发展源源不断地提供坚实的智力支持和新生动力。

李英勤❷通过对贵州省三个民族自治州科技发展情况的分析，认为加快民族自治州科技发展要强化组织领导，增强依靠科技促进发展的意识，加大科技普及和科技培训力度。

参考文献

[1] 中华人民共和国国家统计局．中国统计年鉴 2016 ［M］．北京：中国统计出版社，2016.

[2] 廖伯琴．西南民族传统科技 ［M］．北京：科学出版社，2016.

[3] 王延中．中国民族发展报告 2016 ［M］．北京：社会科学文献出版社，2016.

[4] 肖远平，（彝）柴立．中国少数民族非物质文化遗产发展报告（2016）［M］．北京：社会科学文献出版社，2016.

---

❶ 张宏伟、刘宇航：《黑龙江民族丛刊》，《互联网时代少数民族地区农业科技培训支持服务体系创新与实践研究》2016 年第 2 期。

❷ 李英勤：《民族自治州科技发展的 SWOT 分析及对策——以贵州省三个民族自治州为例》，《黔南民族师范学院学报》2015 年第 1 期。